はじめに――良い就活・転活は会社選びから

私の長女は現在大学3年生で、東京都内の私立大学に通っています。この本が書店に並ぶ頃、就職活動（就活）を本格的にスタートさせています。という事情があって、本書の企画が持ち上がった昨年から、就活について大いに注目してきました。

私は、17年前から経営コンサルタントをしています。その前は日本石油（現・ＪＸＴＧ）という会社に14年間勤めていました。今から32年前、大学4年生の１９８７年に就活をしました。いわゆるバブル世代です。

当時そもそも「就活」という言葉はありませんでした。4年生の6月からおもむろに就活を始めて、3社だけ訪問し、各社2～3回の面接で8月上旬に2社から内々定をもらい、さっさと就活を終えました。「活動」というほどのことはなく、大してエネルギーを使いませんでした。

当時と比べて、今日の就活はまったく様変わりしました。

売り手市場というのは、バブル期も今も同じです。しかし、就活のスタート時期がずいぶん早まり、長期化しました。エントリーシートの作成やインターンシップといった新たな活動が登場しました。ネットにはさまざまな情報が氾濫するようになっています。就活支援サービスも充実してきました。

「複雑になったなぁ」「たいへんそうだなぁ」というのが、就活生の親としての率直な感想です。

就活よりもさらに大きく変わったのが、転職活動（転活）です。私が20代だったバブル期は、学校を出て最初に入った会社に一生勤めるのが当たり前で、そもそも転職自体がまれでした。ところが、今日、「第二新卒」という言葉に象徴されるように、若い世代の転職が一般的になりました。多くの若手ビジネスパーソンが転職情報サイトや転職エージェントを利用して活発に転活しています。

では、多大な労力をかけて就活・転活しているから、就職・転職の満足度が高いでしょうか。これはかなり微妙なところです。

就活・転活に対する満足度が高いというアンケート調査結果もあるようです。一方、入社後すぐ転活を始め、実際に短期間で退職・転職を繰り返す若手ビジネスパーソンが増えています。自分の希望と会社の実態が異なり、「こんなはずじゃなかった」という状態、いわゆるミスマッチです。ミスマッチが増えている現状を素直に解釈すると、就活・転活に関する満足度は低いと受け取るべきでしょう。

本書は、就活に臨む学生や転活に臨む若手ビジネスパーソンを対象に、良い会社を選ぶための考え方・技法を解説します。

就活・転活において、会社選びはとても大切です。自分に合った良い会社に入社できれば、充実した会社生活を過ごすことができます。逆に自分に合わない悪い会社に入ってしまい、1年のうち2000時間も過ごすというのは、苦痛以外の何物でもありません。

SNSや就職・転職支援サイトに情報が氾濫する中、正しい情報をつかみ、分析し、良い会社かどうかを判断するのは、容易なことではありません。経営学者やプロの投資家・アナリスト・コンサルタントでも、判断をしょっちゅう間違えています。

ただ、基本的な分析技法を学び、重要データをチェックすれば、「こんなはずじゃなかった！」という大間違いをかなりの確率で避けることができます。

本書は、できるだけわかりやすい身近な事例を使い、良い会社かどうかを判断するための考え方・技法を紹介します。

本書の会社選びのストーリーは、次のとおりです。

誰にとっても良い会社というのは存在せず、会社で働くことに何を求めるかによって、良い会社は人それぞれ違ってきます。そこでまず、自分が会社・仕事に何を求めるかを考え、自分にとっての良い会社を明らかにします（chapter 1）。

次に、就職・転職で気になる会社をピックアップし、現状を確認します。現状確認では、会社の決算書を分析します（chapter 2）。

会社が良い状態になるには、３つ理由があります。良い業界で事業展開すること、良い戦略を策定・実行すること、良い組織を設計・運営することです。そこで、ピックアップした会社が良い業界に所属しているか（chapter 3）、良い戦略を策定・実行しているか（chapter 4）、良い組織を設計・運営しているか（chapter 5）を確認します。

業界を選び、戦略を策定し、組織を設計するのは経営者、戦略を実行し、組織を運営するのは従業員ですから、良い人材がいるかどうかが会社の命運を左右します。そこで、良い人材がいるかどうかを確認します（chapter 6）。

なお、最後のchapter 7では、会社選びの進め方について考え方・ポイントを整理します。

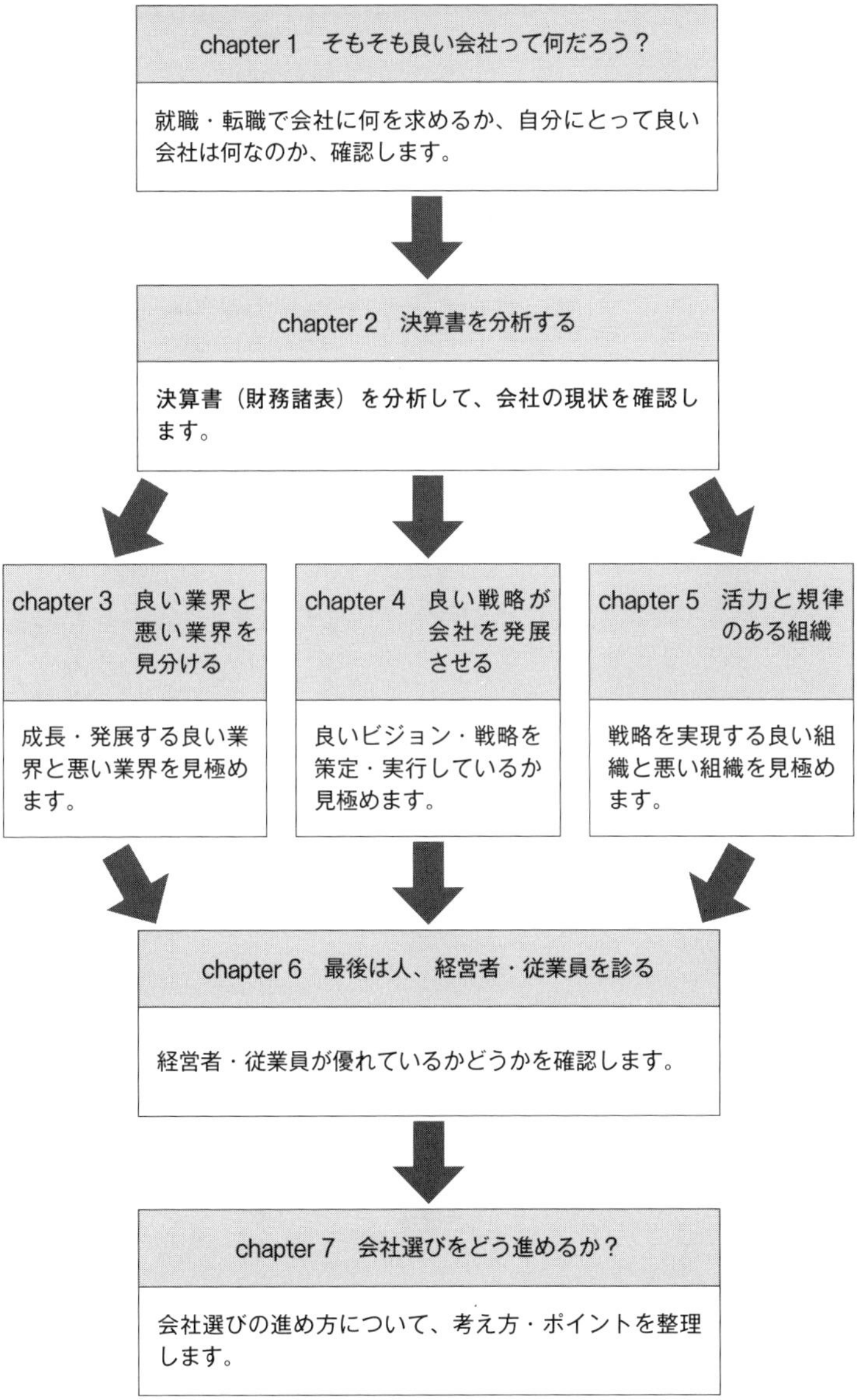
chapter 1　そもそも良い会社って何だろう？
就職・転職で会社に何を求めるか、自分にとって良い会社は何なのか、確認します。
chapter 2　決算書を分析する
決算書（財務諸表）を分析して、会社の現状を確認します。
chapter 3　良い業界と悪い業界を見分ける
成長・発展する良い業界と悪い業界を見極めます。
chapter 4　良い戦略が会社を発展させる
良いビジョン・戦略を策定・実行しているか見極めます。
chapter 5　活力と規律のある組織
戦略を実現する良い組織と悪い組織を見極めます。
chapter 6　最後は人、経営者・従業員を診る
経営者・従業員が優れているかどうかを確認します。
chapter 7　会社選びをどう進めるか？
会社選びの進め方について、考え方・ポイントを整理します。

就活・転活に臨む読者の皆さんは、いまワクワクしていますか。

「どんな会社でどんな仕事をするのか楽しみだ！」

それとも、不安を感じていますか。

「わからないことが多くて何だか怖いな…」

本書を通して、読者の皆さんの不安が消え、ワクワク感が増し、結果として良い会社で充実したビジネスライフを送ることを期待します。

目　次

chapter 3 良い業界と悪い業界を見分ける

chapter 4

chapter 5

chapter 6

chapter 7

Chapter 1

そもそも良い会社って何だろう?

様変わりした就活

chapter 1では、そもそも「良い会社とは何なのか」という点について考えます。その前に、就職と就活、転職と転活を巡る最近の変化について、簡単に確認しておきましょう。

まず、就活から。今の就活は、バブル期に就活した私の時代と比べて、次のように大きく変っています。

①早期化・長期化

私の頃の就活は、4年生の6月に会社説明会・面接が始まり、8月上旬に内々定が出ました。実質2か月の短期決戦でした。

現在は、3年生の夏頃からインターンが始まり、4年生の春に会社説明会があり、数度の面接を経て内々定というスケジュールです。ずいぶんスタートが早まり、長期戦になりました。

②活動の種類と負荷の増大

私の頃の就活では、履歴書を1枚添えて面接を申し込み、2~3回面接する程度でした。

私の場合、面接を受けたのは3社だけでした。

今の学生は、インターンやエントリーシートの作成などいろいろな活動・準備にしっかり取り組まないと、内定にたどり着けません。活動の負荷も格段に重くなっています。

③ 情報化

バブルの頃はまだインターネットがありませんでした。会社情報を得るために、ハガキを送って資料を請求しました。

現在は、インターネットで簡単に会社情報を入手できます。会社や就活・転活サイトが提供する情報は、質量ともレベルアップしています。

④ サポート体制の充実

私の頃は、大学に就職課があったのか記憶にありません。卒業時に「どこに就職するかちゃんと報告してください」といわれただけで、大学から就活のサポートは一切ありませんでした。実際には就職課もサポートもあったのかもしれませんが、私を含めて大半の学生にはまったく眼中にありませんでした。

現在は、就職課（就職センター）が低学年の頃から手厚いサポートをしていますし、民間のサービスも充実してきています。至れり尽くせりです。

転活はさらに大きく変わった

就活よりもさらに大きく変わったのが「転活（転職活動）」です。

１９９０年代まで日本企業は、中途採用に積極的ではなく、転職市場が発達していませんでした。中途採用が主体の外資系企業は、相当な経験者を採用するだけで、経験の浅い若手をあまり採用していませんでした。

そのため、最初に入った会社を数年で辞めると、再就職では給料・待遇など不利になることが普通でした。とくに大手企業が中途採用に消極的だったので、大手企業を退職すると中小企業・零細企業に転職するしかなく、給与が激減するのが普通でした。20代・30代に会社を辞めるというのはまれで、転職するというと、「お前、何か悪いことしたのか？」といわれる有様でした。「転職＝転落」だったのです。

しかし、現在では、企業の中途採用、働く側の転職が一般的になっています。転職の動機も、以前は、会社が嫌になって転職するのが一般的でしたが、現在はより良い会社で活躍の舞台を広げようというステップアップの転職が増えています。

転職に対するネガティブな見方は、短期間で転職を繰り返すジョブホッパーを除いて、ほぼなくなりました。

就活・転活の満足度が高いってホント？

今日、好景気による人手不足と少子化による労働人口減少が重なり、バブル期を上回る売り手市場です。景気はともかく労働人口減少は今後も確実に続くので、売り手市場に今後も大きな変化はないと思われます。

では、売り手市場だし、情報化とサポート体制が充実してきたから、就活・転活がうまく行って、皆さん大満足でしょうか。

株式会社ディスコが新入社員を対象に実施した調査によると、69・2％が「勤務先企業に満足」と回答しています。この数字を素直に受け取るなら、就活の満足度はかなり高いといえます。

ところが、近年、入社後、数か月、場合によっては数日で退職するケースが激増しています。本人の希望と会社・職場の実態が乖離《かいり》する、いわゆるミスマッチです。厚生労働省の調査によると、大卒の新卒者の1年以内の離職率は1割強、3年以内の離職率は3割を超えるそうです。
先ほどのディスコの調査でも、新人の3・6％が「現在、転職活動中」、39・5％が「転職活動はしていないが検討中」と回答しています。

就活が本当にうまく行っていたら、せっかく入社したのにすぐに転活を始めたり、転職を意識するとは思えません。会社選びの満足度が高いのは、自分の意思決定を否定的に捉えるとみじめな気持ちになるので、努めてポジティブに回答しているのではないでしょうか。**実際には、多くの若手社会人が自分の就活にも現在の勤務先にもあまり満足していない**と思われます。

転活については、満足度を調べた大規模な調査は見当たりません（業者の「満足度１００％」という宣伝は見かけますが）。ただ、短期間で何度も転職を繰り返す若手が増えている現状を見ると、やはり転活の満足度も低いと推測されます。

ミスマッチはなぜ起こるか

１９９０年代前半までは、会社のホームページもなく、「会社四季報」くらいしか会社の情報をまとまった形で入手する方法はありませんでした。会社の最新の動向を知るには、日経新聞を読むくらいしかなかったのです。そもそも、多くの会社はできるだけ内情を隠そうとし、社外への情報発信に後ろ向きでした。

まさに**「入ってみないとわからない」というお化け屋敷の状態**だったのです。

それに比べると、現代はネットを中心に企業情報が氾濫しています。会社は社外に就活生や転職を希望する社会人向けの情報提供を強化しています。ＳＮＳの普及で、従業員の生の声に触れることができるようになりました。インターンシップで、職場を体験することも可能になりました。就職・転職支援サービスも格段に充実しています。

にもかかわらず、就活・転活の満足度が低い（可能性が高い）のはなぜでしょうか。なぜミスマッチが発生するのでしょうか。

ミスマッチというと、「最近の若いヤツらは、ちょっと気に入らないことがあるとすぐ会社を辞めてしまう」と、働く側の気持ちや気質に原因を求める意見をよく耳にします。しかし、実際には、日本経済の構造やビジネスの技術的な変化が影響していると思います。

高度成長期からバブル期までは、日本経済が着実に成長していました。多くの会社が順調に経営していたので、学生は「とにかくどこかの会社に入れば、不自由なく食べていけるだろう」ということで、就職先にそれほどこだわりはありませんでした。

ところが、1990年代以降、日本経済の停滞が明らかになり、衰退・破綻する会社が増えてくると、会社ならどこでも良いというわけには行かなくなりました。学生や若手ビジネスパーソンは、「やっぱりグローバル競争に勝ち残ることができる良い会社に入りたい！」と真剣に考えるようになったのです。

近年、好景気と少子高齢化による人手不足で、会社に入ること自体は容易になりました。しかし、**良い会社はそんなにたくさんあるわけではないので、どうしても納得の行かない会社に就職・転職することが多くなります。**これがミスマッチの基本構図です。

もう1つ、近年の社内の業務内容の変化も、ミスマッチを起こりやすくしています。

伝統的に日本企業は、新卒者について職種を限定せずに一括採用し、入社後、本人の適性や希望を勘案して職場への配置を決めます。ただ、本人の適性・希望に合った職場があるとは限らないので、アメリカ企業が職場に欠員が発生したら職種を指定して採用するのと比べて、もともとミスマッチが起こりやすいわけです。

近年、ＩＴ化・ＡＩ化といった技術革新やグローバル化などの構造変化で、単純な事務作業や組み立て作業が減り、業務内容が専門化・複雑化・細分化しています。本人の適性や希望と専門化・複雑化・細分化した担当業務を組み合わせるのは、人事部にとってなかなか困難な作業で、どうしてもミスマッチが起こってしまうのです。

情報量は増えたが…

学生・若手ビジネスパーソンは、就職先・転職先でのミスマッチを未然に防ぎ「良い会社に就職・転職したい！」、そして「よし、しっかり会社情報を収集・分析しよう！」と考えます。

ただ、一般的な情報の量は増えたものの、本当に良い会社かどうかを判断するためのカギとなる情報は、依然として入手しにくいのではないでしょうか。

たとえば、給与。

公表されている平均給与を見れば、給与が高いか低いか、ある程度のレベル感はわかります。

ただ、同じ額の平均給与でも、伝統的なメーカー（製造業）では20代から30代前半は薄給で30代後半からぐんと昇給するのに対し、新興のＩＴ企業では若手の給料は世間対比で高いが、40歳以降はほとんど昇給がない、という違いがよくあります。

また、従業員の平均給与が２０８８万円に達するキーエンスでは、「30代で家が建ち、40代で墓が建つ」といわれるように、従業員は超ハードワークで成果を出し続けることが要求され、体を壊さず生き残った一握りの勝ち組が高給を得る仕組みです（決してブラック企業ではないようですが）。仕事の負荷や労働時間との対比で高給かどうかを判断するのは、なかなか難しいことです。

私が勤めていた日本石油は、外資系の石油会社に比べて月給・ボーナスはやや低かったですが、武蔵小杉駅徒歩３分の社宅に月７０００円の家賃で入居できるなど、福利厚生は異常なまでに充実していました。額面の給与だけでは測れない部分もあったりします。

数字に表れやすい給与ですらこのように良し悪しを判断しにくいわけですから、ましてや、将来の成長性があるか、同業他社と比べて競争力があるか、働きやすい職場か、といった点はなかなかわからないのが実態です。

究極的には「入ってみないとわからない」という現実は、昔も今もあまり変わっていないようです。

限られた情報でもかなりのことがわかる

とはいえ、良い会社かどうか皆目見当が付かないかというと、そういうわけではありません。基本的な分析方法を習得し、正しく実践すれば、限られた情報の中からでも会社の良し悪しはかなりの程度わかります。

本書は、手軽に入手できる情報を使って就職先・転職先の会社が良いか悪いかを判断する方法をわかりやすく解説します。

現在、私は経営コンサルタントの仕事をしています。経営コンサルタントは、会社から依頼を受けて、会社の問題点を分析し、改善策を策定・実行します。また、この過程で、競合他社も分析します。まさに、会社を見て、良い会社を知ることが商売といえます。

書店に行くと、経営コンサルタントが書いたビジネス書が並んでいます。そこでは、コンサルタントが会社を改革に導いた成功ストーリーが描かれています。こうした本を読むと、「コンサルタントは何か特別なルートで機密情報を入手しているんだろうか？」「特別な分析のテクニックがあるんだろうか？」と想像します。

そんなことはありません。ほとんどのコンサルタントは、誰でも容易に入手できる基本情報を使って、chapter 2以降で解説する基本的な手法によって、会社を分析します。もちろん、工場の生産性が低いなら生産現場の実態調査を、従業員のモチベーションが低いならモラルサーベイ（社員満足度調査）を実施するなど、詳細な調査を行います。ただ、良い会社かどうかを見極める大筋の部分については、それほど特別なことをしているわけではありません。

たくさんの情報を集めることや機密情報をつかむことよりも大切なのは、情報の持つ意味を考えること、とくに因果関係を探ることです。

・家電量販店で、業績は絶好調で給料もボーナスも増えているのに、若手従業員の離職率が高まっている

↓残業が多くなり、ブラック企業化しているのでは？

同業他社が良い条件でヘッドハンティングしているのでは？

・工作機械メーカーで、国内にある主力工場を海外に移転すると発表した

↓国内の製造コストが上がって、競争力が低下しているのでは？
顧客が国内メーカーから海外メーカーにシフトし、顧客から移転を要求されているのでは？

詳細な考え方・技法はchapter 2以降で紹介しますが、基本情報を見て、「おや？」と思った点について因果関係を分析すれば、良い会社かどうか、ある程度はわかります。少なくとも、「入ってみたら、とんでもない会社だった！」という大間違いを、かなりの確率で避けることができます（絶対に、とは保証できませんが）。

良い会社を判断する基準

ところで、会社の良し悪しを分析する上でやっかいなのが、**そもそも良い会社とは何なのか、基準がはっきりしない**ことです。まだ働いたことがない学生や社会人経験が浅い若手ビジネスパーソンだけでなく、長年会社に勤めている管理職やベテラン社員でも、意外と明確な判断基準を持ち合わせていません。

良い会社というと、読者の皆さんはどういう会社を思い浮かべるでしょうか。イメージでも、具体的な会社でも構いません。少し考えてみてください。

- グローバルに活動する会社ですか?
- 地域密着で活動する会社ですか?
- 景気に左右されない安定感のある会社ですか?
- とにかく給料の高い会社ですか?
- どんどん事業領域を拡大し、成長している会社ですか?
- エキサイティングな仕事、自分の好きな仕事ができる会社ですか?
- アットホームで働きやすい会社ですか?
- 教育研修など、人材育成に熱心な会社ですか?
- 仕事が楽で、残業が少ない会社ですか?
- 社会に貢献している会社ですか?

ひと言で「良い会社」といっても、いろいろな側面がありそうです。

理想の会社はこんな会社

勝手に理想をいうなら、良い会社とは次のような会社でしょう。

- 他社が提供できない価値ある製品・サービスを生産し、効率的な方法で提供する。
- 製品・サービスがお客様に支持され、売上高が継続的に増えて行く。
- 事業の拡大に伴って、チャレンジングな仕事が増えていく。一人一人の従業員が成長し、生き生きと働き、給料が上がっていく。
- 社会と共生し、事業を通してより良い社会を作ることに貢献している。
- 収益性・成長性・安全性といった経営指標でも、これらが裏付けられている。

ここで大切なのは、**良い会社の出発点は製品・サービスであって、収益性・成長性・安全性**

といった経営指標はあくまで結果だということです。

経済紙・ビジネス誌は、chapter 2で紹介する収益性・成長性・安全性といった経営指標を使って優良企業ランキングを作成・公表していますが、これは良い会社が良い活動をした成果結果にすぎません。

では、こうした良い結果をもたらす原因は何でしょうか。

経営戦略論、とくにポジショニングビューという考え方によると、次の3つです。

①良い**業界**で事業を展開している
②良い**戦略**を策定・実行している
③良い**組織**を構築・運営している

業界・戦略・組織という3つの要素が揃《そろ》って、良い会社が生まれるわけです。

たとえば今日、日本で良い会社というと真っ先に名前が挙がるのがトヨタ。トヨタが良い会社だといわれる理由は、次のように説明できます。

- トヨタは、自動車産業という、規模が大きく、すそ野が広く、グローバルに成長している業界で事業を展開しています〈**良い業界**〉
- 高度成長期には国内でカローラなど大衆車を展開し、その後グローバルに事業展開し、先進国市場の成熟化に合わせてレクサスなど高級車を展開し、近年はプリウスやミライなどエコカーを展開するなど、市場の変化に柔軟に対応しています〈**良い戦略**〉
- トヨタ式生産方式を確立し、従業員が自発的・継続的にカイゼンに取り組むなど、闊達《かったつ》な組織運営をしています〈**良い組織**〉

技術コンサルタントは「カイゼンがトヨタの成功の秘密だ！」、環境活動家は「トヨタの環境戦略は素晴らしい！」などと自分の専門分野に関する特定の要因を強調します。間違いではありませんが、業界・戦略・組織という3つが揃わないと、トヨタがここまで発展することはなかったでしょう。

では、業界・戦略・組織のそれぞれが〝良い〟とは状態どういうことなのでしょうか。詳しくはchapter 3以降で紹介します。

理想の状態は長続きしない

理想の会社のイメージはある程度わかりました。

しかし、いくつかの条件を満たす会社はあっても、**すべての条件を完璧に満たす理想的な会社は見当たりません**。一時的には存在しても、理想的な状態はなかなか長続きしません。

ジェームズ・コリンズが書いた『ビジョナリーカンパニー2 飛躍の法則』（2001年、日経BP社）という名著があります。飛躍的に発展したアメリカの優良企業を調査し、共通する成功の7つの法則を導き出したものです。非常に勉強になる本ですが、その中で「時代を超えて永続する偉大な優良企業」と紹介された11社のうち、2000年の出版から10年も経たずにサーキット・シティやファニーメイが破綻し、他の多くが失速しています。偉大な成功は、一時的にすぎなかったわけです。

逆に、ダメ企業が劇的に改善して優良企業になることもあります。先ほど紹介したトヨタも、戦後、デフレの影響で販売不振に陥り、1950年には倒産の瀬戸際まで追い込まれました。この難局でトヨタは、人を使わず、在庫を持たないトヨタ式生産方式を確立し、朝鮮戦争勃発による特需で息を吹き返しました。ただ、1950年時点のトヨタは、環境変化に対応できず、労使紛争に明け暮れるダメ企業だったのです。

現在、株式時価総額で世界一のアップルも、１９９０年代半ばにはマッキントッシュの販売不振で経営危機に陥り、マイクロソフトからの資金援助でようやく倒産を免れる有り様でした。現在アジア最強の企業であるサムスンも、１９９７年のアジア経済危機のあおりを受け、経営状態が悪化しました。いずれも、つい20年ほど前の話です。

優良企業がダメ企業になったり、ダメ企業が優良企業に変身したりと、絶えず栄枯盛衰のドラマが繰り広げられています。いずれにせよ、**理想の状態が長続きしないことは間違いなさそうです。**

理想の状態が長続きしない理由

理想の状態が長続きしないのはなぜでしょうか。

会社を巡る３Ｃが変化するからです。３Ｃとは、Customer 市場・顧客、Competitor 業界・競合、Company 自社のことです。

まず、Customer 市場・顧客。優良企業でも市場の変化について行けないということがよくあります。

小売業界を例に取ると、戦後から1972年まで百貨店の三越が売上高日本一でした。しかし、低価格化など消費市場の変化に対応できず、業績が下降し、2009年、伊勢丹の傘下に入りました。

三越の後に売上高日本一位になったのは、スーパーマーケットのダイエー。中内功社長の強力なリーダーシップの下、安売りを武器に躍進し、1972年に三越を抜きました。しかし、バブルの頃から消費の多様化に乗り遅れ、2004年に事実上、破綻しました。

つぎに、Competitor 業界・競合。競合の攻勢に敗れ去ってしまうというケースです。ある会社が画期的な商品で成功すると、それを見て模倣する会社が出てきます。

インターネットブラウザの分野で最初に業界標準になったのはネットスケープでした。しかし、後から参入したマイクロソフトのインターネットエクスプローラーにすぐ逆転されてしまいました。

日本の造船業は、戦後飛躍的に成長し、1990年代まで世界の造船業界をリードしていました。ところが、中国・韓国の船会社が国家の支援を受けて低価格攻勢に出てくると、あれよあれよという間にリーダーの地位を譲ってしまいました。

最後にCompany自社。簡単にいうと自滅です。会社が成功すると、経営者・従業員が慢心し、経営努力を怠ってしまいます。また、不祥事を起こしたりします。

ファッション通販サイトＺＯＺＯタウンを運営するＺＯＺＯは、２００7年に上場して以来、増収増益（売上高・利益が前年比で増加）を続けてきましたが、２０１9年3月期決算で、初めて減益になりました。前澤友作社長が女優との交際や月世界旅行計画など派手な言動を繰り返していることについて、株主からは「前澤社長の自滅」という指摘が出ており、今後が注目されるところです。

3つ目の自滅はともかく、世界的に競争が激化している今日、優良企業と称賛された会社でも、Customer・Competitorの変化への対応を間違えると、あっという間に行き詰まってしまいます。

逆にいうと、長期間にわたって良い状態を維持している会社というのは、ときどきの変化に機動的に対応できているということです。

自分なりの基準を持つ

理想の会社は存在しない。

一時的に理想の状態が実現しても、長続きしない。

そうだとすれば、就活・転活に臨む学生・若手ビジネスパーソンが考えるべきことは、2つ。

1つは、就職・転職した会社が良い会社でなかったとしても、あるいは入社後に良い会社から悪い会社になってしまったとしても大丈夫なように、**自分なりに備えておく**ことです。貯金をしておくとかいろいろな備えがありますが、別の会社に転職できる、あるいは独立して自分で事業ができるように、ビジネスパーソンとしての実力を伸ばすのが一番の備えです。

こちらは非常に重要なテーマですが、話すと長くなりますし、会社選びという本書のテーマからは離れるので、chapter 7で少しだけ触れることにします。

もう1つは、**良い会社のどの条件・基準を重視するかを明確にする**ことです。

すべての条件・基準を満たす理想の会社はなくても、いくつかを満たす会社はたくさん存在します。自分にとって大切な基準を明らかにし、自分の基準に合った「自分にとっての良い会社」のイメージを持っていれば、容易に良い会社が見つかります。

「どんどん成長する会社に入って、自分自身も成長したい」
「地域密着で地域社会の発展に貢献する会社に入りたい」
「とにかく給料が高い会社に入りたい」

そもそもあまり存在しない〝理想の会社〟に就職・転職することは困難ですが、〝自分にとっての良い会社〟に就職・転職することは、そんなに難しいことではありません

基準どうしが対立する

ここで厄介なのは、**良い会社の基準の多くが互いに対立する**ということです。

たとえば、「グローバルに活動する会社」と「地域密着で活動する会社」は矛盾します。グローバルとローカルを合わせて「グローカル」と標榜する会社もあるようですが、実践するのはなかなか難しいようです。

「収益性」と「安全性」も基本的に矛盾します。収益性を高めるためには、リスクを取って

投資する必要がありますが、失敗する可能性もあるので、安全性が脅かされます。

「給料が高い会社」と「仕事が楽で、残業が少ない会社」という条件も、両立するのはなかなか困難です。

それぞれ矛盾するいろいろな基準を同時に満たすのは難しい。ということは、就職先・転職先を選ぶ際にはどの基準を優先するかが問題になります。

マスメディアやネットでは、いろいろな意見が飛び交っています。

「働き方改革の時代に、休日が多い会社が流行《はや》りだ」

「変化の激しい時代に安全性を求めるのは間違っている」

しかし、就職・転職して働くのは自分です。一回きりの自分自身の人生です。**どういう基準が大切なのかは、自分なりに決める必要があります。**良い会社とは、あくまで自分なりの基準による良い会社であって、優良企業ランキングのような世間一般的な意味での良い会社には意味はありません。

chapter 2以降で会社選びの具体的なポイントを紹介しますが、良い会社にはいろいろな基準があることを意識し、どういう基準を大切にするべきかを意識して読んでいただければと思います。

企業分析の進め方とchapter 2以降の構成

就活・転活に臨む学生や若手ビジネスパーソンが会社選びで最も知りたいのは、その会社の現状もさることながら、将来どうなるのか、本当に有望な会社なのか、ということでしょう。

会社の将来性を知るためには、次のようなロジックで分析を進めます（「はじめに」で説明したことの確認です）。

まず、会社の現在の経営状態を確認します。現在、収益性・安全性・成長性などがどういう状態なのかを確認します。良い・悪いを体系的・客観的に把握するには、財務諸表（決算書）を分析するのが有効です。こちらは次のchapter 2で検討します。

そして良い状態には、何らかの理由（原因）があるはずです。良い状態をもたらしている原因を探り、それが将来にわたって続くのかどうかを確認します。P16で紹介したとおり、優良企業をもたらす原因は、良い業界、良い戦略、良い組織の3つです。

そこでchapter 3では、良い業界の条件と確認方法を検討します。さらに、chapter 4では良い戦略の、chapter 5では良い組織の条件・確認方法を考えます。

戦略を策定し、組織を構築するのは経営者、戦略を実行し、組織を運営するのは従業員です。

最終的には、優れた経営者・従業員がいるかどうかが、会社の盛衰を決めます。そこでchapter 6では、良い人材の条件と確認方法を紹介します。

そして、最後にchapter 7では、学生や若手ビジネスパーソンが会社選びを進める上での留意点について検討します。

読者の皆さんが就職先・転職先として検討している業界・会社を思い浮かべ、考えながら読み進めてください。

Chapter

2

決算書を分析する——数字はやっぱり正直

財務諸表で現状を確認する

就活・転活に臨む学生・若手ビジネスパーソンは将来会社で働くので、知りたいことは当然〝将来〟その会社が有望かどうかです。ただ、将来について考えるに当たり、第1段階として会社の現状を確認します。

会社の現状を確認するには、決算書あるいは財務諸表を分析するのが有効です。**財務諸表とは、会社が決算の際に作成・公表する損益計算書・貸借対照表・キャッシュフロー計算書などの計算書類**です。正式には財務諸表、一般には決算書と呼びます。

企業は事業活動をします。たとえば食品メーカーなら、小麦粉など原材料を仕入れて、加工してパンなど製品を製造し、スーパーマーケットなど顧客に販売します。

財務諸表は、こうした事業活動の結果を数値で表します。「財務3表」といわれる損益計算書・貸借対照表・キャッシュフロー計算書の内容は、**図表1**のとおりです。

理想としては簿記3級を勉強した上で、財務諸表の分析方法を勉強していただきたいところです。簿記3級は初心者でも100時間くらいの学習で習得することができ、生涯の財産になります。

ただ、そういう手間は省きたいという読者のために、本書ではたった10の決算数値を使って会社の状態を読み取る方法を紹介します。

財務諸表は、会社が公表する決算短信や有価証券報告書に記載されています。決算短信は、たいてい会社のホームページで確認できます。有価証券報告書は、自社ホームページに掲載しない会社が多いので、比較分析する競合他社のものを含めてEDINET（http://disclosure.edinet-fsa.go.jp/）で閲覧するのが便利です。

直前期（たとえば2019年3月期）と5年前（たとえば2014年3月期）の貸借対照表と損益計算書を用意してください（キャッシュフロー計算書は、貸借対照表と損益計

＜図表1＞　財務3表

損益計算書
一定期間の収益と費用を集計し、利益（経営成績）を計算する書類
収益：顧客に製品・サービスを販売した売上高、手数料収入など
費用：製品の仕入原価、販売や事業管理のための支出
貸借対照表
ある時点で会社が所有する資産と負債・資本を一覧表示する書類
資産 ＝ 負債＋資本
負債：借入金など他人からの調達
資本：資本金など株主からの調達（利益の社内留保分を含む）
キャッシュフロー計算書
一定期間の現金（キャッシュ）の増減を、営業活動・投資活動・財務活動の３区分で表示する書類
営業活動：調達・製造・販売といった通常の事業活動
投資活動：設備や金融商品への購入および売却
財務活動：借入れ・増資など資金の調達および返済

算書から作られるので、ここでは割愛します）。

なお、複数の会社で企業グループを形成している場合、グループ全体を示す連結と単体の決算書があるので、注意してください。また、その会社のライバルと目される会社の貸借対照表と損益計算書も入手してください。

必ず診るべき10の数値

損益計算書・貸借対照表には企業経営に関するいろいろな情報が満載ですが、その中から次の10の数値を拾ってください。（**図表2参照**）

①　売上高
②　売上総利益
③　営業利益
④　当期純利益

⑤　総資産
⑥　売掛金・受取手形・未収入金
⑦　商品・製品・仕掛品・原材料
⑧　有形固定資産
⑨　純資産（自己資本）
⑩　従業員数

なお、①～④は損益計算書から、⑤～⑨は貸借対照表から拾います。⑩の従業員数については損益計算書・貸借対照表には載っていないので、ホームページや有価証券報告書などで確認してください。業種・会社によって表記が違いますので、注意してください（たとえば、銀行で「売上高」に該当するのは「経常収益」、保険では「保険料等収入」）。

また、日本では、③営業利益や④当期純利益よりも経常利益の方がなじみがありますが、経常利益は世界的にはほぼ使われていない日本独自の利益概念なので、ここでは10の数値に含めませんでした。

＜図表２＞　10の数値の内容

① 売上高
顧客への商品・サービスの販売収入
② 売上総利益
売上高－売上原価。 売上原価は商品・サービスを生み出すために直接必要とした経費
③ 営業利益
売上総利益－販売費・一般管理費。営業活動によって生み出されれた利益
販売費・一般管理費は、販売活動や事業管理活動に要した経費
④ 当期純利益
営業利益＋営業外収益－営業外費用＋特別利益－特別損失－法人税等。 会社の最終的な利益
営業外収益は受取利息・配当金など営業活動以外の収入、営業外費用は支払利息など営業活動以外での費用
特別利益は資産売却益など臨時で発生した利益、特別損失は資産売却損など臨時で発生した損失
法人税等は所得に対してかかる法人税・住民税・事業税。所得と利益は微妙に異なる
⑤ 総資産
会社が所有するすべての資産
⑥ 売掛金・受取手形・未収入金
売掛金は掛け売りした代金を受け取る権利、受取手形は販売代金として受領した手形。まとめて売上債権と呼ぶ
⑦ 商品・製品・仕掛品・原材料
商品は仕入れてそのまま売る品物、製品は自社で製造した品物
仕掛品は製造途中にある製品、原材料は製造の資材となるもの
まとめて棚卸資産と呼ぶ
⑧ 有形固定資産
販売目的ではなく継続的に使用する資産のうち、土地・建物・機械など有形のもの
ちなみに無形固定資産は、固定資産のうち特許権・ソフトウエアなど無形のもの
⑨ 純資産（自己資本）
総資産－負債。株主の会社の保有分であり、自己資本や資本の部とも呼ぶ
⑩ 従業員数

比較分析をやってみよう

ここからは、10の数値を使った比較分析を実践してみましょう。

題材には、若い世代に知名度が高く、事業のイメージが湧きやすいサイゼリヤを取り上げ、同じ外食業業界から同じ東証一部上場で決算期も同じ大庄（「庄や」「やる気茶屋」など居酒屋を中心に展開）と比較分析します。

図表3は、両社の2018年8月期決算（2017年9月1日〜2018年8月31日）の数値です。

なお、サイゼリヤの⑥にはテナント未収入金（百貨店などテナントとして出店している店舗の売上金入金額から相殺すべき賃借料・水光熱費など諸経費を差し引いた百貨店などに対する未収入金）を含み

＜図表3＞　大庄とサイゼリヤの10の数値

	大庄	サイゼリヤ	倍率
① 売上高	61,503	154,063	2.5
② 売上総利益	36,973	97,795	2.6
③ 営業利益	406	8,640	21.3
④ 当期純利益	217	5,074	23.4
⑤ 総資産	42,511	104,896	2.5
⑥ 売掛金・受取手形・未収入金	2,111	1,276	0.6
⑦ 商品・製品・仕掛品・原材料	700	7,072	10.1
⑧ 有形固定資産	26,443	40,182	1.5
⑨ 純資産（自己資本）	22,409	83,396	3.7
⑩ 従業員数	2,257	4,176	1.9

（単位：①〜⑨は百万円、⑩は人）

ます。⑩は正社員だけでパートタイマーなどは含みません。

また、ここから先、⑨純資産は、より一般的な自己資本と表記します。

会社の規模をまず確認する

最初に、会社の規模を確認します。chapter 5で確認するとおり、会社の規模によって収益性・安定性や仕事のあり方が大きく変わってきます。

企業経営では、よく「量より質」といわれます。むやみに規模を追いかけて肥満体になってはダメだ、小さくても筋肉質を維持することが大切だ、というわけです。

とはいうものの、規模も大切です。

売上高は、消費者など顧客がその会社の製品・サービスを支持して、買ってくれた結果です。

自己資本は、株主がその会社に投資すれば持ち分が増えるだろうと考え、投資をしてくれた結果です。

従業員数は、その会社に魅力を感じて「働きたい」と考えた人が集まった結果です。

売上高・自己資本・従業員数が大きい（多い）ということは、顧客・株主・従業員という主要な利害関係者から支持されていることを意味するのです。

サイゼリヤは、いずれの数字も大庄を上回っています。

売　上　高：サイゼリヤ・1540億円＞大庄・615億円
自己資本：サイゼリヤ・　833億円＞大庄・224億円
従業員数：サイゼリヤ・4176人　＞大庄・2257人

規模が大きいサイゼリヤは、顧客・株主・従業員から支持され、社会に対して影響力がある会社といえます。

収益性を診る

規模に続いて収益性、儲《もう》かっているかどうかを確認します。

収益性には2種類あります。売上高収益性と資本収益性です。

売上高収益性とは、売上高のうちどれだけ利益として残っているかを意味します。売上高総利益率・売上高営業利益率・売上高当期純利益率などがあります。

売上高総利益率　＝　②売上総利益　÷　①売上高

売上高営業利益率　＝　③営業利益　÷　①売上高

売上高当期純利益率　＝　④当期純利益　÷　①売上高

資本収益性とは、調達した資金を使ってどれだけ利益を獲得したかを意味します。株主から調達した資金の収益性を表すROE（Return On Equity）やROA（Return On Asset）があります。

ROE　＝　④当期純利益　÷　⑨自己資本

ROA　＝　③営業利益　÷　⑤総資産

（分子は、営業利益に代えて、経常利益や当期純利益を使う場合があります）

なお、売上高収益性の指標は業種によって大きな差がありますが、ＲＯＥは業種や国籍を問わない普遍的な尺度です。ＲＯＥは日本では平均10％くらいですが、欧米では最低15％は必要だとされています。

サイゼリヤと大庄を収益性の指標は、**図表４**のとおりです。

すべての指標でサイゼリヤが大庄を上回っており、サイゼリヤの方が収益性では勝っています。とくに、あれだけ単価の低い商品を提供しているのに、客単価が高い居酒屋よりも売上高総利益率が高いのは驚きです。

ただ、ＲＯＥは４・８％と大庄には勝っているものの、世界基準はもちろん日本の平均値も大きく下回っています。資本収益性の向上はサイゼリヤの課題です。

＜図表４＞　大庄とサイゼリヤの収益性の指標比較

	大庄	サイゼリヤ	差異
売上高総利益率	60.1%	63.5%	3.4%
売上高営業利益率	0.7%	5.6%	4.9%
売上高当期純利益率	0.4%	3.3%	2.9%
ROE	0.5%	4.8%	4.3%
ROA	1.0%	8.2%	7.3%

安全性を診る

つづいて安全性を確認します。**安全性とは、簡単にいうと倒産しやすいか、しにくいか、**ということです。これから勤める会社が倒産が近いようなら、避けるのが賢明でしょう。

そもそも、会社はどういう状態になったら倒産するのでしょうか。赤字（営業利益や当期純利益がマイナス）になったら倒産すると思っている方が多いかもしれませんが、これは違います。会社に負債を提供してくれるのが、銀行や仕入先といった債権者。銀行からの借入金や仕入先からの買掛金といった**負債を決められた期日どおりに債権者に返済できなければ、会社は倒産**です。

ですから、赤字でも負債を返済していれば倒産しませんし、逆に黒字でも負債を返済できなければ倒産します。後者のことを「黒字倒産」といいます。

負債は期日**どお**りに返済しなければならないのに対し、純資産（＝自己資本）は株主に返済する必要がありません。そのため、総資産に占める純資産の割合が大きいと、倒産の危険性が低下します。

それを端的に表すのが自己資本比率です。

自己資本比率 ＝ ⑨自己資本 ÷ ⑤総資産

この比率が高いほど安全性が高いことを意味します。

自己資本比率の標準的な値は、業種によって異なります。事業リスクが大きい業種は、事業がうまく行かなかったときのために高い値が望ましいといえます。日本では、製造業は40～50％程度、小売業30～40％は、卸売業20～30％、銀行は10％程度の会社が多いようです。

サイゼリヤと大庄の自己資本比率は**図表5**のとおりです。

サイゼリヤは安全性で大庄を大きく上回ります。ただ、大庄の52・7％もかなり高い数字で、安全性に問題はありません。

収益性と安全性は矛盾する

日本では、「あの会社は無借金の優良企業だ」とよくいわれるとおり、借金（負

＜図表5＞　大庄とサイゼリヤの安全性の指標比較

	大庄	サイゼリヤ	差異
自己資本比率	52.7%	79.5%	26.8%

債）が少なく、自己資本比率（＝安全性）の高い会社が優良企業だとされます。

しかし、倒産しなければ良い会社かというとそうとは限りません。収益性を代表するＲＯＥは**図表６**のように分解することができます。

こういうＲＯＥの分解のことをデュポンシステムと呼びます。ここで、１つ目の「総資産÷自己資本」は、先ほどの自己資本比率の逆数で、**財務レバレッジ**といいます。

財務レバレッジが上がる＝自己資本比率が下がる　→　ＲＯＥは上がる
財務レバレッジが下がる＝自己資本比率が上がる　→　ＲＯＥは下がる

つまり、自己資本比率＝安全性とＲＯＥ＝収益性は対立するのです。

会社は、良い事業をして利益を上げることを目指して活動してお

＜図表６＞　デュポンシステム

$$\text{ROE（自己資本比率）} = \frac{\text{当期純利益}}{\text{自己資本}}$$

$$= \frac{\text{総資産}}{\text{自己資本}} \times \frac{\text{売上高}}{\text{総資産}} \times \frac{\text{当期純利益}}{\text{売上高}}$$

- 総資産／自己資本 → 財務レバレッジ（自己資本比率の逆数）
- 売上高／総資産 → 総資産回転率
- 当期純利益／売上高 → 売上高利益率

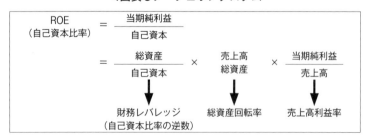

り、倒産しないために活動しているわけではありません。自己資本比率が極端に低く、倒産の瀬戸際という会社はいけませんが、そうではない限り、収益性の方を優先します。つまり、**倒産の心配さえなければ、収益性（ROE）を高めるには、むしろ自己資本比率は低い方が良い**のです。

サイゼリヤと大庄のROEをデュポンシステムで分解すると図表7のようになります。

サイゼリヤについては、自己資本比率が79・5％と高すぎて、自己資本を有効活用できておらず、ROEが低水準にとどまっています。

成長性を診る

収益性・安全性とともに大切なのが成長性です。

日本では、「安全性＝潰れない」ことが最も重視されており、成長性

＜図表7＞　デュポンシステム

	大庄	サイゼリヤ	差異
財務レバレッジ（倍）	1.90	1.26	△ 0.6
総資産回転率（回）	1.45	1.47	0.02
売上高当期純利益率	0.4%	3.3%	0.03
ROE	0.5%	4.8%	4.3%

はさほど注目されていません。成長しなくても、これまでやってきた事業を堅実に続けて安定していれば良いのではないか、というわけです。

しかし、成長する会社には、そこで働きたいという従業員、そこに投資したいという株主、一緒にビジネスをしたいというパートナーが集まります。ヒト・モノ・カネ・情報といった経営資源が集まると、さらに事業が発展し、さらに経営資源が集まる、という好循環が生まれます。成長しない会社はその逆の悪循環が起こります。会社は、成長・発展していく必要があるのです。

成長性とは、過去と比べた売上高や利益の伸び率です。一般に決算書は、今年の数字を前年と比較する形で表示されているので、前年からの伸び率を確認します。

ただ、前年との対比だと、あまり大きな差異がなく、経営状態がどう変化しているのかがよくつかめません。できれば、3年前、5年前といった少し遠い過去と比較すると良いでしょう。

サイゼリヤの2018年度決算を5年前の2013年度決算と比較すると売上高・当期純利益の伸び率は**図表8**のとおりです。

＜図表8＞　サイゼリアの成長性

	2013年	2018年	伸び率
売上高	110,428	154,063	1.40
当期純利益	3,937	5,074	1.29

実際には成長率は複利で考える必要があり、CAGR（Compound Annual Growth Rate：複利年成長率）という経営指標を使います。日本ではほとんど知られていませんが、世界的にはROEに次いで2番目に重要な経営指標で、今後日本でも普及する可能性が高いので、できれば名前を覚えておいてください。

サイゼリヤのCAGRは、売上高が6・9％、当期純利益が5・2％です。EXCELのXIRRという関数を使って計算します。

新聞などでは、よく「増収増益」「増収減益」「減収増益」「減収減益」という表現を使います。〝収〟とは売上高、〝益〟とは営業利益・経常利益・当期純利益といった利益です。

- 増収増益：健全な成長
- 増収減益：拡大主義
- 減収増益：リストラによる利益ねん出
- 減収減益：危険な状態

サイゼリヤは売上高も当期純利益も増えているので「増収増益」ですが、売上高利益率は低下しており「健全な成長」といえるのかはやや微妙なところです。

趨勢《すうせい》分析のススメ

収益性・安全性は決算時点でのワンポイントの数字ですが、どういうトレンドになっているかも重要です。

同じ「自己資本比率30%」でも、10%から上がって30%になったなら、「財務体質が改善しているな」と安心できますが、50%から下がって30%になったなら、「ちょっと危険な傾向だな」と心配になります。

そこで、成長性の分析を少し発展させて趨勢分析をしてみましょう。

趨勢分析とは、経営状態が過去から現在に向けてどういうトレンドにあるかを分析するものです。売上高の成長性だけでなく、主要な数値について過去の伸び率を確認し、経営がうまく行っているかどうかを判断します。

まず、直近決算と5年前の決算について、先ほどの10の数値を拾い、伸び率を計算します。

そして、売上高の伸び率を基準にして、他の数字との伸び率の違いを確認します。

サイゼリヤの5年前との比較は、**図表9**のとおりです。サイゼリヤは、売上高（①）が1・40倍に増えていますが、他はすべてそれを下回る伸び率です。従業員（⑩）はそこそこ増やしています。店舗への投資（⑧）を抑制し、効率的な運営を目指していますが、人件費などコストアップで収益性が低下していることが伺えます。

自己資本比率（＝⑨÷⑤）は77・0％から79・5％に上昇しており、安全性がさらに増しています。逆に有効な投資が行われておらず、将来の成長余地が狭まっていると見ることができます。

＜図表９＞　サイゼリアの趨勢分析

	2013年	2018年	伸び率
① 売上高	110,428	154,063	1.40
② 売上総利益	72,178	97,795	1.35
③ 営業利益	6,547	8,640	1.32
④ 当期純利益	3,937	5,074	1.29
⑤ 総資産	87,472	104,896	1.20
⑥ 売掛金・受取手形・未収入金	1,254	1,276	1.02
⑦ 商品・製品・仕掛品・原材料	5,515	7,072	1.28
⑧ 有形固定資産	42,082	40,182	0.95
⑨ 純資産（自己資本）	67,344	83,396	1.24
⑩ 従業員数	3,081	4,176	1.36

決算書の分析はあくまできっかけ作り

ここまでの分析で、会社の経営状況がかなりつかめたことと思います。

ただし、決算書・財務諸表の分析を過信してはいけません。よく会計の専門家は「決算書を見れば会社の経営状態が一目でわかる」と豪語しますが、会社の経営には、数字には表れないことがたくさんありますし、そもそも決算書が粉飾されているケースもあります。粉飾とは利益を実際よりも大きく（あるいは小さく）見せるために、不正な会計処理をすることです。

決算書からわかるのは企業経営の一部分で、**決算書の分析は、あくまで会社を深く知るためのきっかけ作りにすぎません**。決算書の分析で現状を大まかに確認し、気になることがあったら内容を確認しましょう。

たとえば、ある会社で固定資産が大幅に減っていたら、利益の減少を補うために土地など固定資産を売却して売却益をねん出しているのではないかと疑います。

またある会社で3年前と比べて売上高の伸び率よりも、売掛金の期末残高の伸び率の方が高いとしたら、営業が「通常は翌月末にお支払いいただいているんですが、特別に90日後のお支払いで結構なので、ぜひお買い求めいただけませんか？」などと、顧客からの回収条件を緩めて拡販していることを疑います。

サイゼリヤの場合、客単価が高い居酒屋よりも売上高総利益率が高いという事実から、原価低減の仕組みが優れているのではないかと推測します。実際にサイゼリヤは、福島県に100万坪の自社農場を保有し、収穫直後、野菜が休眠する温度（4℃）ですぐに保管し輸送するコールドチェーンシステムを構築しています。新鮮な野菜をすぐに加工し、店舗に配送しています。

数字を使って問題点を推測し、実際に確かめることで、会社がうまく行っているかどうかがわかります。

決算書を開示していない場合はどうする？

ここまで決算書を分析する技法について検討してきましたが、決算書を開示していない会社が結構あります。

上場企業には決算書の公開が義務付けられており、自社ホームページなどから容易に入手することができます。問題は非上場企業です。

会社法では、仕入先・銀行といった債権者（会社に対して売掛金・貸付金という債権を持つので、債権者といいます）や株主に決算書を開示することが義務付けられています。ただ、一般の部外者に対しては開示する法的義務はないので、非上場企業は、決算書を広く開示しないのが普通です。

就職・転職の候補先が非上場企業で、決算書を開示していない場合、どうすれば良いでしょうか。

開示していないなら、普通は「しょうがないな」と諦めます。しかし、諦めずに、人事部担当者・ＩＲ担当者（ＩＲとはInvestor Relationsの略で、投資家向けの広報）に問い合わせてみてはどうでしょうか。

10社に問い合わせてみたら、おそらく6社は「当社は非開示です。申し訳ありません」と丁重に断られます。そして2社くらいが開示してもらえないだけでなく、担当者が「変なこと聞かないでもらえますか」とちょっと強い言葉でいわれてしまうかもしれません（言葉使いはいろいろですが）。しかし、2社くらいは「はい、お見せしましょう」と開示してくれます。もちろん、この割合は私が考えるだいたいの目安です。

この対応の違いは、会社選びにおいて非常に重要な意味を持ちます。

①「当社は非開示です。申し訳ありません」

担当者は経営者・上司から「非開示ということで対応しとけ」と指示されているのでしょう。担当者に悪気はないとしても、会社として債権者よりも将来の従業員を下に見ているということを意味し、好ましい対応ではありません。

②「変なこと聞かないでもらえますか」

決算書だけでなく、何事につけ、外部に会社の実態を明かしたくないという姿勢の表れです。明かしたくない実態とは、たとえば決算が大赤字であるとか、極端に役員報酬が多い（＝経営者が会社を私物化している）といったことが考えられます。

③「はい、お見せしましょう」

経営状態をオープンにしよう、将来の従業員を大切にしよう、という姿勢の会社です。また見られても恥ずかしくない経営状態だということです。経営姿勢・経営状態ともに優れた、有望な会社といえます。

このように、**会社に決算書の開示を求めることで、決算書を入手できるだけでなく、会社の基本的な姿勢を判断することができる**のです。

Chapter

3 良い業界と悪い業界を見分ける

業界研究からスタートするのは正しい

就活・転活において（とくに就活では）、個別の会社について調べる前に業界研究からスタートすることが多いと思います。

キャリアカウンセラーやキャリアコンサルタントは、よく「業界よりも、会社よりも最終的に自分がどういう仕事をしたいかだ！」といいます。たしかにそのとおりですが、厳然たる事実として「儲かりやすい」「儲かりにくい」など業界による特徴・格差があります。

たとえば、1990年頃のバブル期、不動産会社や証券会社は絶好調でした。短大卒で証券会社に入社した娘の最初の夏のボーナスが、メーカーに30年勤める父親のボーナスよりも多かった、という話題をよく耳にしました。2000年のITバブルの頃、ITベンダーは軒並み大儲けしました。個々の会社が良い経営をしていたかどうかに関係なく、業界全体で収益性が高かったのです。

逆に、石炭業界は、戦前から1950年頃までは日本の基幹産業でしたが、その後、石油へのエネルギー転換が進み、急速に衰退しました。今日、どんなに天才的な経営者が石炭会社を経営しても、海外の安価な石炭との競争に勝って利益を出すのは不可能でしょう。

個々の企業の経営努力では変えられない業界の構造があり、それが業界内の各社の収益性・成長性・安定性などを大まかに規定しているのです。

財務的な数字だけではありません。給料、働きやすさ、仕事の負荷、労働時間なども、業界によってかなり明確な違いがあります。

また、就活・転活での差し迫った問題として、面接で業界についてよく聞かれます。学生や若手ビジネスパーソンが**最終的にどういう仕事をするかを考える前に、業界について調べるというのは、理にかなった考え方**です。

このchapterでは、業界研究の進め方・ポイントを考えましょう。

業界の概要を確認しよう

まず、就職先・転職先として気になっている業界をいくつかピックアップしましょう。特定の業界にもう狙いが定まっているという場合、隣接する業界をピックアップします。たとえば、「旅行業界しか眼中にない」という場合でも、ホテル業界やレジャー施設業界と比較する具合です。他の業界と比較することによって、特徴・違いが明確になるからです。

ピックアップした業界について、業界全体で次の数字・情報を確認します。

① 売上高（金額と伸び率）
② 当期純利益（金額と伸び率）
③ 従業員数
④ 主要な会社

業界の詳しい実情を知りたいなら、業界団体が公表しているデータを確認します。旅行業界では、業界団体である日本旅行業協会が毎年「数字が語る旅行業」という資料集を刊行しており、インターネットを使い無料で入手できます。

さまざまな業界を網羅した刊行物としては、きんざい「業種別審査事典」が有名です。私のようなコンサルタントは、よく知らない業界でコンサルティングをする場合、図書館に行って「業種別審査事典」を調べます。高価ですし、使うのはごく一部なので、購入せず、大きな図書館で閲覧します。

たくさんの業界の概要をざっと確認したいなら、比較サイトを眺めることでも良いでしょう。たとえば、業界動向サーチ・ドットコム（https://gyokai-search.com/）は非常に見やすいので、私も時々見ています。

なお、まだ歴史が浅い業界の場合、業界団体が形成されておらず、そもそも「○○業界」と定義することが困難です。その場合は、業界の主要企業を取り上げて、各社ホームページなどで数字を確認し、数社を比較して検討します。

「就職四季報」は、「会社四季報」を発行している東洋経済新報社が作成しており、客観的な会社情報を得ることができます。５０００社以上の会社の情報が業界別に掲載されており、同業の会社比較など、他では収集できない情報を得ることができます。

今後も特徴が続くかどうか

こうしたデータによって、業界の概要がつかめます。大まかな特徴も把握できたと思います。

「旅行業界の売上高が宿泊しか扱っていないホテル業界とそんなに変わらないって、意外だ」
「規模はそこそこ大きいけどあまり儲かっていないようだ」
「インバウンドが話題になっているから成長産業だと思ってたけど、そんなに成長していないな」

問題は、こうした特徴が今後も続くかどうかです。変化が激しい今日、収益性が高い業界でも、すぐに儲からなくなります。成長性が高い業界でも、すぐに成長が頭打ちになります。

これから入社する人にとっては、**現時点の特徴もさることながら、それが今後も続くかどうかが、重大な関心事**でしょう。

ある特徴、あるトレンドが今後も続くかどうかを正確に見極めるのは、優秀な専門家でも至難の業です。ただ、どういう理由で収益性が高いのか、どういう理由で成長してきたのか、その理由が今後も継続するかどうかを確認することで、入社後「こんなはずじゃなかった」という大間違いを防ぐことはできます。

ここでは、業界の成長性を決める要因としてＰＥＳＴ分析と製品ライフサイクルの分析を、また収益性を決める要因として5フォース分析を紹介します。

トレンドに合致しているか？

業界・産業の成長性は、社会・経済・技術のトレンドに合致しているかどうかによって、かなり決まってきます。

世の中には、さまざまなトレンドがあります。短いトレンドもあれば長いトレンドもあります。

「原色ファッションが流行っている」「〇〇系のラーメンが流行っている」といった数か月間・数年間のトレンドは、流行・ブームといえます。

「地球環境問題が深刻化している」「工業社会から知識社会へと転換している」といった数十年・数百年に及ぶトレンドは、潮流と言い換えることができます。

トレンド、とくに潮流に合致していない業界は、今後大きな成長を期待できません。たとえば、健康な暮らしが重視されている世界的なトレンドの中で、タバコ業界が業界内で成長機会を見いだすのはかなり困難です。JTは、電子タバコの普及や規制が緩いロシアなど海外市場の開拓など努めていますが、限界があると考えるのが妥当です。

また、トレンドに合致していても、それが短期的な流行・ブームなら、やがて成長は頭打ちになります。ゲーム・飲食店・ファッションなどは流行・ブームに左右されやすい業界だといえます。

逆に、トレンド、とくに潮流に合致した業界は、長期的に成長することができます。そして業界に所属する各社が比較的容易に利益を上げることができます。

したがって、就職先・転職先として考えている業界がトレンドに合っているか、そのトレンドがどこまで強力なのか、を確認する必要があります。

PEST分析

トレンドの大きさ・持続性など考える上で有効なのがPEST分析です。

会社の経営環境のうち、会社を取り巻く外部環境は、会社がある程度コントロールできるミクロ環境とコントロールできないマクロ環境に分けることができます（**図表10**参照）。マクロ環境は、**PEST**に代表されます。PESTとは、Politics（政治・法規制）・Economy（経済）・Society（人口・社会）・Technology（技術）の頭文字です。

たとえば、中古品の流通は大昔からありましたが、１９９０年代後半以降、市場が急拡大しています。これは**図表11**のような１９９０年後半以降に生じたＰＥＳＴのトレンドがプラスに作用しています。

私たちは、街を歩いていると「子供の頃と比べてリサイクルショップが増えたなぁ」という程度の印象しか持ちませんが、中古品流通業界は、こうしたＰＥＳＴの変化によって大きく発展しているのです。

＜図表10＞　環境分析の体系

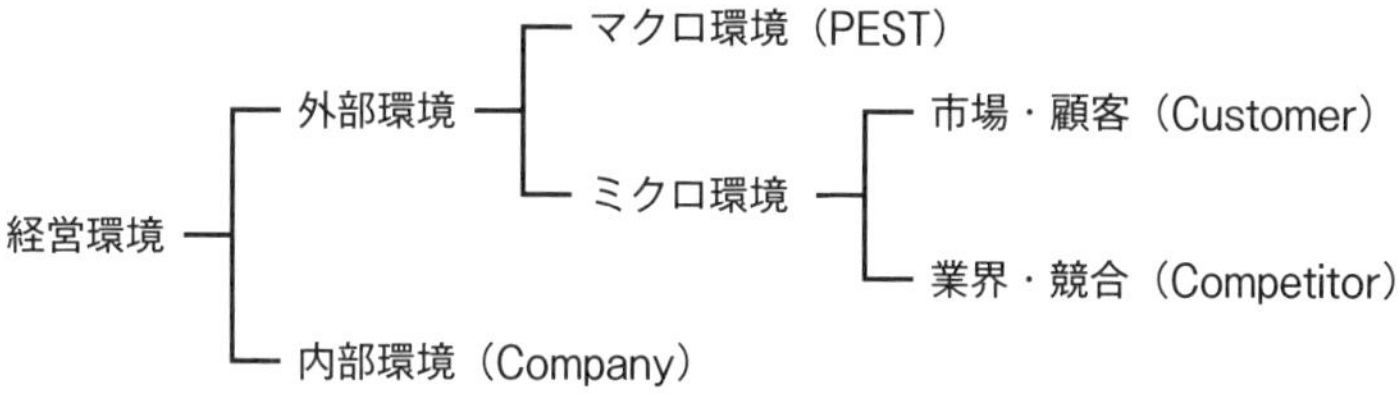

＜図表11＞　中古市場のPEST分析

〔Politics〕
- 各種のリサイクル法が整備された
- 古物営業法が1995年に規制緩和され、古物商の許可を取るのが容易になった

〔Economy〕
- デフレ不況、所得低下で、低価格の中古品への需要が増えた。飲食店・小売店の倒産が増加し、在庫処分で供給も増えた

〔Society〕
- エコロジーに対する意識が高まった
- 若年層を中心に実質主義的な考え方が広がり、中古品に対する抵抗感が薄まった

〔Technology〕
- 商品の品質・耐久性が高まり、長期間・繰り返しの使用に耐えられるようになった
- 再生技術が発達した
- ヤフーオークションに見るように、インターネットの普及で、個人でも中古品の売買ができるようになった

製品ライフサイクル

トレンドと関係して業界の成長性を決める重要な概念として製品ライフサイクルがあります。

ある製品は、人間の生涯と同じように導入期↓成長期↓成熟期↓衰退期という流れをたどります。これを**製品ライフサイクル**（Product Life Cycle：**PLC**）といいます（**図表12**参照）。各段階の特徴と企業の行動は以下のとおりです。

① 導入期

新しい商品が市場に導入され、企業が市場開拓を行う段階。１８８７年にアメリカのＡ・Ｂ・ディックという会社が開発したコピー機が、半世紀以上たって１９５０年代ようやくゼロックスによって商

＜図表12＞　製品ライフサイクル（PLC）

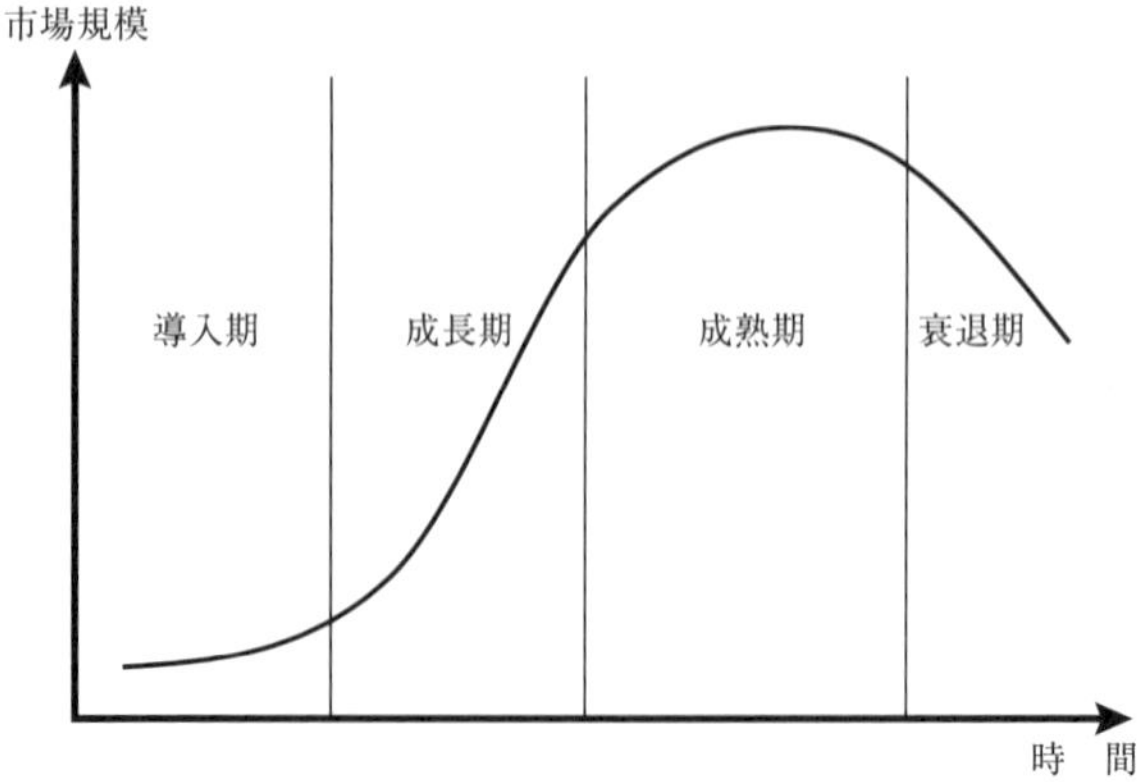

業化されたように、市場開拓には長い期間を要する場合もあります。もちろん、市場開拓が進まず、導入期の段階で消滅する商品も珍しくありません。

② 成長期

商品の存在・効用が広く市場で認知され、需要が拡大する段階。商品が改良されて、機能が向上します。一方、市場参入者の増加による競争激化、希少性の低下などによって販売価格は低下します。価格低下によって、市場拡大に弾みが付きます。

③ 成熟期

市場規模は最大化するが、商品への需要が飽和し、成長が止まる段階。競合企業がさらに増え、価格競争が激しくなります。

④ 衰退期

代替品の登場やその商品の陳腐化などによって、需要が縮小する段階。最終的には消滅します。製品改良・デザイン変更といった施策の他に、合理化やコスト削減による利益確保が重要です。また、市場が完全に消滅する前に撤退することも考慮します。

なお、工業製品、とくにハイテク製品は、新技術で代替品が続々登場するので、ライフサイクルが短くなります。一方、代替品がない生活必需品は、ライフサイクルが長くなります。味噌・醤油《しょうゆ》といった基本調味料のように、ライフサイクルが数百年に及ぶ場合もあります。

また、新しい産業が導入期から成長期に移行することができず、途中で消滅してしまうこともよくあります（**図表13**）。たとえば、１９９６年に販売が始まった新型カメラフィルム、アドバンスト・フォトシステム（Advanced Photo System：ＡＰＳ）は、撮影時の設定、日付・時間、プリントサイズ・枚数指定、コメントなどをフイルムに記録し、プリント時に利用できるということで市場の期待を集めましたが、その後デジタルカメラが普及し、市場に浸透することなく２０１２年に販売中止になりました。

＜図表13＞　製品ライフサイクルの変形

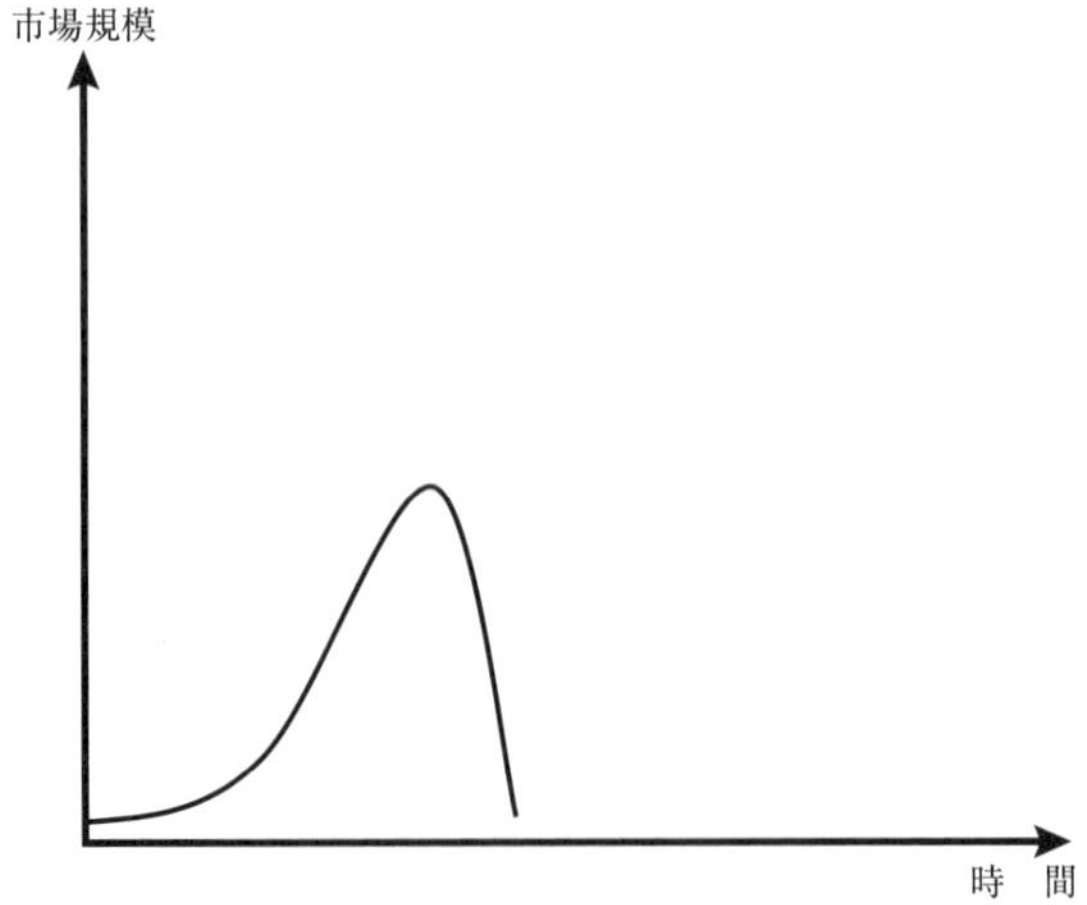

製品ライフサイクルをどう確認するか

就職先・転職先として検討している業界が製品ライフサイクルのどの段階にあるかを確認しましょう。

図表14では、ライフサイクルの各段階の特徴と会社の戦略をもう少し詳しく整理しました。就職先・転職先として検討している業界がどこにあてはまるかを確認しましょう。

- 成長期の初期なら、しばらく市場拡大が続きます
- 成長期の後期なら、やがて市場拡大は

＜図表14＞　製品ライフサイクルの段階ごとの特徴・戦略

		導入期	成長期	成熟期	衰退期
特徴	売上	低	急成長	ピーク	低下
	コスト	高	平均	低	低
	利益	マイナス	上昇	高	低下
	顧客	イノベーター	初期採用者	大衆	採用遅滞者
	競争者	ほとんどなし	増加	安定	減少
マーケティング目的		知名とトライアル	シェアの最大化	利益最大化とシェア維持	支出削減とブランド収穫
戦略	製品	ベーシック製品	製品拡張 サービス 保証	多様なブランドモデル	弱小アイテムのカット
	価格	コストプラス法	浸透価格	競合者対応	価格切下げ
	チャネル	選択的	開放的	より開放的	選択的：不採算店舗の閉鎖
	広告	初期採用者とディーラーへの知名	大衆への知名と関心喚起	ブランドの差別的優位性の強調	コア顧客維持必要水準まで削減
	販促	トライアルをめざし集中実施	消費者需要が大きいため削減	ブランド・スイッチをめざし増加	最小限に削減

ストップします
- 成熟期の初期なら、しばらく市場規模は安定的です
- 成熟期の後期なら、やがて市場規模は縮小します

判断に悩むのは、導入期と衰退期です

- 導入期は、そのまま順調に成長期に移行する場合もあれば消滅してしまう場合もあります
- また衰退期は、基本はやがて業界が消滅するのですが、消滅までの時間は製品・サービスによってかなり違います

ポイントは代替品です。強力な代替品が登場すると成長期を迎えずに導入期で業界が消滅したり、短い衰退期で一気に業界が消滅します。逆に強力な代替品が登場していない場合、スムーズに成長期に移行しますし、衰退期が長期に及びます。

業界を細分化する

業界の範囲をどう定義するかによって、見えてくる姿がまったく違うということがあります。

自動車業界・鉄鋼業界などのようにすでに業界団体があり、明確に定義されている主要産業は問題ありませんが、範囲が広い業界の場合、どう定義するかが問題になります。

たとえば、大きく衣料品業界といっても、ファストファッションは成長期から成熟期に入る頃ですが、着物は戦後ずっと衰退期です。

中古品業界は、古紙のリサイクルは奈良時代から行われており成熟期ですが、厨房《ちゅうぼう》機器のサイクルは1997年に始まった成長期の業界です。

したがって、大きな括《くく》りで業界を見るのではなく、業界（市場）を細分化して製品ライフサイクルを見る必要があります。

〈大きな括り〉　〈細分化〉
素材　↓　アルミ、銅、鉄鋼、特殊鋼
エネルギー　↓　電力、都市ガス、石油、ＬＰＧ

娯楽　↓テーマパーク、映画、ゲーム
飲食　↓寿司、ハンバーガー、居酒屋、喫茶

イメージが付く範囲で細分化してみましょう。

業界の構造を5フォース分析で診る

成長性に続いて収益性。業界の収益性を決めるのは、業界の構造や競合状況です。経営戦略論の大家マイケル・ポーターは、業界の構造を分析する手法として**5フォース分析**（five forces model）を考案しました。

5フォースとは、①新規参入の脅威、②代替品の脅威、③供給業者の交渉力、④顧客の交渉力、⑤既存業者間の敵対関係、という5つの力です。

①新規参入の脅威

ある業界への新規参入を目指す企業にとって法規制（例・携帯電話業界における電気通信事業法）・技術（例・医薬品業界における特許）・資本（例・鉄鋼業界における高炉建設資金）などの障壁があると、業界への新規参入が困難になり、競争圧力が弱まり、業界の収益性が高まります。障壁がないと、業界への新規参入が増え、競争圧力が高まり、業界の収益性が低下します。

②代替品の脅威

ある業界が提供している製品・サービスに代替品が存在しないか、代替品があっても安価・容易に入手できない状態だと、業界の収益性・成長性が高まります。強力な代替品が存在する場合、業界の収益性・成長性が低下します。

③供給業者の交渉力

原材料・部品を調達する供給業者の交渉力が低いと、業界の収益性が高まります。供給業者の交渉力が高いと、業界の収益性は低くなります。供給業者の交渉力と業界の収益性は、次のように決まります。

- 購入量・購入ロット：大きいと交渉力が低下→業界の収益性アップ

・供給業者の数・規模：数が多い・規模が小さいと交渉力が低下→業界の収益性アップ
・原材料・部品の重要性・差別性：低い（ない）と交渉力が低下→業界の収益性アップ

④ 顧客の交渉力

製品・サービスを購入する顧客の交渉力が低いと、業界の収益性が高まります。顧客の交渉力が高いと、業界の収益性が低下します。顧客の交渉力と業界の収益性は、次のように決まります。

・購入量・購入ロット：小さいと交渉力が低下→業界の収益性アップ
・顧客の数・規模：数が多い・規模が小さいと交渉力が低下→業界の収益性アップ
・製品・サービスの重要性・差別性：大きいと交渉力が低下→業界の収益性アップ

⑤ 既存業者間の敵対関係

業界各社の敵対関係が弱いと、販売価格が維持され、業界の収益性が高まります。強く敵対していると、価格競争が激化し、業界の収益性が低下します。敵対関係と業界の収益性は、次のように決まります。

・業者数：少ないと敵対関係が緩和→業界の収益性アップ
・製品・サービスの差別性：高いと敵対関係が緩和→業界の収益性アップ

• 成長性：高いと自然に売上増加→敵対関係が緩和→業界の収益性アップ
• リーダーの存在：存在すると敵対関係が緩和→業界の収益性アップ

5フォースによって収益を上げやすいかどうかなど、その業界の魅力度を確認することができます。

ハンバーガーチェーン業界を5フォース分析する

ここでは具体的な例としてハンバーガーチェーン業界について5フォース分析してみましょう。

①　新規参入の脅威

商品開発やフランチャイズ展開に資金が必要。チェーンオペレーションの技術が必要。マ

クドナルドが市場を6割以上占有
↓新規参入の脅威は小さい
② **代替品の脅威**
牛丼・うどん・回転寿司（ファストフード）、スターバックス（時間つぶし）、セブンイレブン・ほっともっと（テイクアウト）など
↓代替品の脅威が非常に大きい
③ **供給業者の交渉力**
購入量・ロットが大きい、原材料に差別性がない、企業規模が相対的に小さい
↓供給業者の交渉力が小さい
④ **顧客の交渉力**
商品の重要性・差別性が低い
↓顧客の交渉力が大きい
⑤ **既存業者間の敵対関係**
業者数が少ない、成長性は普通、商品の差別性は低い、マクドナルドがリーダー
↓既存業者の敵対関係は普通

この分析からハンバーガーチェーンは、新規参入が難しく、既存業者間の敵対関係も強くないので、それほど熾烈《しれつ》な競争をしているわけではありません。業界に新規で参入する企業も、競争に負けて撤退する企業も少なく、安定的な業界です。しかし、代替品の脅威が非常に大きく、顧客の交渉力も強いので、収益性を高めるのは難しい業界だといえます。

資本集約型、労働集約型、知識集約型

さて、ここからは実践編です。

業界・産業にはいろいろな分類の仕方があります。ここからは代表的な分類に基づいて業界の見方やそこで働く場合の着眼点を紹介しましょう。

最初は付加価値の源泉による分類です。マルクス経済学によると、付加価値の源泉は労働か資本です。この場合、資本とは製品を製造する生産設備を意味します。人が働いて付加価値を生み出すか、設備を動かして付加価値を生み出すかという違いです。

付加価値の源泉を見る経営指標として労働装備率があります。

労働装備率＝有形固定資産 ÷ 従業員数

有形固定資産が資本、従業員数が労働で、労働装備率が大きい産業（企業）のことを**資本集約型**、小さい産業を**労働集約型**と呼びます。

資本集約型の産業としては、製造業や電力・鉄道・通信などインフラ系の産業があります。労働集約型には、小売業やホテル・物流・介護といったサービス業などが該当します。

また、最近は知識集約型という用語がよく使われます。**知識集約型**とは、労働集約型の一種で、事業活動を営む上で知識労働への依存度が高い産業のことです。ソフト開発やコンサルティングなど情報産業、バイオテクノロジーなど研究開発型産業、ファッションやデザイン関連産業が該当します。商社のように、かつては労働集約型だったのが、知識集約型への転換を目指す動きが広がっています。

この中で、今後高い成長性が期待できるのは知識集約型産業、あまり成長が期待できないのは資本集約型産業でしょう。あとでchapter 7でも紹介しますが、世の中は工業社会から知識社会への転換が進んでいるからです。

ただし、収益性という点では知識集約型産業には深刻な問題があります。知識集約型産業では知識を生み出す人材には高給を、研究開発にも巨額の費用を支払う必要があり高コストです。一発当てて飛躍的に発展する企業に着目すると収益性が高い印象を受けますが、平均的には必ずしも収益性が高いとはいえません。

資本集約型・労働集約型・知識集約型産業で働くと

働く側から見た各産業の特徴点を整理しましょう。

まず給与水準は、例外はありますが一般的に見て高い方から「知識集約型」「資本集約型」「労働集約型」の順番になります。

一般に給与水準は「収益性（≒支払い能力）」の違いで決まるのですが、知識集約型産業では人材を確保するために多少無理して高い給与水準を設定する傾向にあります。労働集約型産業、とくにサービス業は、日本では業務の効率が悪く収益性が低いので給与はかなり低水準になる傾向があります。

労働時間は、一般的に短い方から「資本集約型」「労働集約型」「知識集約型」の順番になる傾向があります。

資本集約型産業では、厳格な労働時間管理が行われていること、労働組合の力が強いことから、長時間労働や残業になることはあまりなく、いわゆるブラック企業はきわめてまれです。ただし、長時間稼動する工場での勤務のような業務では交代制で夜勤があったりします。

知識集約型産業では、サービスの完成度を高める作業には終わりがないので、長時間労働になりがちです。私はコンサルタントをしていますが、お客様に提案書を提出する前日は「スライドのこの部分を見栄えよくしよう」「根拠となるデータを調べておこう」とやっているうちに徹夜になったりします。

同じように、働き方の規則正しさも「資本集約型」「労働集約型」「知識集約型」の順番に低下していく傾向があります。

資本集約型産業では、決められたルールに従って規則正しく仕事をします。

労働集約型産業も、基本はルールに則《のっと》って仕事を進めます。ただ、とくにサービス業では、顧客から例外的な対応を求められることが多く不規則になりがちです。

知識集約型産業、とくにクリエイティブな業界では規則どおり働くだけでは新しいものを生み出せません。どうしても時間も仕事の進め方も不規則になりがちで、昼夜が逆転したり、家で仕事したりということが珍しくありません。

先端業種か、オールド業種か

次に新しい業種と古い業種という区分があります。

ＡＩ（人工知能）関連のように21世紀になって誕生した新しい業種もあれば、調味料や住宅のように、戦前、場合によっては太古の昔から続く古い業種もあります。また、花札などのゲームは江戸時代からありますが、２００７年頃にソーシャルゲームが誕生して成長が加速しているように、古い業種が新しい業種に生まれ変わることもあります。

ここでは、歴史が新しく、時代の先端を行く業種を先端業種、昔から存在する業種をオールド業種と呼ぶことにしましょう。

先端業種とオールド業種では成長性や安定性に大きな違いがあります。

成長性は、先端業種に軍配が上がります。オールド業種は、国民の基本的な需要に応えていますが、ここからさらに市場を開拓する余地は限られます。それに対し、今後、新たな市場が生まれて成長が加速すると期待できるのは先端業種です。

逆に安定性は、オールド業種の方が勝ります。オールド業種では、業界の構造や顧客・サプライヤーといった利害関係者との関係が確立されており、安定的な事業運営が期待できます。一方、そういった安定的な関係ができていない先端業種は、不測の事態への対応力が低いといえます。

収益性については、平均値を比較するのは困難ですが、収益のボラティリティ（変動性）は先端業種の方が高くなります。先端業種は、時代のトレンドを捉えて大きく発展することもあれば、代替品の出現などによって衰退してしまうこともあります。

働くなら先端業種？　オールド業種？

働く側にとって先端業種とオールド業種ではどういう違いがあるかを考えます。

まず、収益性に明確な違いがないので、給与水準にも明確な違いはないと考えられます。各社の業績次第というところでしょう。

ただ、給料の決め方がかなり違います。オールド業種では、労働時間当たりの単価で決まる時間給や能力に応じて支払う職能給を採用している会社が多いです。これは、オールド業種ではビジネスプロセスが確立されており、労働時間と成果の関係が明確になっているからです。

それに対し先端業種では、生み出した成果の大きさに応じて決まる成果給を採用する会社の割合が多くなります。先端業種では、時間と成果の関係が明確ではないためです。

この違いは働き方にも影響します。オールド業種は、先人が確立したビジネスプロセスやルールに則って仕事を進めるので、じっくり腰を据えて決まった仕事にじっくり取り組めますが、あまりエキサイティングではありません。労働者が何時間働くかが重要なので時間管理は徹底されており、ブラック企業はそれほど多くはありません。

一方、先端業種は、ビジネスプロセスやルールをこれから作って行く段階なので、試行錯誤が多く、仕事はチャレンジングでやりがいはあります。ただ、時間管理が徹底しておらず、ブラック企業が多くなる傾向があります。

外需業種か、内需業種か

次に内需業種と外需業種という区分があります。

外需業種は、製品・サービスを海外にも広く提供する業種です。電機・自動車・精密機器などが該当します。

内需業種は、製品・サービスを国内の企業・団体・消費者などに提供する業種です。具体的には、小売業や電力・ガス・鉄道といったインフラ系サービスが該当します。

メーカーは、製品を輸出し、外需を容易に取り込むことができます。それに対してサービス業や小売業はその地の住民に製品・サービスを供給する必要があり、内需が主体になります。

意外と微妙なのがＩＴ業界。インターネットは国境を越えるので外需を取り込むのは簡単そうですし、実際にマイクロソフトやグーグルなど世界的なＩＴ企業がたくさんあります。ただ、日本のＩＴ業界は、日本語と英語という言葉の壁があり、現時点では日本国内の会社や消費者にサービスを提供する内需業種です。

まず、成長性は内需業種が劣ります。国内は２００８年をピークに総人口が減少に転じており、たいていの分野で市場の拡大を見込めません。一方、日本から近い東アジア・東南アジアは世界有数の成長市場であり、外需業種には成長機会が多いといえます。

ただ、セブンイレブンやローソンといったコンビニエンスストアは、従来、典型的な内需業種だと考えられてきましたが、近年、中国などアジア市場で事業を急拡大しています。鉄道や電力も、技術サービスなどの形でグローバル展開を進めています。内需業種でも、成長意欲があれば、十分にチャンスはあります。

収益性・安定性には、内需業種と外需業種で明確な違いはありません。外需業種は、うまくビジネスチャンスを取り込めば一気に収益性が高まる一方、世界の一流企業と全面競争することから、収益のボラティリティ（変動性）が高くなりやすいといえます。したがって外需業種は、長期的に見た安定性は低いかもしれません。

働くなら、外需業種？　内需業種？

働く側にとって、外需業種と内需業種ではどういう違いがあるでしょうか。

まず、外需業種は、広く世界の市場を対象にしており、国内外に競合も多いので、市場・競合の変化に対応して、仕事内容・働き方・勤務地など変わりやすくなります。国内の工場で品質管理を担当していたが、海外で新工場を立ち上げることになったので、現地に赴任して生産技術を含めて工場の全般的な管理をするようになった、といったことがたびたびあります。

それに対し内需業種では、顧客・調達先・競合などだいたい決まっているので、それほど頻繁に仕事内容や働き方が変わるわけではありません。大きい会社なら転勤はありますが、ほぼ国内に限定されます。

グローバルにいろいろな仕事を経験したいなら外需業種、自分の好きな仕事をじっくり取り組みたいなら内需業種が向いています。

外需業種は収益のボラティリティが高く、安定性が低いので、雇用が不安定になりがちです。2000年代以降、日本の大手電機メーカーが中国・韓国・台湾の新興メーカーに敗れて経営危機に陥り、大規模な雇用削減に追い込まれたのは、記憶に新しいところです。

収益性に明確な違いがないので、給与水準にも明確な差はありません。個々の会社の業績次第というところでしょう。ただ、外需業種の方が収益のボラティリティが高いので、給料のボラティリティも高くなります。基本給はともかくボーナスは、業績が好調なときは年間で基本給の5か月分もらえると思ったら、業績が悪化するとほぼゼロになってしまうという具合です。

規制業種をどう考えるか

世の中には規制業種といわれる業界があります。資本主義社会では、民間企業が利益を最大化するために自由に競争するのが基本です。しかし、公共の利益を守るために、国・自治体が企業の事業活動を規制することがあります。**法律などで事業活動が規制された業界（業種）のことを規制業種と呼ぶ**わけです。

たとえば、電力業界は典型的な規制業種です。東京電力・関西電力・中部電力といった電力各社は、電気事業法で事業活動が規制されています。

他にも、日本テレビ・ＴＢＳ・テレビ朝日といったテレビ局、日本航空・全日空といった航空といった規制業種があります。

規制業種にはどういう特徴があるでしょうか。

一般に規制業種は、過当競争によって国民へのサービス供給が不安定にならないように業界への新規参入が制限されています。先ほどの5フォース分析で見れば、規制業種は「新規参入の脅威」が小さく、「既存業者間の敵対関係」も弱くなります。

したがって、まず規制業種は潰れにくいという特徴があります。もちろん２００２年に日本航空が破たんした例からも、絶対に潰れないとまではいえませんが、一般の会社と比べてはるかに倒産リスクは小さいのです。

また、競争がなく（少なく）、利益が出るように製品・サービスの販売価格を設定できるので、儲けることが一般業種に比べ容易といえます。

さすがに規制に守られて大儲けすると国民の反発を招くので、表立って大儲けすることはできません。そういった事情から従業員の給料は高くなります。テレビ局の高給は有名です。また電力会社のように世間の高給批判をかわすために額面の給料は低く抑え、福利厚生などで従業員にメリットを与えるという場合もあります。

規制業種に未来はあるのか？

倒産の心配がなく、給料も高いなら「規制業種って理想的じゃないの？」と思われるかもしれません。しかし、規制業種にもいくつか問題があります。

まず最大の問題は、そもそも規制業種は今後消滅していく方向にあることです。

規制には2種類あります。経済的規制と社会的規制です。

経済的規制とは、市場の自由の働きにまかせておくと、財やサービスの適切な供給が望ましい価格水準で確保ができない場合に行われる規制です。たとえば、タクシーの料金が規制されているのは経済的規制です。

社会的規制とは、消費者や労働者の安全、健康の確保、環境の保全、災害の防止を目的とするものです。たとえば、労働時間が規制されているのは社会的規制です。

経済的規制については、1980年代後半から世界的に規制緩和が進み、多くの規制が緩和あるいは撤廃される方向にあります。規制緩和で製品・サービスを低価格化させるとともに、企業の自由な活動を促し、経済を活性化させるためです。一方、社会的規制については、地球環境問題やコンプライアンス問題の深刻化、働き方改革といった流れを受けて強化される傾向があります。

私がかつて働いていた石油業界は、以前は石油業法による規制と通産省（現・経済産業省）による保護行政が行われていました。しかし、1990年代以降、規制緩和が進められ、2001年には石油業法が廃止され、規制業種ではなくなりました。

典型的な規制業種だった電力業界でも、電気事業法の改正で規制緩和が進められました。銀行業界では、銀行法が2017年に改正され、免許制（銀行業をするには金融庁の免許が必要）から登録制（金融庁に登録する）に変わりました。将来的にはアメリカのように届出制（金融庁に届け出るだけ）になり、自由に銀行業界に参入できるようになると予想されています。規制緩和によって新規参入が増えると、競争が激化し、業界全体の収益性が低下します。日本では、さまざまな業界で規制緩和が進められ、業界の収益性が低下するという現象が起きています。

また、今後も規制が続くと見込まれる場合であっても安泰とは限りません。規制業種は国・自治体が規制する国内中心のビジネスなので、自由にグローバル展開する一般業種と比べて将来の成長性に欠けることがあります。

JTのように、財務省が筆頭株主なのに海外のM&Aで成長している会社もあります。規制業種の場合、グローバル展開や新規事業開発など成長性を高める取り組みをしているかどうかなどが重要なポイントになります。

規制業種について全体的に見れば、現在は安泰でも、将来非常に厳しい局面が訪れると予想されます。規制業種に就職・転職する場合、規制が今後も存続するかどうか、成長への意欲を持っているかどうか、などをチェックする必要があります。

規制業種で働くってどうですか？

実際に規制業種で働くというのはどういう感じでしょうか。

まず、規制業種では、仕事はあまりエキサイティングではありません。法律や行政指導で事業活動が規制され、監督官庁に監視されているので、何か新しいことをするとき、他人にお伺いを立てるという習性が染み込んでいます。目の前に格好のビジネスチャンスがあっても、「よしやるぞ！」というより「本当にやっても良いんですか？」と立ち止まってキョロキョロ周りを見渡す感じです。

法律の枠組みの中で新しい取り組みをせず、監督官庁に見張られて世間の批判を浴びないように粛々と業務をこなすわけですから、職場は闊達ではありません。スタートアップの企業のように「会社に行くのが楽しい！」という感覚は期待できません。

ただ、だからといって職場の居心地が悪いかというとそうでもありません。規制業種では、少数精鋭で採用して新卒が定年まで働き続けるという前提なので、一人ひとりの従業員を非常に大切に扱います。そこには理不尽なノルマもなく、上司や周りのメンバーもいろいろと気遣ってくれるケースが多く、居心地は良いと感じることが多いと思います。

なお、転職市場では「規制業種はぬるま湯なので従業員は成長しない」「ぬるま湯に慣れきってしまうと転職先で通用しない」とよくいわれます。私も転職エージェントから面と向かっていわれた経験があります（「だったら俺に声を掛けないでよ」と思いましたが）。

たしかに、生きるか死ぬかの瀬戸際で戦っている一般業種と比較して、規制業種がぬるま湯で、仕事を通してあまり成長できないのは事実かもしれません。

しかし、一方で規制業種は教育システムがしっかりしているケースが多く、理不尽なノルマや煩わしい人間関係で疲弊してしまうことも少ないはずです。私の周りでも日本航空など規制業種出身のコンサルタントが大活躍しており、「規制業種出身者は使えない」という意見には賛同できない部分もあります。

Chapter

4 良い戦略が会社を発展させる

ビジョンが成功の出発点

アメリカの経営研究では「優良企業論」という分野があります。収益性・成長性・安定性などで優れた優良企業を調査し、そこに共通する特徴・法則を特定しようという研究です。トム・ピーターズ『エクセレントカンパニー』（1983年、講談社）やジェームズ・コリンズ『ビジョナリーカンパニー』（1995年、日経BP社）といったこの分野の古典的な名著が共通して指摘しているのは、ビジョンの重要性です。

ビジョンとは、「事業によってこういうことを実現したい」「こういう会社になりたい」という到達点です。会社の目標といっても良いでしょう。

たとえば、ソニーは「テクノロジー・コンテンツ・サービスへのあくなき情熱で、ソニーだからできる新たな『感動』の開拓者になる」というビジョンを掲げています。

三井住友銀行のビジョンは、「最高の信頼を通じて、日本・アジアをリードし、お客さまと共に成長するグローバル金融グループを目指す」というものです。

会社によっては、ビジョンという用語ではなく「経営目標」「ミッション」「経営理念」など別の表現をしている場合があります。厳密にいえばそれぞれ意味するところは違うのですが、就活・転活ではそれほど違いを気にする必要はないでしょう。

人間もそうですが、会社という組織でも、目標のあるなしは、成功するしないに大きくかかわってきます。

成功哲学の開祖ナポレオン・ヒルは、代表作『思考は現実化する』（2014年、きこ書房）の中で、成功の秘訣は「目標を立て、綿密な行動計画を作り、揺るぎない信念を持って忍耐強く取り組むことである」と述べています。

長期にわたって発展・成長する良い会社は、ほぼ例外なく明確なビジョン（目標）を掲げています。ビジョンの実現に向けて経営者・従業員が一丸となって努力するので、成功する確率が高まります。逆に、ビジョンが不明確、あるいは不適切なビジョンを掲げているという場合、成長・発展できません。

良いビジョンの条件

では、会社を発展させる良いビジョンとはどういうものでしょうか。

良いビジョンの条件は次の4点です。

① 存在意義の明示

「売上高5000億円」といった数値目標も必要かつ重要です。ただ、自社にはどういう存在意義があり、どういう形で社会・顧客とかかわり、その結果として数値目標を達成するのかを明示していることが、より大切です。

② 夢・飛躍

ビジョンは、夢があり、現状から大きく飛躍している必要があります。現状と大きく変わらないビジョンでは、関係者の「何が何でも達成するぞ」という意欲を引き出すことができませんし、そもそも実現しても意味がありません。

③ 現実的

夢・飛躍は大切ですが、同時に適度に現実的でなければいけません。あまりにも現実離れした目標だと「できっこない」ということで、関係者の意欲を引き出すことができません。**図表15**のように、適度に挑戦的で適度に実現可能であることが大切です。

④ 社会性

人は社会に貢献したいという気持ちを持っており、ビジョンが社会の発展に寄与するものだと感じられるとき、積極的に貢献しようとします。

ビジョンを確認しよう

就職先・転職先として意識する会社があったら、ホームページでビジョンを確認しましょう。

「ビジョンって表現が抽象的で、難しそうだな」と感じられるかもしれません。たしかに、ビジョンは経営者があれこれ考えていることを短く、抽象的にまとめているので意図・内容を正確につかむのは困難です。

ただ細かいことはわからなくても、次の点に注目

＜図表 15＞　達成可能性とモチベーション

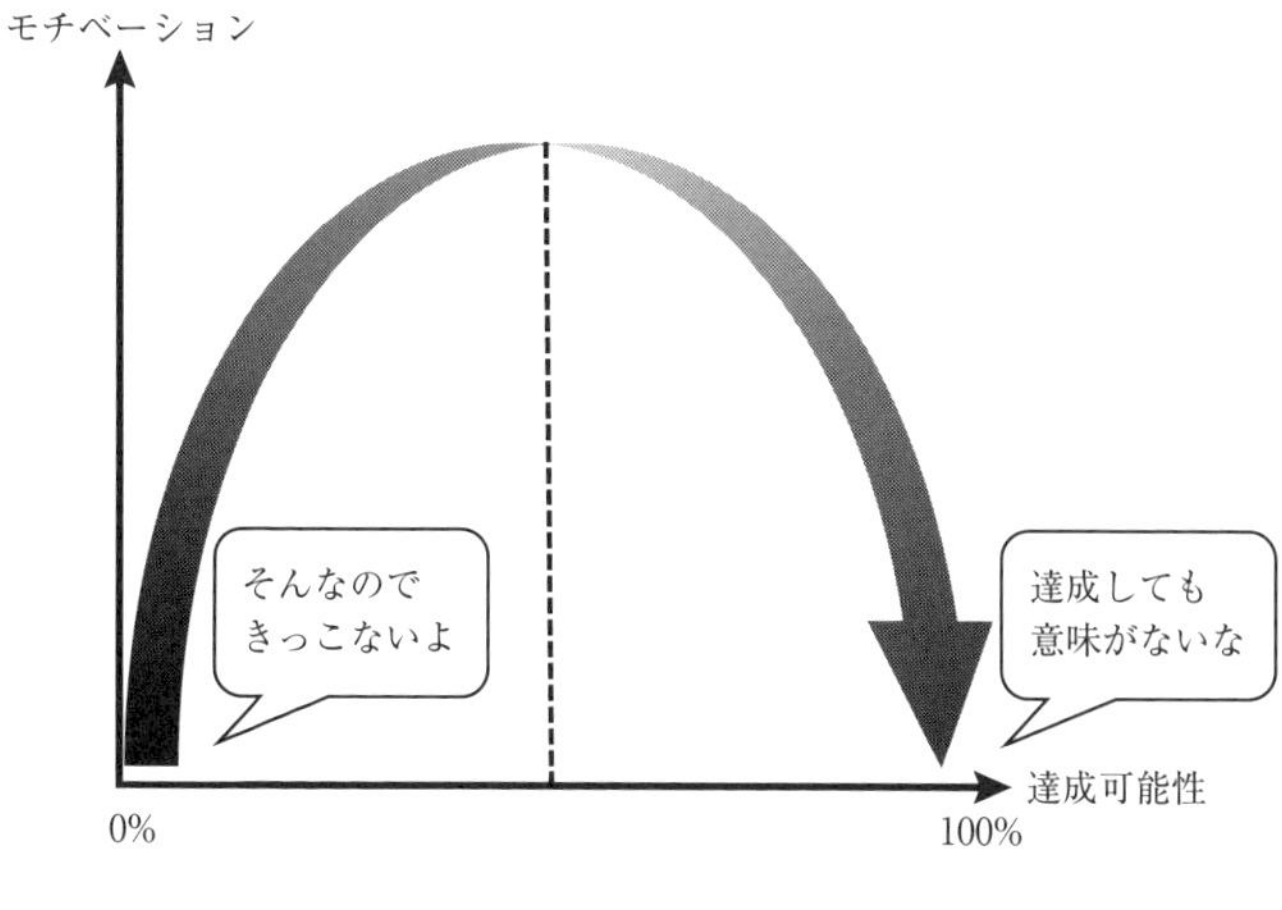
モチベーション
そんなのでき
っこないよ
達成しても
意味がないな
達成可能性
0%
100%

すれば、その会社が良い方向に向かっているかどうかくらいは確認できます。

まず、**そもそもビジョンがあるか**どうかが、最初のチェックポイントです。

世の中には、ビジョンを掲げている会社もあれば、ビジョンが存在しない会社もあります。ビジョンがあれば成功するとは限りませんが、ビジョンがない会社は、目的地を決めずに船旅に出るようなもので、成長・発展はほぼ期待できません。

次に、**ビジョンを広く知ってもらう努力をしているか**どうかを確認します。

ビジョンが存在するのに、ホームページに掲げていないという会社がありますが、好ましい状態ではありません。良い会社は、ホームページなどいろいろなメディアを使って、ビジョンを発信しています。

ビジョンを実現するためには、経営者・従業員が努力するだけでなく、顧客・仕入先・銀行・株主といった外部の利害関係者から協力してもらう必要があります。何をしたいのかわからない会社に協力する人は考えにくいので、利害関係者からの協力を得たいなら、ビジョンを利害関係者に開示する必要があります。大して手間もコストもかからないホームページへの掲載をしていないというのは、利害関係者からの協力を得るという意識が欠けていると判断せざるを得ないのです。

同じ理由から、ビジョンを掲げるだけでなく、**わかりやすく書かれているか**どうかも、確認したいところです。

良い会社は、ホームページにビジョンを掲載するだけでなく、内情を知らない外部利害関係者にもわかるように、解説を付けるなどわかりやすく説明しています。実際に内容がわかりやすいかどうかよりも、「知っていただこう」という姿勢が感じられるかどうかがポイントです。

最後に、**ビジョンが実質的な内容になっているか**どうかを確認します。

「世界からすべての病気をなくす」といった実現不可能なビジョンや、美辞麗句を並べ立てたビジョンによくお目にかかります。しかし、ビジョンは飾り物ではなく、経営者が従業員・外部利害関係者に会社が進むべき方向を示す旗印のようなものです。経営者が自分の言葉で語った、実質的なものでなければいけません。

戦略はビジョンを実現するための長期的な方策

ビジョンを実現するための長期的な方策のことを経営戦略（以下、「戦略」）といいます。

戦略は、成長戦略と競争戦略にわけることができます。

- **成長戦略**：新しい市場を開拓したり、新しい事業を作ったりすることで事業領域（ドメイン）を広げ、成長性を高める方策
- **競争戦略**：新製品開発やコスト削減などによって同じ事業領域の競合他社に対して優位性を構築し、収益性を高める方策

簡単にいうと、どういう土俵で勝負するかを決めるのが成長戦略、土俵の中にいる相手とどう戦うのかが競争戦略ということになります。

同じ業界の中で各社の収益性や成長性に格差がある場合、基本的には戦略の良し悪しが影響しています（運・偶然も大いに影響するので、戦略の違いだけで格差を説明できるわけではありません）。

たとえば、同じハンバーガーチェーン業界で、マクドナルドはロッテリアよりも収益性・成長性で勝っています。これは、商品・出店・広告といった戦略で、マクドナルドがロッテリアに勝っているからだと考えられます。

戦略が明確で徹底しているか

注目している会社がどういう戦略を採っているかを確認しましょう。上場企業は、決算時に発行する決算短信に戦略や経営課題の取り組みを記載しています。多くの場合、中期経営計画を公表し、より具体的な内容を説明しています。

まず、**戦略が明確になっているかどうか**が重要なポイントです。「孫子の兵法」「平家物語」といった古典を読むと、複雑で、難解で、神秘的で、敵を後ろから刺すような戦略が効果がありそうな感じがします。しかし、そうではありません。

戦略は、経営者・経営企画部門、あるいは彼らから依頼されたコンサルタントといった専門家が策定します。ただ、戦略を実行して成果を実現するのは従業員です。さらには、顧客・銀行・仕入先といった利害関係者から協力を得る必要があります。広く利害関係者から協力を得るためには、複雑怪奇な戦略よりも明快な戦略の方が良いのです。

競争戦略には、差別化・コストリーダーシップ・集中化というやり方があります。

- **差別化**：他社にない性能・品質の商品を提供する。例：ハンバーガーチェーンなら、モスバ

ーガー

・**コストリーダーシップ**：他社と同じ性能・品質の商品を低コストで提供する。例：マクドナルド

・**集中化**：大手企業が苦手とするセグメントや大手企業が規模的に魅力を感じないニッチなセグメントに集中する。例：ラッキーピエロ（函館のチェーン）・A&W（沖縄のチェーン）

会社によっては、高級志向のお客様も低価格志向のお客様も取り込もうと、差別化とコストリーダーシップの両面作戦を実行しようとする場合がありますが、これは得策ではありません。差別化とコストリーダーシップでは必要とされる組織の能力が異なるからです。

差別化では、他社と違ったものを生み出す独創性やいろいろなことを試すチャレンジ精神が必要です。一方、コストリーダーシップでは、決められたことを効率的にこなす計画性や規律が重要です。一般に、両方の能力に卓越するというのは難しいので、差別化なら差別化、コストリーダーシップならコストリーダーシップと明確に選択した方がうまく行きます。

つまり、**戦略を徹底しているかどうか**も確認したいポイントです。戦略がうまく行かないと

短期間でコロコロと次の戦略に変える会社があります。しかし、戦略を実行し成果を実現するには、時間がかかります。市場・競合の変化に合わせて微修正している程度なら構いませんが、あまり頻繁に変わるようでは、利害関係者もどう協力したら良いのかわかりません。戦略は短期間でコロコロ変わってはだめで、ある程度長期にわたって首尾一貫している必要があります。中期経営計画や決算短信から、戦略が長期的に一貫しているかどうかを確かめましょう。

優位性は持続可能か

学生や若手ビジネスパーソンにとって気になるのは「将来」です。ゲーム業界やファッション業界でよくあるように、画期的なヒット商品を生み出し急成長したものの短期間で失速してしまうことがあります。

一方、長期間にわたって成長・発展し続ける会社もあります。元々山口県の衣料品店だったファーストリテイリング（ユニクロ）は、１９９８年に格安のフリースをヒットさせて全国区になりました。その後も勢いは止まらず、20年以上にわたって成長を続け、ファッション分野では日本一になっています。

では一過性の成功に終わってしまう会社と長期間にわたって成長・発展し続ける会社では、何が違うのでしょうか。

まず、**ある産業が衰退期にあって今後消滅するという場合、別の業界に転身する柔軟性、変わり身の早さが必要**です。

かつてカメラでは銀塩フィルムを使っていましたが、2000年以降デジタルカメラが普及するとフィルムを使わなくなりました。この影響で、世界最大のフィルムメーカーである米イーストマン・コダックは2012年に倒産しました。一方、日本の富士フイルムは、写真フィルムによって培った技術を液晶ディスプレイや医療分野（画像、検査用機器）などに活用し発展を続けています。

ただし、市場が存在し、同じ土俵で勝負していても、他社との競争に敗れてしまうことがあります。優位性が持続しないのは、ある事業が成功すると競合他社がそれを模倣したり、弱点を突いて違ったやり方で攻めてくるからです。

ある会社の同業他社に対する優位性が将来にわたって持続するのは、次のような条件があてはまる場合です。

- 事業に先行優位性がある
- 他社が模倣困難な経営資源を持っている
- ビジネスモデルを他社が模倣困難

これらについて少し詳しく説明しましょう。

先行優位性

ある事業領域で先行した企業が後続の企業に対して優位性を持つことを**先行優位**といいます。スポーツやギャンブルでは〝後出しじゃんけん〟が有利なことが多いようですが、1987年にドライビールを最初に出したアサヒが模倣したキリンを圧倒したように、ビジネスの世界では先行者が勝つことが多いようです。

ただ、インターネットブラウザを最初に普及させたネットスケープがマイクロソフトに、スマートフォンを最初に普及させたノキアがアップルに短期間で駆逐されたように、後出しじゃんけんで成功したケースもたくさんあります。

先行者が勝つかどうかは次のような要因で決まります。

①　経験曲線効果

ある製品を作り始めてからの累積の生産量が倍になる度に、1単位当たりの総コストが一定割合で低下していくという経験則です。先行者は、他社よりたくさん生産することでコスト面で優位に立てます。工業製品についてよくあてはまります。

②　ネットワークの外部性

電話やSNSは少人数で使っても意味はなく、参加者が増えると利便性が高まります。あるネットワークの参加者が増えるほどネットワークそれ自体の価値が高まる現象をネットワークの外部性といいます。ネットワークを他社に先駆けて導入し参加者を増やすと、後続の類似ネットワークに対して優位に立てます。

③　ブランド

消費財については、「スーパドライといえばアサヒ、アサヒといえばスーパドライ」という感じで先行者は強力なブランドを形成し、消費者を囲い込む効果を期待できます。

④ スイッチングコスト

ある製品・サービスを利用しているユーザーが別の製品・サービスに切り替える際に発生する手間・費用のことをスイッチングコストといいます。工場である旋盤機械を使っていて、別の旋盤機械に切り替えると操作の仕方を作業者に教育し直す必要があるという具合です。スイッチングコストが大きい製品・サービスは切り替えが難しいので、先行者が有利に働きます。

⑤ 希少資源の占有

事業を展開するのに必要な経営資源が希少な場合、先行者がそれを占有すると、後続の参入者は不利になります。たとえば、航空ビジネスで空港の発着枠は重要かつ希少なので、日本航空や全日空が主要空港の発着枠を先に確保すると、ＬＣＣ（ローコストキャリア）など後続の参入者に対し有利に働きます。

こうした要因のいくつかにあてはまる会社は、将来も長期にわたって優位性を持続できるでしょう。逆に、競合他社がこうした条件を備えているなら逆転することは困難になります。もちろん、そうなる可能性が高いだけで絶対に勝ち続ける、絶対に負け続けるという保証はありません。

経営資源の優位性

よく「**ヒト・モノ・カネ**」といわれるように、事業を展開するには「人材・設備・資金」といった経営資源が必要です。最近は、これらに加えて「情報」や「ノウハウ」がクローズアップされています。そして優れた経営資源を保有することが競争優位の源泉になっているケースがよくあります。

こうした経営資源の優位性の中でわかりやすいのは特許です。医薬品業界では、各社が巨額の費用をかけて研究開発を進め特許を登録し、他社が模倣するのを防いでいます。武田薬品工業は、近年3000億円を超える研究開発費を毎年のように投じ、抗潰瘍薬「タケプロン」、糖尿病治療薬「アクトス」など大型特許で高収益を確保しています。

特許や先ほどの航空会社の空港発着枠、あるいは携帯電話会社の電波のように、重要な経営資源を囲い込んで他社に使わせないようにすることは、競争優位を構築する上で極めて有効です。

ただ、特許や独占販売権のようなわかりやすい経営資源は、他社が標的にしやすいという面があります。そのため強力な特許を持っていても短期間で競争優位性を失ってしまうことが珍しくありません。

１９５０年代、米ゼロックスはコピー機に関する約５００の関連特許を保有し、市場の支配が永遠に続くといわれていました。しかし、日本のキヤノンがゼロックスの特許に抵触しない製品開発を進め、あっという間にゼロックスの牙城を突き崩しました。

競争優位性が長く持続するのは、従業員のノウハウ、しかもいくつかが組み合わさって組織として活用されている場合です。たとえば、ハーゲンダッツのアイスクリームが美味しいのは、空気を抜いて堅くする、蓋を強く密封する、低温で保存する、などさまざまなノウハウが組み合わさって実現しています。こうしたノウハウは外部からは目に見えにくいので競合他社が模倣しにくいのです。

ビジネスモデルの優位性

競争優位が持続する３つ目の条件としてビジネスモデルがあります。

ビジネスモデルとは、ビジネスの仕組みのことです。ＩＴビジネスでは、どのようにＩＴを組み入れたビジネスモデルを構築するかが問題になりますが、ITビジネスに限らず、すべての業種において、**「誰の、どのようなニーズに、どのような方法で対応し、どのように収益を上げるか」**が重要であるということです。

伝統的に日本では先ほどの経営資源の優位性を特徴とする企業が多かったのですが、近年、特徴的なビジネスモデルを構築し、競争優位を長期間にわたって維持する企業が増えています。

先ほど少し紹介したファーストリテイリング（ユニクロ）も、ビジネスモデルで優位性を維持している代表的事例といえます。

ユニクロといえば、安い割に品質が良い、品質が良い割に安い、3つの基本戦略でいうとコストリーダーシップです。ユニクロは、極端に商品アイテムを絞り込み、同一素材を大量仕入れし、人件費の安い海外の委託工場で生産し、機動的に生産調整し、ロードサイドや駅ナカなど需要のある場所に機動的に出店し、セミセルフで人件費を掛けずに販売する、という安さを実現するために合理的なビジネスモデルを構築しています（**図表16**）。

この中で同業他社がとくに模倣しにくいのは機動的な生産調整です。ユニクロでは、新商品を発売するとき予測販売数量の半分だけまず店頭に用意します。そして、売れ行きが悪かったら、そのまま様子見。売れ行きが良かったら統合的な情報ネットワークで店頭の販売状況が本部・委託先に共有され、即座に大増産が始まり、日本国内の店頭に数週間以内に商品が届きます。ユニクロは、委託工場が生産した商品を全量買い取っていますが、それでも売れ残りや売り損じが発生しない仕組みになっています。

それに対しアパレルを扱う他の業態、たとえば百貨店では、アパレルメーカーから商品を買い取りせず返品可能です。販売と生産が分断されており、ユニクロのように機動的な生産調整ができず、在庫の山ができてしまうのが怖いからです。アパレルメーカーからすると、売ったと思っても半分くらい返品されるので安く売ることはできません。

このようにユニクロは、機動的な生産調整、それを支える統合的な情報ネットワーク、委託工場との関係などビジネスモデル全体で安さを実現しています。百貨店などがユニクロに勝とうと思うと、ビジネスモデル全体を変えないといけないので模倣が困難です。

<図表16> ユニクロのビジネスモデル

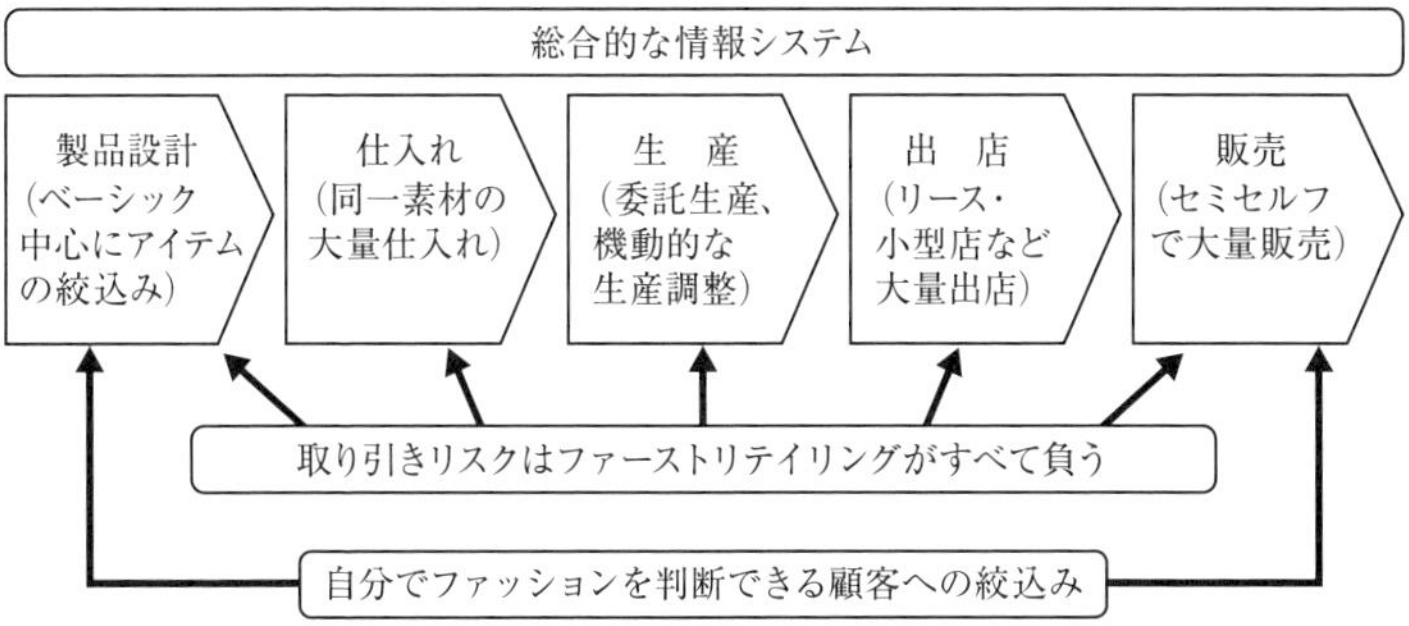

競争優位性をどう見極めるか

このように業界内での競争優位性は、「先行優位性」「経営資源の優位性」「ビジネスモデルの優位性」によって決まります。まずは就職・転職の候補先について確認しましょう。

ただ、ある会社の優位性が競合他社と比べてどこまで強力で、それがいつまで続くのかなどは外部からではなかなか正確にはわかりません。学生や若手ビジネスパーソンは当然として、コンサルタント・経営学者・経営評論家といった企業経営の専門家でも判断をあやまる場合があります。

それでは、そもそも就活・転活の会社選びにおいて、戦略の良し悪しを素人があれこれ探っても意味がないのでしょうか。

そうでもありません。

自分で戦略の良し悪しを正確に判断するのは難しいとしても、会社側の説明を聞けばおおよそのことはわかります。

まず、**担当者がその会社の優位性を明確に説明しているか**どうかを確認します。何も説明がなかったり、素人ではわからないような難解な説明だったり、ここまでの本書の解説に照らして説得力のない説明なら、大きな優位性はないと判断できます。

明快で説得力のある説明が聞けたなら、次に**インターネットや「日経ビジネス」のようなビジネス誌でその会社の優位性がどう説明・分析されているのかを確認しましょう。**

よく会社側は「販売ネットワークが当社の競争優位の源泉だ」と説明しているのに、社外では「商品開発力がとりわけ優れている」と分析されるなど、会社の説明と社外の説明が大きく食い違うことがあります。どちらかが間違っていることになりますが、認識が食い違うということ自体、市場で認知されて競合から恐れられるような圧倒的な優位性ではないことを意味します。

イノベーションの創造

さてここからは応用編です。

就職・転職の候補先の戦略を診る上で重要なポイントとして、イノベーションとグローバル化への対応について検討します。

まずイノベーションです。

戦後、日本企業、とくにメーカーは、高品質の製品を安価に提供することで世界をリードしてきました。しかし、日本の人件費などコストが上がり、１９９０年代以降アジア新興国の競合が台頭すると、この「より良いものをより安く」という戦略は通用しなくなりました。

そこで日本企業では、業種を問わずイノベーションが重視されるようになっています。

イノベーション（innovation）は日本語でいえば「革新」です。「技術革新」と訳す場合もあるようですが、技術的に新しい製品を創り出すことだけに限りません。新しい生産方法の導入や新しい市場の開拓、新しい組織など、**これまでにない新しいこと全般**を意味します。

世の中にはイノベーションの創造に前向きで、常に事業・組織を進化させている会社もあれば、これまでの製品・技術・やり方にこだわり、イノベーションに後ろ向きな会社もあります。

長期間にわたって継続的にイノベーションを創造している会社に、セコムがあります。

セコムは、飯田亮社長が１９６２年に日本初の警備保障会社として創業しました。創業当初は、契約先に警備員を常駐させる人的警備が主体で、東京オリンピックの選手村の警備を受注するなど、順調に発展しました。

しかし、契約先の百貨店で警備員が商品を盗むという不祥事が発生し、人的警備の限界を感じた飯田社長は、センサーを使って危険を感知する機械警備システムの開発に着手します。機械警備の実用のめどが立ったら、1971年、人的警備からはすっぱり撤退し、ホームセキュリティ分野で成長を加速させました。

1989年、セコムは新しいビジョンとして「社会システム産業」を掲げました。培ってきた通信・センサー技術を駆使して、安全・安心を中心に幅広い領域で社会の発展に貢献しようという決意表明です。現在、セコムはこのビジョンを実現するために、医療・防災・保険・地理情報など多角的に事業展開しています。

イノベーション、つまり過去にないことに取り組むのはリスク（不確実性）があり、成功する場合もありますが、大半は失敗に終わります。ですから、イノベーションに取り組めば必ず良い会社になれるとは限りません。しかし、技術が進歩し、市場ニーズが変化している今日、イノベーションに後ろ向きな会社は変化に対応できず、顧客から見離され、確実に悪い会社になってしまいます。

イノベーション志向を診る

就職・転職の候補先の会社にイノベーション志向があるかどうかを確認しましょう。

まず、イノベーションの実績。

会社のホームページには〝沿革〟が掲示されていて、これまでのイノベーションの取り組みが紹介されています。社史を読むと、より詳細な情報が得られます。業種にもよりますが、10年以上新製品や新規事業が生まれていない場合、イノベーションに後ろ向きな会社という評価になります。

次に、研究開発費。

メーカーやIT関係では、イノベーションを起こすために研究開発費を使います。その状況について売上高研究開発費率を計算して確認します。

売上高研究開発費率 ＝ 研究開発費 ÷ 売上高

決算短信や有価証券報告書の注記に記載されている研究開発費を確認し、指標を計算します。

この指標は業種ごとに大きく異なるので、同業他社と比較すると良いでしょう。

最後にイノベーション創造の方針。

ホームページでの経営者のあいさつや雑誌・就職サイトなどで経営者へのインタビュー記事を見て、「イノベーション」「新製品開発」「新規事業」「研究開発」といったキーワードがあるなら、イノベーションに前向きと考えられます。こうしたキーワードがない（もしくは少ない）という場合はイノベーションに後ろ向きと考えることができます。

グローバル化を直視する

次にグローバル化。

今後、日本は人口減少が本格化し、２０５３年には総人口が１億人を下回り９９２４万人になると予想されています（国立社会保障・人口問題研究所）。人口が減っても、自動化・省力化などで生産性を高めれば国民の豊かさ（＝１人当たりＧＤＰ）を高めることは可能です。しかし、経済規模（＝ＧＤＰの額）については移民導入などよほど思い切った手を打たない限り確実に縮小していきます。

こうした環境変化の中で会社が長期的に発展するためには、国内市場にだけ目を向けるのではなく、グローバル化に取り組む必要があります。

グローバル化は電機・自動車といった世界市場で戦う製造業だけの話ではありません。食品・医療といったかつては「内需業種」といわれた業種でも、インバウンド需要を含めてグローバル化に取り組むことが要求されます。

日本経済新聞社が実施した「NEXTユニコーン調査」（2018年調査）によると、調査したスタートアップ企業の50%が「最初から海外展開を視野」と回答しています。伝統企業・大企業だけでなく、スタートアップの会社でも起業の時点から事業のグローバル展開を強く意識していることが伺えます。

もちろん、世界中の企業が競ってグローバル化を進める中において、グローバル化を進めれば成功するという保証はまったくありません。しかし、**グローバル化に背を向けていれば長期的には確実に衰退してしまいます**。気になる会社がグローバル化にどこまで取り組んでいるかをチェックする必要があります。

グローバル化の進展度合いを診る

グローバル化の進展度合いを最も端的に表すのが、海外売上高比率です。海外売上高とは、日本からの輸出と海外拠点（海外の支店や現地法人）による海外での売上高の合計です。

海外売上高比率 ＝ 海外での売上高 ÷ 会社全体の売上高

海外売上高比率は、会社が決算時に公表する決算短信や有価証券報告書、あるいは会社四季報に記載されています。この数字は業種によって差が大きいので、同業他社と比較します。同業他社と比べて海外売上高比率が高い場合、その会社はグローバル化に前向きだといえます。逆に低い場合はグローバル化に後ろ向きです。

もちろん理屈の上では、海外売上高比率が低くても今後グローバル化を進める余地が大きいと解釈することもできます。ただ、１９９０年代にグローバル化が叫ばれて四半世紀以上経ってもこの値が低いままということは、「できればグローバル化を避けたい」という内向きな経営姿勢の表れと考えるのが自然ではないでしょうか。

次に経営者のメッセージを確認します。ホームページでの経営者のあいさつや雑誌・就職サイトなどでのインタビュー記事で、「グローバル化」「国際化」「海外販売」といったキーワードがあるなら、会社としてグローバル化を意識しているといえます。こういうキーワードがない、もしくは少ないならグローバル化に後ろ向きであることが想像されます。

なお、「経営の現地化」「リバースイノベーション（海外で起こしたイノベーション）」といった踏み込んだキーワードがある場合、グローバル化にかなり意欲的と考えてよいでしょう。

他にも全従業員に占める外国人比率などもグローバル化の進展度合いの参考になります。多くのメーカーは、海外に生産活動を移管し、多数の外国人を現地で採用しているのでこの値が大きくなります。

グローバル化は会社を取り巻く環境変化の1つですが、会社の長期的な発展・成長を考える上で極めて重要な要素です。もし気になる会社が「グローバル化に後ろ向きではないか？」と懸念されるなら、会社説明会などの場で理由を確認するとよいでしょう。

Chapter 5

活力と規律のある組織

組織にはマネジメントが必要

会社は、ビジョン・戦略を実現するために組織を編成して活動します。世の中には組織を作らず1人で活動する個人事業もあります。ただ、個人事業では事業展開について何かと制約されます。

街を歩くと、個人事業の小売店をよく見かけます。仕入・販売・清掃・経理といった業務をすべて1人でやるのは、なかなかたいへんそうです。1人で目が届く範囲は限られるので、売り場を広げ、品揃えを増やすことができません。長時間店を開けることもできません。1店舗だけならなんとか運営できても、多店舗展開するのは不可能です。

人を雇って組織を編成して活動することで、こうした限界を克服できます。それぞれの従業員が得意とする業務を分担すると、専門性が発揮され、運営が効率化します。売り場を広げ、品揃えを増やし、営業時間を長くし、多店舗展開できるので、売上高・利益が大きく増えます。**組織によって、個人ではなし得ない大きな仕事ができ、世の中を大きく発展させることができるのです。**

ただ、組織を運営するのは、容易なことではありません。私たちの生活でも、1人だったら夕食に何を食べるかあまり迷いませんが、仲間が3人集まると、どこで何を食べようか合意するのが難しくなります。これが300人集まって同窓会をやろうとなると、収拾がつかなくなります。

能力・意欲・利害などが異なる多数の従業員をまとめ上げてビジョン・戦略を実現するには、高度なマネジメントが必要です。**マネジメントとは、他人を通して目標を達成するプロセス**です。

効率性と柔軟性の両立

良い組織とは、抽象的に表現すると、的確なマネジメントによってビジョン・戦略を実現している組織、ということになります。

では、具体的に、良い組織とはどういう状態でしょうか。

良い組織（職場）と聞いて、皆さんはどういう状態を思い浮かべますか。

● 風通しが良く、メンバーがいいたいことをいうことができる

- 従業員同士が助け合って、一致団結して仕事に取り組んでいる
- ルールを守って規則正しく、無駄なく活動している
- オンとオフの切り替えができていて残業が少ない
- アイデアが次々と出てきて新しいことにどんどんチャレンジしている

一口に良い組織といってもいろいろな側面がありそうです。私もコンサルティングをしていて「ああ、良い組織だなぁ」と思うことがよくありますが、規模も業種もまちまちで、統一されたイメージがあるわけではありません。

ここでは、効率性と柔軟性という2つのキーワードで、良い組織を考えてみましょう。

効率性と柔軟性は相対立する面があり、どちらを優先するかというバランスの問題もあるのですが、結論としては、**効率性と柔軟性を高度に両立しているのが良い組織**ということになります。

効率的な組織運営

まず、効率性。

組織は、ビジョン・戦略といった目標を達成するための手段なので、効率的に運営し、目標を達成しなければなりません。事業活動にはヒト・モノ・カネ・情報といった経営資源が必要で、効率的とは、経営資源が無駄なく活用されている状態を意味します。

ヒト（経営者・従業員）については、それぞれの能力に合った適切な役割分担（分業）をします。

役割分担には、研究・製造・人事・調達といった経営機能ごとの「横の分業」と経営者（トップ）・管理者（ミドル）・一般従業員（ロワー）という「縦の分業」があります。

研究と人事ではまったく異なる能力が必要だというのは納得できると思いますが、トップ・ミドル・ロワーにも異なる能力が必要です。カッツという経営学者は、経営者（トップ）にはビジョン・戦略を作るコンセプチュアルスキル、管理者（ミドル）には部下をまとめ上げるコミュニケーションスキル、一般従業員には業務を遂行するテクニカルスキルが重要だとしています（**図表17**参照）。

人によって得意不得意があるので、能力を見極めてそれぞれが得意分野を担当するよう役割分担します。いわゆる適材適所です。

モノについては、生産設備・店舗・倉庫・事務所といった設備が重要です。小売業なら店舗、メーカーなら機械など生産設備、物流業ならトラックや倉庫など、事業に必要な設備があります。十分な規模・能力の設備を持たないと、需要があっても対処することができません。

かといって、設備を導入するには大きな投資が必要なので、設備をたくさん持ちすぎると、会社にとって資金負担になります。必要最小限の設備を持ち、フル稼働しているのが理想の状態です。

情報については、必要な情報を収集し、共有します。

事業活動では、組織の各階層で製品デザイン・価格・投資・人員配置などさまざまな意思決定が行われます。そし

<図表 17>　スキルの要件

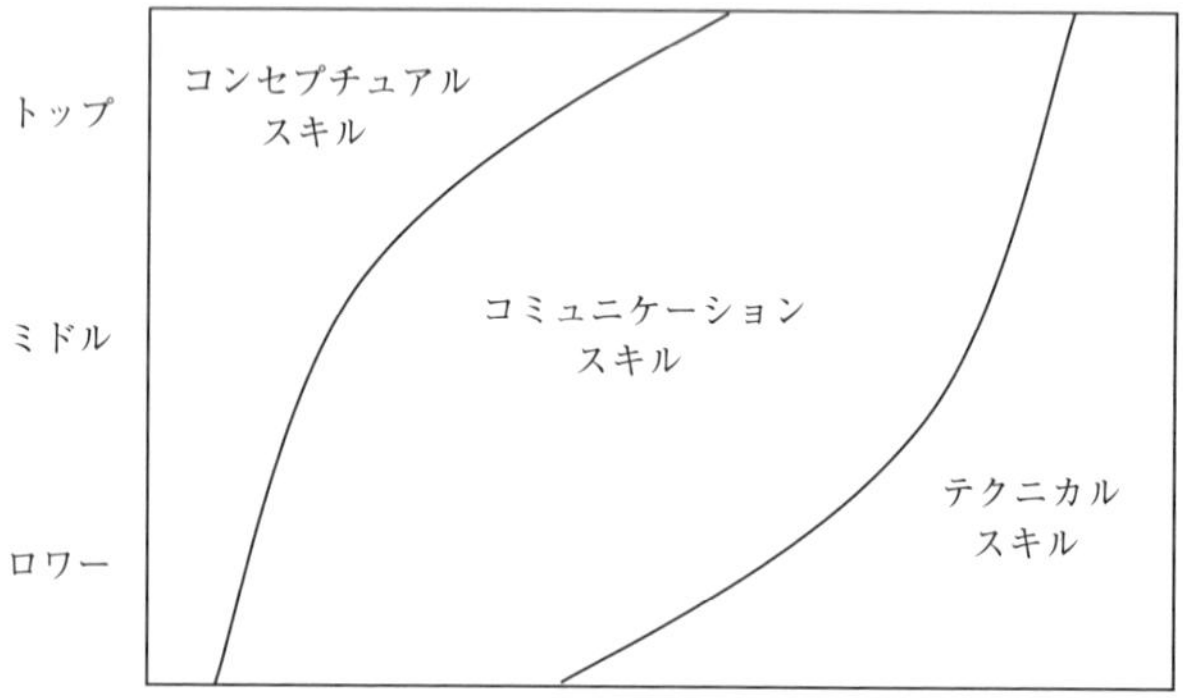

て、的確な意思決定をするには、情報が必要です。たとえば、新商品の販売価格を決めるという場合、自社の製造原価、競合他社の価格、お客様の要望など、さまざまな情報を集める必要があります。

インターネットの普及で情報収集は格段に楽になりました。しかし、顧客が何を望んでいるのか、市場ではどんな変化が起きているのか、といった本当に重要な情報は、ネットを検索してもなかなか収集できません。検索技術よりも、情報を見抜く力が問われます。

また、せっかく情報を収集しても、サーバーに蓄積されているだけ、個々の従業員の頭の中やフォルダにあるだけでは、意味がありません。組織内で共有し、分析し、意思決定に役立てる必要があります。

PDCAで効率を高める

組織運営の効率を高めるには、どうすれば良いのでしょうか。

よく、組織運営の基本はPDCAだといわれます。PDCAとは、Plan（計画）・Do（実行）・

Check（評価）・Act（改善）の頭文字をとったものです。

大きな目標をいきなり達成することはできないので、まずどういう経営資源を使ってどういう手順で実行するかという計画を作ります。そして、メンバーで役割分担して実行します。実行すると、うまく行かない場合があるので、実行状況を評価します。最後は、評価に基づいて改善の手を打ちます。

ＰＤＣＡは1回きりではなく、全体を振り返って、次に役立てます。ＰＤＣＡは連続的にレベルアップしていくことが想定されており、ＰＤＣＡサイクルと呼ばれます。

ここで一般従業員は、自分に与えられた職務を遂行することが最優先です。個々の従業員が組織全体を見渡して「ＰＤＣＡがしっかり動いているか」「経営資源が組織全体で無駄なく使われているか」といったことを判断して是正するというのは、現実的ではありません。

そこで、経営者・管理者が組織全体を見渡して事業計画を作り、役割分担を決め、ルールを決め、一般従業員に指示して実行させ、管理者が実行状況をチェックします。こうした組織階層ごとに分業化された組織のことを官僚制組織といいます。官僚というと「役所のこと？」と思われるかもしれませんが、役所だけでなく現代の会社は基本的に官僚制組織です。

官僚制組織では、「計画的に仕事をする」「自分の役割を明確に認識する」「約束事やルールを守る」といったことが大切です。

効率性を数字で診る

就職先・転職先として検討している会社は、効率的に組織運営しているでしょうか。組織運営は会社の中で起きていることなので、外部から実態を確認するのは難しい作業です。ただ、断片的な情報からおおよそのことは推測できます。

まず、**従業員１人当たり売上高**を計算しましょう。この値が同業他社と比べて大きい場合、少ない従業員で効率的に事業運営していることを意味します。小さい場合、無駄に人が多く、有効活用されていないということを意味します。

次に、ホームページから取締役・執行役員といった経営陣の数を拾います。そして従業員数を経営陣の数で割ります（経営陣の数÷従業員数）。この値が同業他社と比べて大きい頭でっかちな組織は、人件費の負担で高コスト体質になりますし、船頭ばかりが多く意思決定のスピードに劣ります。

メーカーの場合、工場など設備の効率が重要です。業界誌や踏み込んだ業界本などには業界各社の**設備稼働率**（生産量÷フルキャパシティ）が載っていますから、確認しましょう。

コンプライアンス違反などの不祥事で世間を騒がせるような会社は、基本的なルールを守れていないということです。たまたま1人の特殊な従業員が不祥事を起こしたというケースもありますが、ゴキブリと同じで不祥事が1つ見つかったら、背後にその数倍の不祥事が隠されているのが普通です。

業績予想を頻繁に下方修正する会社も要注意です。上場企業は、年初に決算短信で次の期の決算（売上高と当期純利益）の会社予想を公表し、その後予想に変化があったら適宜修正します。上方修正や1回の下方修正は問題ありませんが、同じ期の中で2回以上下方修正するというのは、ＰＤＣＡがうまく回っていないことを意味します。

業績予想の下方修正は、経理部の局所的・技術的な問題だと思われがちですが、そうとは限りません。経営陣が現実を直視せず楽観的な業績を出していること、経理部など管理部門が社内を管理しきれていないことの表れで、体質的な問題です。そういう体質は、経理部だけでなく、会社全体に広がっていることが一般的です。

柔軟に変化に対応する

次に柔軟性を確認します。

効率的に組織を運営するには、事業プロセスや手続きをルール化し、マニュアル化し、役割分担を決めたらそれを固定化するのが有効です。ルール化・マニュアル化によってミスが減りますし、役割分担の固定化によって担当業務に習熟するからです。

しかし事業環境は変化します。市場ニーズ、競合の戦略、さらに政治・経済・社会・技術といったマクロ環境は絶え間なく変わります。

ある環境に適応するために事業プロセス・手続き・役割分担を決めても、事業環境が変わったら、柔軟に変更する必要があります。そこで試されるのが、変化に対応する柔軟性です。

たとえば、市場を開拓するために支店を開設します。新しい事業を始めるには事業開発部門を作ります。コンプライアンスが問題になったら、対策の担当窓口を設置します。

三菱商事や三井物産といった総合商社は、戦後、顧客企業が原材料の輸入と完成品の輸出を拡大するのに合わせて、海外の拠点網を拡充し、仲介をしました。国内の顧客のニーズに応えるため、日本の各事業部が意思決定し、海外拠点は現地サービスをするという体制でした。

1990年代、IT化で仲介機能の価値が低下すると、総合商社は資源・エネルギーなどへの投資に舵《かじ》を切りました。本社で投資の意思決定を行い、出資先に役員を派遣し、事業運営は派遣役員に任せています。

2000年以降は、IT・小売りといった成長分野での投資を拡大し、提携なども織り交ぜて、多彩な事業展開をしています。

このように総合商社は、タイムリーだったかどうかには議論があるものの、経営環境の変化に合わせて組織の体制や意思決定プロセスを柔軟に変えています。

柔軟性を診る

組織が柔軟に環境変化に対応しているかどうか、どのようにチェックすれば良いでしょうか。

まず、**組織体制を大きく変更したらホームページなどに掲載するので、実績を確認します。**

業種や事業環境にもよりますが、変化の激しい現代に、何年にもわたって同じ組織体制を続けているなら、柔軟性に欠けると考えられます。chapter 4で検討した戦略と照らし合わせて、タイムリーに組織体制を変更しているかどうかを確認します。

ただ、あまりに頻繁に組織体制を変更しているのは、逆にマイナス評価になります。まったく組織体制を変えないのも問題ですが、コロコロ変えすぎるのも問題です。

よく**組織いじり**といわれるように、経営状態が悪いとき、あるいは改革が進まないとき、経営者がうろたえて組織体制の変更を繰り返すことがあります。組織いじりが疑われる場合、ホームページなどで大きな変更の意図を確認します。意図をわかりやすく説明していない、戦略との連動性が薄い、というなら危険な兆候です。

組織体制の変更だけでなく、**臨機応変に新しい取り組みをしているかどうか**も確認しましょう。

たとえば、大型の台風があるメーカーの工場を直撃し、建物や生産設備に被害が出たとします。そのメーカーの対応として、次の3つが考えられます。

①　復旧に向けて作業をする
②　①だけでなく、復旧の状況を広く利害関係者に知らせる
③　①②だけでなく、ボランティアや支援など地域の復旧・復興に貢献する

当然、真っ先に取り組むのは復旧に向けて全力を尽くすことです（①）。しかし、顧客・仕入先・取引銀行・自治体など利害関係者は復旧の状況を知りたいので、利害関係者に情報発信するべきです（②）。さらに、地域の会社・住民も被害を受けているはずですから可能な範囲で復旧に協力します（③）。

こういう切羽詰まった状況は、会社の柔軟性が最もよく現れる場面です。自社のことだけでなく、影響を受ける利害関係者のことや同じ状況に立たされた人たちのことを考え、マニュアルにない柔軟な対応ができるかどうかが問われます。

同じ理由から、日ごろからホームページを更新しているかどうかもチェックしたいところです。ホームページを更新していないのは、利害関係者のことを軽視し、経営姿勢が内向きになっていることを意味します。

新しい組織と古い組織の特徴

さてここからは実践編。

よく会社選びで問題になる組織の特徴について、いろいろな角度から考えていきましょう。

まず、新しい（若い）組織と古い（老いた）組織という違いを検討します。

会社もいろいろで、創業してわずか数年という若い組織もあれば、創業１００年を超える古い組織もあります。ちなみに日本は、創業１００年を超える老舗が世界的に見て突出して多く、会社の平均寿命が長いことが知られています。現存する世界最古の会社は５７８年創業の金剛組です。

一方、近年、日本では開業率（＝その年に開業した事業所数÷その年の初めの総事業所数）が年々低下していることから起業意欲がしぼんでいます。諸外国と比べて有望なベンチャー企業が極めて少なく、新しい組織が少ない状態です。

新しい組織と古い組織の経営状態を正確に比較するのは困難ですが、成長性と安定性には明確な違いがあります。

まず成長性。米作農家は耕しやすい田んぼから耕し、順に耕しにくい荒れ地に田んぼを広げます。会社もそれと同じで、伸びている市場や自社の強みが生かせる市場（得意分野）でまず事業展開し、市場の開拓がかなり進んだら、成長性が低い市場や強みをあまり生かせない市場（苦手分野）の開拓に乗り出します。

また、ライフサイクルから見ても、新しい組織は導入期・成長期に、古い組織は成熟期・衰退期にある可能性が高くなります。こうした理由から、若い組織は成長性が高く、古い組織は低くなります。

安定性は、新しい組織が低く、古い組織が高い傾向があります。古い組織は、顧客・仕入先・銀行といった利害関係者との信頼関係がすでに確立されており、大不況・災害・経営者の突然の引退といった不測の事態が起こっても、打開に向けて利害関係者から協力してもらえます。

一方、そういった信頼関係がまだ構築されていない新しい組織は、利害関係者から協力が得られず、ちょっとしたショックで倒産してしまうことがあります。日の出の勢いで成長してきたベンチャー企業が一瞬にして行き詰まってしまうというのはよく目にするところです。

収益性はどうでしょうか。

経営学の重要な概念に経験曲線効果があります（P100参照）。これは、ある製品をたくさん生産すると、従業員が作業に習熟し、コストが低下するという現象です。古い組織の方がこれまでたくさんの量を生産しているので、理論的には古い組織の方がコストが低く、収益性が高いはずです。

ただ、これは同じ製品を長年作り続けるという前提での話です。市場ニーズが変化し、製品を改良したり、まったく違った製品を作るという場面では過去の投資や教育訓練が逆に重荷になってしまいます。また、製造業やサービス業では経験曲線効果が当てはまりますが、ＩＴなどあまり当てはまらない業界もあります。

これらから新しい組織と古い組織、どちらの収益性が高くなるのかは微妙なところです。

賃金カーブには大きな違い

では、新しい組織で働くのと古い組織で働くのではどういった違いがあるでしょうか（この項目はP75の先端業種とオールド業種の違いとかなり重なります）。

まず、新しい組織でも古い組織でも収益性は明確な違いはないので、従業員全体の給与水準にも差はありません。個々の会社の業績次第というところでしょう。

しかし、年齢ごとの給与水準、いわゆる賃金カーブでは、明確な違いがあります。**図表18**のように、新しい組織では、若手従業員の給与水準が古い組織と比べて相対的に高く、中高年従業員の給与は相対的に低い傾向にあります。一方、古い組織では若手は相対的に給与が低く、中高年になると高くなります。いわゆる**S字カーブ**を描きます。

一般に、古い組織、とくにメーカーでは労働組合の影響力が強く、労働組合が中高年に手厚い賃金体系を好むからです。労働組合には、組合員（従業員）の生活を成り立たせるために給与水準を決定するべきという考え方があり、遊ぶお金くらいしか必要がない若い世代よりも、子供の学費・住宅取得・親の介護など何かとお金が入り用な中高年に手厚く配分するべきだと考えるわけです。

ただし、日本では近年、労働組合の組織率が低下し、会社への影響力が低下しています。希少な若い労働力を確保するには、若手の給与水準を引き上げる必要があります。こうした理由から古い

<図表18>　賃金カーブ

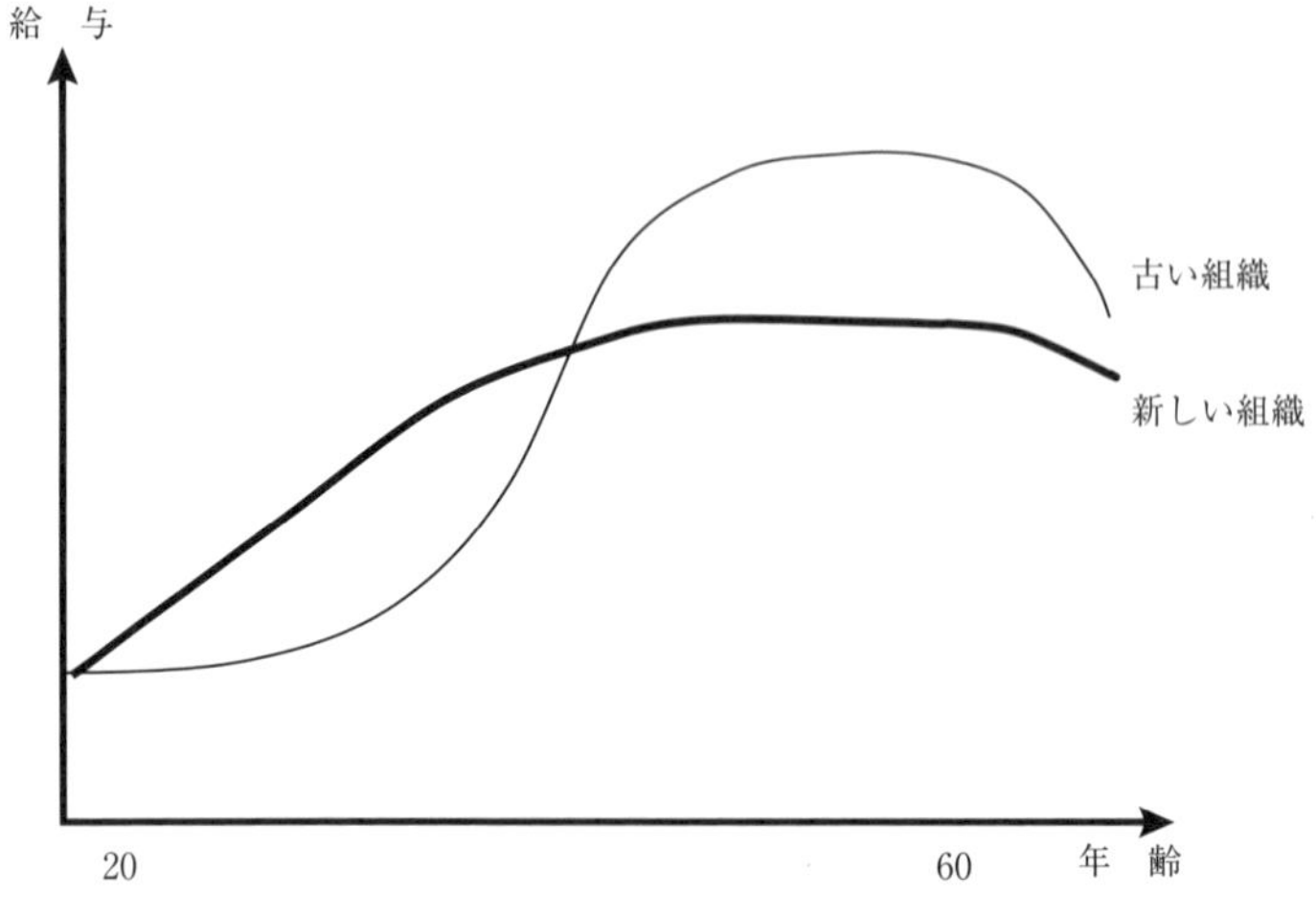

組織でも、賃金体系をフラット化し、新しい組織のカーブに近付ける動きが広がっています。

職場の活気や仕事のやりがいは？

職場の雰囲気はどうでしょうか。

これは新しい組織の方が断然活気があります。新しい組織では、新しい商品や新しい顧客が増え、それに対応するため、新しい業務や新しい若いメンバーが増えます。若いメンバーが新しいことに取り組むので、自然と活気あふれる職場になります。

仕事のやりがいはどうでしょう。新しい組織では、まだ事業プロセスなど確立されておらず、これから自分たちで分担やルールを決めて行くという段階なので、やりがいがあります。

私の知人の栗林由季さんは、大手通信グループの人事担当者から、２０１２年に設立されたクラウドサービスのFreeeに転職しました。創業したばかりのFreeeでは、通常の採用方法ではなかなか優秀な社員を採用することはできません。そこで栗林さんは採用マネジャーとして、社員の紹介で関係者を採用するリファラル採用の仕組みをゼロから作り上げました。チーム一丸となって新しい仕組みを作ることで、職場は常に活気にあふれ、エキサイティングな毎日だそうです。

ただ逆に、新しい組織では仕事の負荷が大きく、長時間労働になりやすいという問題があります。新しい組織では、バックアップ体制が敷かれていませんし、業務プロセスが定まっていないためのミスなども多く、仕事のやり直しや軌道修正が頻繁にあるからです。

古い組織はその逆です。業務プロセスがすでに確立され、一般従業員に大きな権限を与えていないので、とくに若手は決められた仕事をミスなく淡々とこなす形です。仕事のやりがいは小さいですが、時間的・肉体的な余裕はあります。

大企業と中小企業の違い

次に、大企業と中小企業という組織規模の違いを見てみましょう。

一口に会社といっても、従業員が何万人もいる大企業もあれば、数十人の中小企業もあります。そして大企業で働くのと中小企業で働くのは、いろいろと違いがあります。

ちなみに、中小企業や小規模企業者というのは、中小企業基本法で定義されています。製造業の場合、中小企業は「資本金が3億円以下、従業員数が300人以下の会社」、小規模企業者は「従業員20人以下の会社」です（ここでは簡略化しています。業種によってこの数字は異なります）。

中小企業と大企業では経営指標に大きな違いがあります。

まず、安定性では大企業の方が勝ります。それは大企業であれば上場して資本市場から資金を調達できるからです。繰り返しますが、株主から調達した資本は返済する必要がないので、資本が大きくなると安全性が高まります。また、銀行からの借入れでも信用力がある大企業の方が中小企業よりも容易に資金調達できます。

さらに大きく違うのが、経営がうまく行かず危機的な状況に陥った時です。中小企業では、経営危機が表面化したら銀行から見放されてあっさり倒産するケースが多くなります。それに対して大企業では「**Too big to fail**（**大きすぎて潰せない**）」といわれるように、倒産によって大量の失業者が出るなどの悪影響を避けるため、銀行だけでなく政府・自治体などがこぞって経営支援をします。

収益性でも大企業が中小企業を大きく上回っています。中小企業白書によると、1970年代まで大企業と中小企業の収益性はあまり違いませんでした。しかしその後、大きく差が広がっています。その基本的な要因としては**規模の経済性**があります。

規模の経済性とは、生産量・販売量といった規模が大きくなると1単位当たりのコストが低下する現象です。原材料や部品を大量に購入すると、購入単価が下がります。売上高が5億円でも5000億円でも社長は1人なので、規模が大きい方が1単位当たりの管理コストが低下します。

このほか、ほぼすべての経営指標で中小企業は大企業に大きく劣っています。

中小企業で働くとどうなるの？

では、働く立場から見るとどうでしょうか。

まず気になる給与水準は圧倒的に大企業に軍配が上がります。

20代ではそれほど差はありませんが、年齢が上がるにつれて格差が広がっていきます。人事院の職種別民間給与実態調査によると、大企業の部長職の年収は平均1064万円であるのに対し、従業員1000人未満の会社では766万円にすぎません。数字に表れにくい福利厚生についても、大企業の方がはるかに充実しています。

仕事の内容はどうでしょうか。「大企業の方がスケールの大きな仕事ができる」という意見をよく耳にしますし、「中小企業の方が仕事の守備範囲が広い」という逆の意見もあります。

大企業は、グローバルに活動していますし、売上高や経費・投資の使用額も大きく、ぱっと見スケールは大きいといえます。ただ、私も石油会社に勤務していた頃は数百億円の予算を扱っていましたが、ゼロの数がやたらと多いだけで、大きな仕事をしているという実感はまったくありませんでした。カチッと決められたルールに則って仕事を進めるので、仕事の自由度は低いといえます。

中小企業は従業員数が限られるので、一人ひとりの従業員の仕事の範囲が広がります。大企業なら「経理部・決算グループ・連結決算担当」という具合に細分化された業務を担当するのに対し、中小企業では「管理部」として経理だけでなく、総務・人事も担当する具合です。また経営者との距離が近いので、経営的な視点を持って仕事をすることができます。

ただ、中小企業で働く方が大企業よりもビジネスパーソンとして成長するかというとやや微妙です。たしかに中小企業の方が職務的に広く経営的な視点から仕事ができるので、仕事を通して鍛えられるという面はあります。

しかし、日本では大半の中小企業は大企業の下請けで、大企業の指示の下、定型化されたオペレーションを担っています。経営者も含めて経営的な視点が不足しており、中小企業で働いても経営的な能力が鍛えられるとは限りません。

このように仕事を通しての成長については、大企業と中小企業では甲乙（というより丙丁？）つけがたいところです。ただ、**大企業の方が圧倒的に教育訓練が充実している**ことも考えると、ビジネスパーソンとして成長できるのは大企業の方でしょう。

なお、大企業は世間の目に晒《さら》されるので、そんなに酷い従業員管理をすることはできません。規則に沿って合理的に組織運営するので、ブラック企業は極めてまれです。それに対し中小企業は、基本的なルールや管理方法が未整備な場合が多く、ブラック企業の確率は高まります。

中小企業は「ありえない選択肢」か？

「安定性・収益性が低い」「給料が安い」「教育訓練が充実していない」「ブラック企業が多い」

など中小企業のネガティブな側面が並びました。

では、中小企業は就職先・転職先として「ありえない選択肢」でしょうか。

そうとは限りません。

中小企業で働く大きなメリットは、自分のやりたい業種、自分のやりたい職種を担当できる（可能性が高い）ことです。

大企業は多角的に事業展開していることが多く、自分のやりたい事業に所属できるとは限りません。たとえば、鉄鋼事業をやりたいと思い製鉄会社に入社したのに、機械事業や環境ソリューション事業に配属されてしまったという具合です。

また、職務についても、大企業で事業企画をやりたいと思っていたのに営業部署に配属されたというケースもよくあります。私も石油会社で調達の業務をやりたいと希望したのに、まったく考えてもいなかった経理に配属されました。しかも、大企業では頻繁にジョブローテーションがあり、担当した仕事が気に入ったとしても数年後には次の仕事に変わってしまうことも多いです。

それに対して中小企業では、多角的に事業展開していることはまれで、事業領域を絞り込んでいます。たとえば、広く「コンサルティング」を展開するのではなく、「東京圏の中小企業向けの再生支援コンサルティング」に特化しているという具合です。

また、中小企業は従業員数も少なく、いろいろな職種があるわけではないので、いったん経理を担当するとローテーションなくずっと経理を担当します。

人は、好きなこと、やりたいことには、情熱を持って取り組むことができます。池井戸潤さんの『陸王』『下町ロケット』ではありませんが、数年単位でポンポン担当業務が変わる大企業と比べて、中小企業の方が情熱を持って仕事に取り組むことができます。

もし働きたい業種とやりたい職務がはっきり決まっているなら、それを確実に所属・担当できる中小企業は、非常に魅力的な選択肢といえるでしょう。

また、大企業には勤務地を超えた異動（転勤）が頻繁にあります。海外に赴任することも珍しくありません。それに対して多くの中小企業は地域密着で活動しており、転勤はほとんどありません。地元で生活を続け、生活と仕事のバランスを取りたい人にとって、中小企業は魅力的な選択肢です。

平均値でいうと、中小企業は大企業に比べて魅力に欠けるのは紛れもない事実です。しかし、中小企業の中にはニッチな領域に特化して高収益を実現し、給与水準が高く、やりたい仕事ができる、という会社があります。chapter 1で検討した**理想の会社は、大企業よりもむしろ中**

小企業の中にあるといえるでしょう。

存在感を増す外資系企業

つぎに、外資系と国内資本という資本の国籍の違いについて考えます。

外国企業を親会社とし、国内で活動している**外資系企業**があります。以前、外資系企業は中途採用が主体で新卒を採用することは少なかったのですが、日本にしっかり根を下ろし定期的に新卒を採用するケースが増えています。それに伴い、転職市場だけでなく新卒の就職市場でも、外資系企業の存在感が高まっています。

外資系企業と国内資本の企業（いわゆる日本企業）には、いろいろな点で大きな違いがあります。

まず収益性は、外資系企業が上回ることが多いです。これはアメリカで成功したグーグルやアマゾンが日本に進出するように、そもそも本国で成功した高収益企業だけが海外で活動しているという根本的な理由があります。

もちろんそれだけではなく、**外資系企業では資本の論理が徹底されている**ことも大きな理由の1つと考えられます。資本の論理という言葉にはいろいろな意味がありますが、「資本（株主の価値）を増やすようなことだけをやる」という考え方です。日本企業は、不採算の事業であっても従業員の雇用や地域社会の冷え込みなど利害関係者の事情に配慮してなかなか撤退を決断できません。それに対して外資系企業では、資本の論理からすっぱりと撤退を決断します。するとと残された事業の収益性は高くなります。

同じように外資系企業は、成長性が低い事業分野からもさっさと撤退するので、残された事業の成長性も外資系企業の方が高いはずです。

本国で巨大な親会社がバックアップしているので、自己資本比率などに関係なく安定性もあります。

ただし、資本の論理から収益性・成長性にかげりが出るとさっさと撤退するので、事業の継続性には欠けます。１９８０年代から90年代まで多くの外資系金融機関が東京で活動していましたが、バブル崩壊後東京の国際金融市場としての地位が低下すると大半が撤退してしまいました。

外資系企業は高給だが

働く側から見て、外資系企業は日本企業とどう違うでしょうか。

まず、よくいわれることですが、給与水準が高いのが外資系企業の大きな特徴です。20代で年収1000万円、管理職になったら3000万円を超えたりします。福利厚生は日本企業に比べて充実していませんが、それを補ってあまりある高給です。

外資系企業の収益性が高いというのが高給の基本要因ですが、もう一点、**生存者バイアス**にも留意する必要があります。生存者バイアスは、競争に勝ち残った生存者だけを見て、全体の実態を見誤ってしまうことです。

日本企業では、従業員の解雇（クビ）が法的に厳しく制限されているので、生産性が低い従業員でも会社にとどまり続けます。生産性が低く、給料の低い従業員も含めた平均でいうと日本企業の給与水準は低くなるのです。

外資系企業では、勝ち残った従業員の給与水準が高い代わりに、雇用の保証はありません。よく**up or out**（昇進するか、さもなくば退職する）といわれるとおりです。また、会社の中で勝ち残ったとしても、会社自体が日本から撤退してしまう危険性があります。外資系企業では、クビになることと常に隣りあわせです。

また外資系企業では人間関係がドライです。それはチームワークで仕事を進める仕組み・風土がある日本企業と違って、従業員一人ひとりの職務が明確に定義され、基本は個人ワークで行う仕組み・風土があるからです。したがって、困った時に助け合ったり、悩みを打ち明け合ったりすることは少なくなります。人格的にかなり自立していて、「わずらわしい人間関係がなくて居心地が良い」というくらいの人でないと精神的に厳しいでしょう。

なお、ここであげた特徴は純粋な外資系企業に関するもので、日本ＩＢＭのように国内で長く活動し、これまでも新卒を採用しているような会社については必ずしも当てはまりません。単に外資系企業とくくらず、どこまで現地化しているかを見極める必要があります。

企業グループ

会社は単独で活動している場合もありますが、複数の会社で企業グループを形成している場合もあります。

企業グループというとCMでもなじみが深い日立グループが有名です。三井・三菱・住友といったいわゆる旧財閥系は、大規模・複雑な企業グループを形成しています。

こうした何百社もある大規模なグループでなくても、幅広く事業を展開するためにグループを形成することはよくあります。最近は、グループを形成し、各社の株式を保有する親会社の社名を「××ホールディングス」とするのが流行っています。

ここでいう企業グループにはいくつかタイプがあります（①と②は私の命名です）。

① 機能分担型グループ

中核会社が展開する1つの事業について、製造・販売・調達・開発といった経営機能を別会社化しているグループ。地域別に別会社化している場合もあります。

② 事業領域拡張型グループ

中核会社の事業の周辺に、関連する事業を展開するグループ。たとえば、GMSのイオンは、食品スーパー、ショッピングモール、通販など食品販売に関連する事業を展開しています。

③ コングロマリット

直接の関連がない多岐にわたる業種に事業展開するグループ。先ほどの日立グループはその代表です。ソフトバンクや総合商社は、M&A（合併・買収）も活用して多角的に事業を展開しています。

このうち①は1つの会社を経営機能別に分けているだけで、実質的には単独で活動している会社と変わりありません。

企業グループの利点・欠点

企業グループの最大の利点は、安定性が高い（＝潰れにくい）ことです。複数の事業を展開しているとリスクを打ち消し合うことができるからです。たとえば、商社が輸入と輸出を両方していれば、円高になれば輸入が儲かり輸出は儲かりません。逆に円安になれば輸出が儲かり輸出は儲かりません。このような形でリスクが分散され、全体として安定性が高まります。

ただ、先にあげた企業グループの①や②のタイプはそれぞれの企業が似たような事業をしているので、こうしたリスク分散の効果があまり働きません。本当に潰れにくいのは③ということになります。

収益性についてはどうでしょうか。経営学には**範囲の経済**という概念があります。範囲の経済とは、複数の事業を展開し、経営資源を共有することによって、単独で事業展開する場合よりもコストが低下する現象です。たとえば、単独で銀行のＡＴＭを展開するよりも、セブンイレブンが店頭でセブン銀行を展開する方が集客のためのコストや賃借料などを節減することができます。

したがって、理論的には単独で事業展開するよりも、グループで活動する方が収益性が高まりやすいということになります。

ただ、実際には企業グループの方が収益性が高いとは限りません。複数の事業を展開していると、調子の良い事業も調子の悪い事業も出てきます。長期間にわたって不振の事業があれば撤退するべきですが、経営者は自分の失敗を認めることになる撤退を躊躇《ちゅうちょ》します。不採算の事業が足を引っ張って企業グループの収益性が全体として低下してしまうことを**コングロマリット・ディスカウント**といいます。

成長性についても、収益性と同じようなことがいえます。成長分野は刻々と変化するので、Ｍ＆Ａを含めて企業グループとして事業展開する方が理論的には成長性が高いはずです。しかし、実際には衰退期に入って成長性が低下した事業からもなかなか撤退できず、全体の成長性が低下してしまうことがあります。

このように、理論的には安全性・収益性・成長性ともに企業グループの方が単独で事業展開する会社よりも有利なはずですが、実際の業績にそれほど大きな差はありません。

グループ会社にはガラスの天井

働く側にとっては、グループ会社のどこで働くかによってかなり大きな違いが出てきます。就職先・転職先として企業グループを選ぶ場合、グループ会社内の会社のどういう点に注目するべきでしょうか。

企業グループの中でも、中核会社（親会社）で働くのとグループ会社（子会社）で働くのでは、ずいぶん勝手が違います。ここでは、あまり知られていないグループ会社、とくに先にあげた企業グループの①や②における子会社で働くことについて紹介します。

まず、子会社は親会社よりも給料が低いのが一般的です。「子会社の給料は親会社の8割」

といったケースが多いようです。ただ、近年は「グループ経営」が叫ばれるようになっており、この格差は縮小する傾向にはあります。

管理職や経営陣への昇進についても、グループ会社の社員には**〝ガラスの天井〟**があります。ガラスの天井とは、目に見える形でルール化はされていないものの「グループ子会社のプロパー社員は最高で部長にまでしか昇進できない」といった暗黙のルールのことです。

子会社の経営者・上級管理職のポストには、親会社から出向あるいは転籍という形で派遣されます。出向とは、親会社に社員として籍を置いて、3年とか5年という有期で子会社など別の会社で働くことです。転籍とは、親会社を退職して、子会社などに籍を移すことです。いずれにせよ、子会社の経営陣や上級管理職は、中核会社の出身者で占められるわけです。

経営方針など重要なことは、親会社から派遣された経営陣が親会社と相談して決めます。というより、親会社がグループの全体最適を考えて、グループ会社に経営方針などを指示・伝達します。したがって、子会社では責任のある大きな仕事は任せてもらえません。

「高い報酬を得たい」「幹部クラスに昇進したい」「責任ある大きな仕事をしたい」と考えている**ならば親会社に入社するべき**で、子会社で働くのは避けた方が良いでしょう。

ただし、子会社は専門特化した領域で事業展開しているので、特定の業務を担当し、専門性を高めることができます。「システム開発をやりたい」「経理マンとしてキャリアを築きたい」というようにやりたいことが明確で、子会社が従業員を募集しているならば有力な選択肢になります。

なお、以上は先にあげた企業グループの①②のグループ会社にあてはまる話で、③のような企業グループのグループ会社やホールディングス（持ち株会社）の傘下にある中核的なグループ会社についてはあてはまりません。

同族会社が注目を集めている

近年、経済を活性化させる主役として同族会社が世界的に注目されています。会社選びでも、同族企業かどうかは重要なポイントです。

同族会社とは、創業家が会社の株式の相当量を保有し、創業家のメンバーが経営している会社です（いろいろな定義があります）。

この定義によればサントリーは同族会社となります。トヨタ自動車は創業家の豊田章男氏が社長をしていますが、豊田家の持ち株比率は1％にも満たないので厳密には同族会社とはいえません。

非上場の中小企業では同族会社が大半を占めますが、上場企業ではごくわずかです。会社が成長するためには大量の事業資金が必要で、創業家だけでは賄えないので、上場して一般の株主から出資を募ります。すると、創業家の持ち株比率は低下し、同族会社ではなくなります。**会社が成長・発展する過程で同族会社から非同族会社へと転換していくのが自然な姿**なのです。

近年、同族会社への注目が高まっているのは、同族会社の収益性が非同族会社に比べて高いという調査結果が出ているからです。その原因として、非同族会社のサラリーマン経営者と違って、同族会社のオーナー経営者が強力なリーダーシップを発揮し、機動的な事業運営、大胆なリスクテイクをできることが指摘されます。

ただし、同族企業は経営者が暴走したら抑えが効かない、資金調達が制約される、経営の透明性に欠ける、といった問題点もあります。不祥事企業・ブラック企業の割合は非同族会社に比べて圧倒的に高い印象です。

そもそも世の中の会社の大多数は同族会社なので、事業に成功して勝ち残った一握りの同族会社を取り上げて「同族会社は優れている」とするのは、ミスリーディングな調査ではないかと感じます。実態としては、同族会社にも良い会社も悪い会社もあり、〝玉石混交〟ということだと思います。

同族会社で働くこと

同族会社で働くことについて考えてみましょう。

先にあげたように同族会社は玉石混交なので、同じ規模の非同族会社に比べて給料や勤務条件で明確な差があるわけではありません。良い会社は良いし、悪い会社は悪いわけです。

明確に違うのは組織文化（あるいは組織風土）です。同族会社は起業家である創業者が作った創業家の所有物です。**良くも悪くも、同族会社には創業者の理念・思想や創業家の家風が組織文化に色濃く反映されています。**

たとえば、世界最大級の自動車部品メーカー、矢崎総業の創業者・矢崎貞美は、「家族主義経営」という理念を持っていました。1970年の大阪万博は、入場者数が延べ6421万人という史上空前のイベントになりました。ぜひとも観に行きたい、でも関西の宿泊施設はどこも満室で諦めるしかない、という従業員の声を聞いた矢崎は、「よし、ならば期間限定の簡易宿舎を作ってしまおう」と即決し、東名高速・栗東インターに近い自社の滋賀支店に104名が泊まれる従業員用宿舎を作り、正社員だけでなく、パートや社員の家族にまで無料で貸し出しました。こうした創業者の理念が矢崎総業には今日も脈々と受け継がれています。

したがって、創業者の理念や思想、創業家の家風が自分に合うかどうかが働く側にとって重要なチェックポイントです。

就職・転職の候補先について、創業者の理念・思想や創業家の家風を確認しましょう。ホームページなどに記載されている場合もありますし、現在の従業員に聞いてみるのも良いでしょう。ただ、当たり障りのない情報しか得られないかもしれません。

そういった場合にお勧めなのは社史を見ることです。創業10年以上の会社は、創業10周年、20周年、50周年、100周年という節目によく社史を刊行します。

社史には、創業者がどういう思いで創業したのか、どういう苦難をどのように乗り越えて発展してきたのかが詳しく書かれています。もちろん創業者を美化する傾向がある点には注意する必要がありますが、とくに創業者の創業時に関する記録を読むと、創業者の理念や思想、事業にかける思いなどを知ることができます。

難しいことは抜きにして、社史を読んで「素晴らしい会社だ！」と共感できたり、その会社への興味が増したなら自分に合う会社と考えることができます。「ちょっとどうかな？」と疑問に感じる場合や高邁《こうまい》な理念でも「自分には共感できないな」と感じる場合、世間一般の評価はともかく自分には合わない会社です。

なお、同族会社ではオーナー経営者の影響力が大きく、経営者と合う・合わないという問題があります。経営者の良し悪しについてはchapter 6で検討します。

上場企業と非上場企業

企業について上場企業か、非上場企業かという分類をよく目にします。東京証券取引所などに株式を公開し、株式を自由に売買できる会社のことを**上場企業**といい、逆に株式を自由に売買できない会社を非上場企業といいます。日本には上場企業が３６６３社（２０１９年3月末現在）あります。

会社が事業規模を拡大するには巨額の資本が必要で、上場して世界中の株主から広く資金調達する方が有利です。そのため上場企業は大企業が多くなります。

上場して世界中の株主から巨額の資金調達をすると、創業家の出資割合が低下していきます。

そのため上場企業では同族会社が少なくなります。

そのため次のような関係が成り立ちます（例外はたくさんあります）。

上場企業　≒大企業　≒非同族会社
非上場企業≒中小企業≒同族会社

上場企業と非上場企業の違いについては、この関係を意識してこのchapterの解説を確認しておいてください。

Chapter 6

最後は人、経営者・従業員を診る

最終的には人

このchapterでは、会社選びの最後に経営者・従業員という「人」について検討します。

chapter 1で良い会社の条件として、①良い業界、②良い戦略、③良い組織、の3つをあげました。業界（=事業領域）を選択し、戦略を策定し、組織を構築するのは経営者、戦略を実行し、組織を運営するのは従業員です。

良い経営者・従業員が良い戦略を策定・実行し、良い組織を構築・運営すれば、良い会社になります。悪い経営者・従業員で構成された組織では、逆のことが起こります。良い会社と悪い会社の原因を突き詰めていくと最終的に「人」に帰着するわけです。

また、就活・転活に臨む学生や若手ビジネスパーソンにとって、入社後、一緒に働くのも「人」、とくに職場の上司や同僚です。

正社員として会社に勤めると、業種や勤務形態にもよりますが、年間1500時間とか2000時間という時間を同僚と過ごします。場合によっては家族よりも長い時間を共にするわけです。

相性が合う上司・同僚なら良いのですが、「この人とはちょっと…」という上司・同僚と四六時中顔を合わせるのは、苦痛以外の何物でもありません。上司・同僚との人間関係が悪化して退職するケースが多いのは当然でしょう。

相性や居心地だけではありません。良い上司・同僚と一緒に仕事をすると、充実した良い仕事ができます。また、いろいろな刺激を受け、良い仕事のやり方を学ぶ（盗む）ことができるので、自分が大きく成長します。悪い上司・同僚だと、良い仕事ができませんし、ビジネスパーソンとして成長できません。

会社にとっても、働く側にとっても、人材は死活的に重要なのです。

SHRMと良い人材の条件

では、良い会社を作り出す良い人材とはどういう人材でしょうか。

良い人材というといろいろイメージが湧いてきます。

- 特殊な技能を持っている

- 対人コミュニケーションに優れている
- とにかくスピーディに仕事を処理することができる
- 新しいコンセプトを作り出すことができる
- 情熱を持って仕事に取り組む

chapter 5で検討した組織も多様ですが、人材はさらに多様な側面がありそうです。

人材マネジメント論では**SHRM**という考え方があります。SHRMはStrategic Human Resource Managementの略で戦略的人的資源管理と訳されます。

会社はビジョンを掲げ、ビジョンを実現するための戦略を策定し、戦略を実行するための組織を編成し、組織を構成する人員を採用し、活用します。SHRMでは、人材について戦略を実行するために必要な人的資源と位置付け、マネジメントするわけです。

会社によってビジョンや戦略は違います。したがって、SHRMの考え方によると、世界のあらゆる会社で通用する絶対的に良い人材というのは存在せず、**会社が目指すビジョンや戦略によって良い人材の条件は異なる**ということになります。

JR東日本は、中途採用で「37歳まで」としていた年齢制限を2017年に撤廃しました。

ＪＲ東日本は、従来の鉄道を起点とした事業から商業施設「ルミネ」「アトレ」など生活サービス事業へ、さらにインドでの高速鉄道開業支援やシンガポールでの「ルミネ」、台湾での「アトレ」の展開などグローバル化を進めています。中途採用の年齢制限を撤廃したのは、こうした戦略の変化に合わせて年齢に捉われず多様な人材を確保しようという狙いでしょう。

必要とされる人材は会社によってまちまち、同じ会社でも時代によってまちまちです。ということは、ある時期、ある会社で高く評価された人材でも、別の時期、別の会社では評価されないということがあるのです。

ただ、良い人材に共通する特徴・条件がまったくないかというと、そうでもありません。経営学では、過去１００年にわたって良い人材の条件を模索してきました。

会社の良し悪しは経営者次第

会社の中で最も重要な人材というとやはり経営者でしょう。

良い経営者がいる会社は発展します。良い経営者がいない会社は発展しません。

日産は、戦後、労働組合に経営の主導権を握られ、経営者がリーダーシップを発揮できない状態でした。トヨタの背中を追いかけて無理に戦線拡大したこともたたって、１９９０年代に経営不振に陥りました。１９９９年、日産はフランスのルノーからカルロス・ゴーンを経営者に迎えました。ゴーン社長は、リストラ・系列破壊など思い切った改革に取り組み、日産は見事に復活しました。しかし、２０１８年に会長となっていたゴーンが逮捕され、今後どうなるのか注目されています。

日本航空も、運輸省の行政指導や政治家の経営介入に振り回されて経営者のリーダーシップが不在の状態になりました。経営不振に陥り２０１０年に破たんしましたが、京セラ創業者の稲盛和夫を会長に迎えて改革に取り組み立ち直りました。

また、ソフトバンクの孫正義社長やファーストリテイリングの柳井正社長のように、短期間で業績を向上させた会社には、必ず優れた経営者がいます。

こうした事例を見ると、会社の栄枯盛衰は経営者次第だということがわかります。

もちろん、経営者だけが大切で一般従業員なんてどうでもよいというわけではありません。戦後、日本企業とくにメーカーでは、技能・意欲の高い現場の労働者が力を合わせてものづくりに取り組むことで、世界市場で圧倒的な成功を収めました。

ただ、環境変化が激しい時代になってくると事情が変わってきます。環境が安定的なときには、決まった目標に向かって一致団結して突き進む従業員の行動が業績を左右します。しかし、変化の激しい時代には、そもそもどういう方向を目指すのかを決めるリーダーの役割が重要になってきます。

一般従業員がミスをしても、上司や周りがバックアップして立て直すことができます。しかし、経営者が方向性を間違えたら一般従業員がどんなに頑張っても立て直すことはできません。**経営者の判断ミスは会社の致命傷になる**のです。

経営者の資質

では、優れた経営者の条件とはどのようなものでしょうか。経営学にはリーダーシップ論という研究分野があり、過去１００年以上にわたって優れたリーダーの条件について研究してきました。その要点を簡単に紹介しましょう。

リーダーシップ論でまず注目されたのは、リーダーの資質です。リーダー（とくに経営者）は、自分で手を動かして仕事をするわけではなく、従業員を始めとした利害関係者の協力を得て経営をします。したがって、まず**経営者には利害関係者に「この人についていきたい！」と思わせる資質が必要**です。

リーダーとして必要な資質とは、大局観・胆力・成熟・意欲です。

- **大局観**：歴史的な連続性の中で事象を捉え、独自の解釈で全体像を読み解いていく
- **胆力**：自分を信じ、腹を据えて決然とものごとに取り組む
- **成熟**：いかなる状況でも自分を見失うことなく落ち着いている
- **意欲**：大きな志を持ち、困難な役割を進んで引き受ける

パナソニックの創業者・松下幸之助、日本航空を再建した稲盛和夫といった歴史に残る名経営者は、例外なくこうした条件を備え、経営者という以前に人間として魅力にあふれています。

経営者の行動

人間性が優れているというだけでは経営者は務まりません。

次に研究者が注目したのはリーダーの行動です。リーダーは、たしかな経営知識・マネジメントスキルを身に付け、的確に行動する必要があります。

経営者などリーダーが会社・職場で取るべき行動は、大きく2つあります。**仕事・業績に対する働きかけと人・関係性に対する働きかけ**です。

仕事・業績に対する働きかけとは、会社が目指すビジョン・目標を示し、それを実現するための戦略・計画を策定し、実行するための組織を設計し、経営資源を調達することです。

一方、人・関係性に対する働きかけとは、利害関係者に対してビジョン・計画などを伝達し、相互のコミュニケーションを深めることで、モチベーションを高め、コンフリクトを解消することです。コンフリクト（conflict）とは、摩擦・軋轢《あつれき》・意見の不一致のことです。

ここまで名前が出てきた過去の優れたリーダーは、この2つをバランスよく備え、環境変化に応じて行動しています。会社が危機的な状況にあるなら仕事・業績への働きかけに重点を置き、事業が順調に発展している安定的な環境では人・関係性に対する働きかけに重点を置きます。

経営者の優劣は見極め難い

優れたリーダーの条件はある程度わかりました。ただ、危機にあった日産を救い、最高の経営者として絶賛されたカルロス・ゴーン会長が逮捕されたように、経営者が優れているかどうかを見極めるのは専門家にとっても難しいことです。

では経営者の優劣を見極める良い方法があるでしょうか。

これまでの会社の収益性・成長性の実績が、経営者が優秀かどうかを診る最も有力な材料です。しかし、バブル期の証券会社のように、凡庸な経営者でも外部環境が良好なら実績が上がります。前任の経営者の優れた戦略のおかげで現在うまく行っているだけというケースも結構あります。

株価は将来の収益期待で決まるので、株価が高いのはその経営者が優秀で大きな期待を集めているといえます。しかし、株価はマーケット環境や投資家の思惑に大きく左右されます。

幹部社員が頻繁に入社・退職して入れ替わっているなら、経営者との関係がうまく行っていない証拠です。しかし、経営者と幹部社員のどちらに問題があるのか、なかなか外部からはわかりません。

経営者がロータリークラブなど社業以外の活動に熱心なら、経営に真剣に取り組んでいないと推測できます。

できれば、そういった傍証だけでなく、経営者の生の声を聴いて、ホンネでは何を考えているのかを知りたいところです。

経営者の真の姿を知るための2つの質問

清原達郎というカリスマ投資家がいます。タワー投資顧問という資産運用会社の運用部長としてサラリーマンでありながら2004年に所得税の納税額が日本一になり、週刊誌などで「年収100億円部長」として話題になりました。

清原氏は会社の盛衰は経営者次第という信念を持っており、目ぼしい投資先が見つかったら経営者に会いに行きます。そして本当に優秀な経営者かどうかを見極めるために2つ質問をするそうです（現在はやっていません）。

「社長は、4月1日の入社式で新入社員にどういうお話をされましたか？」
「社長は、先週末どういう風に過ごされましたか？」

1つ目の質問に対し失望するのは、「人事担当者に書かせたので覚えていません」と答える経営者。望ましいのは、「清原さん、私はそういう場ではこういうことをしゃべるんですよ！」と身を乗り出して会社のビジョンや夢を熱く語る経営者です。

chapter 4で確認したとおり、会社が発展するためには、良いビジョンを持ち、達成に向けて情熱を持って取り組む必要があります。**何かを実現したいという強い意欲を持っている経営者は、重要な利害関係者に機会を捉えて強く訴えるはず**です。

ビジョンや夢を持っていない経営者にとって、従業員は単なる組織の構成員、人件費は単なるコストにすぎません。ビジョンや夢を持っている経営者にとって、従業員は一緒にビジョンや夢を実現する仲間です。

2つ目の質問に対し失望するのは「いやぁ、取引先とゴルフで久しぶりに100叩いちゃいました」と答える経営者。望ましいのは「会社の長期的な構想を考えていました」「私は数字が弱いので簿記の勉強をしていました」と答える経営者です。

もちろんこれはゴルフをする人はダメという意味ではありません。清原氏が投資対象とする中堅企業の社長は、平日は会議に出て部下に指示を出し、ときにはトップ営業をし、とにかく忙しい。長期的な構想や勉強は平日夜か土日しかやる時間がないはずです。やった内容がどうこうというより、**自分のプライベートを会社のために費やすことをいとわないくらいでないと経営者は務まらない**ということです。

優れた経営者を継続的に生み出す

どんなに優れた経営者でもやがて引退します。日本の上場企業の社長の在任期間は平均約7年なので、計算上は学卒で入社したときの最初の社長は、その新入社員が30歳になる前には大半が退任しているわけです（同族会社では経営者の任期がもっと長いですが）。

そこで、現在の経営者が優秀かどうかもさることながら、代々優秀な経営者が生まれているかどうかが大切なポイントになってきます。

会社によっては凡庸な経営者が続いた後に突然変異的に優れた経営者が出現することがあり

ます。また最近では、日産や日本航空のように経営を立て直すために外部から優秀なプロの経営者を迎えるケースも増えています。しかし、会社の安定的な発展・成長を考えると、継続的に優秀な経営者が出てくるのが好ましいといえます。

とくに日本企業は、従業員が1つの会社の中で実績を上げて昇進し、最終的に経営者に就任する仕組みが多いので、部長クラスに優秀な人材がたくさん控えていて「いつでも後は私に任せてください」というのが理想の状態です（将来は、アメリカのようにプロの経営者を外部から迎えるのが当たり前になるかもしれませんが）。

ホンダは、カリスマ創業者の本田宗一郎と名番頭・藤沢武夫のコンビで、1代で世界的な企業となりました。ただその後も、上下関係を取っ払う〝ワイガヤ〟で組織改革を実現した2代目社長の河島喜好（1973～83年）、サーキットを育て、ホンダジェットを始めた3代目社長の久米是志（1983～90年）、F1開発責任者を務めホンダをF1で世界一に導いた4代目社長の川本信彦（1990～98年）、と優れた経営者が今日まで続いています。

優れた経営者を生む会社の特徴

先のホンダのように優れた経営者を継続的に生む会社にはどのような特徴があるのでしょうか。

２０１５年に金融庁・東京証券取引所が上場企業に後継者育成計画を策定・公表することを要求したことから、後継者育成計画を策定・公表する会社が増えています。ただ、そういった投資家・役所向けの「うちはちゃんとやってます！」というポーズよりも、実質的に後継者の育成・選定が機能しているかどうかがより大切です。

まず、一般的な日本企業では従業員が昇進して経営者になるので、従業員が優秀であることが重要な前提条件です。ここでいう「優秀」とは、一流大学を出て頭脳明晰《めいせき》かどうかというより、夢と情熱を持ち、自分の頭で考え、規律を持って行動する、ということです。優秀な従業員の条件については、次の節でもう少し詳しく検討します。

次に、**優秀で業績を上げた従業員が公正に評価され、昇進するかどうか**が問題になります。学生の皆さんには信じられないかもしれませんが、会社では、優秀で大きな業績を上げた従業員が昇進するとは限らず、「えっ、この人が？」という従業員がとんとん拍子で出世することがよくあります。人が人を評価するのは難しいので、たまに評価を間違えてしまうのは致し方ありません。しかし、あまりに不公平な評価が多いのは問題です。

その点、「最速で38歳で課長、44歳で次長、48歳で部長」という具合に昇進が年齢で決まっている会社は、優秀な人材を実力主義で登用していないことを意味します。日本は年功序列だといわれますが、良い会社は年齢やしきたりに関係なく、思い切って優秀な人材を登用しています。

三菱自動車のように不祥事を繰り返し起こす会社は、問題を起こしても厳しく減点評価されず逆に大きな業績を上げても高く評価されないということが推測されます。

社内に派閥・学閥があり、個人の評価よりも優先するようなら問題です。会社によっては、「人事部門の出身者しか社長になれない」「製造部門の出身者は部長どまり」といった暗黙のルールが存在します。また、学閥が幅を利かせる会社もたまにあります。たとえば、かつての三越は、取締役のほぼ全員が慶応大学出身者という慶応閥の会社として有名でした。

就職・転職の候補先にこういう組織としての特徴がないかどうか、ニュースやネット掲示板などで確認しましょう。ネット掲示板は、個々の情報の信頼性は低いですが、同じような内容の書き込みが多数あるなら、「やはり事実を反映しているのでは？」と疑うべきです。

一般従業員の良し悪しを診る

会社の栄枯盛衰のカギを握るのは経営者です。ただ、天才経営者が画期的な戦略を編み出しても、実行が伴わず、成果を実現できないということがよくあります。戦略を実行し、組織を運営する一般の従業員が優秀かどうかも大切です。

また、就活・転活に臨む学生や若手ビジネスパーソンにとって、差し当たり入社後に一緒に働くのは一般従業員です。優秀な従業員と一緒に働くのと凡庸な従業員と一緒に働くのでは、会社生活が楽しいかどうかだけでなく、ビジネスパーソンとしての長期的な成長にも関わってきます。

従業員の良し悪しは、問い合わせや面接やインターンなどに対応してくれた従業員の言動から判断します。1人だけでは判断を誤るので、できるだけたくさんの従業員に会って確認しましょう。

ここで、ぜひ注意していただきたいのは**第一印象やフィーリングで判断しない**ということです。

人はどうしても好き嫌いで他人のことを評価しがちです。第一印象が良い相手、フィーリングが合う相手のことを好きになり高く評価します。「就職は恋愛や結婚と同じ。第一印象やフィーリングを大切にしよう」とアドバイスをする専門家もいるようです。

しかし、私の個人的な経験では、第一印象やフィーリングはまったくあてになりません。「えー、こんな面倒くさいヤツ勘弁してよ」と第一印象が最悪だった同期入社の友人とお互い会社を辞めたのに今でも親しく付き合っています。「こんな上司からは一刻も早く逃れたい」と大嫌いだったある上司との苦闘が今のビジネスをする上で貴重な経験になり最も感謝しています。私が特別に人を見る目がないだけかもしれませんが…。

私と違って人を見る目に相当自信がある人以外は、第一印象やフィーリングよりも、次の3点を確認することをお勧めします。

- 夢と情熱を持って仕事に取り組んでいるか
- 考える力があるか
- 規律と活力があるか

夢と情熱を持っているかどうか

従業員が働くモチベーション（動機）には、「仕事」「評価」「環境」「報酬」という4つの要因があるといわれます。

- **仕事**：自分の能力を生かせる仕事をして成長したい
- **評価**：世の中の役に立つ仕事をして、顧客・社会から評価されたい
- **環境**：明るい職場でメンバーと仲良く過ごしたい
- **報酬**：とにかくたくさんの給料が欲しい

このうちどれにモチベーションを感じるかはまさに人それぞれ、あくまで個人の勝手です。ただし、会社の成長・発展という点では「仕事」「評価」にモチベーションを感じる従業員が好ましく、「環境」「報酬」は好ましくありません。会社が成長・発展するためには、従業員が仕事を第一に考え、良い仕事をする必要があるからです。

「仕事」で大切なのは、従業員が夢と情熱を持って取り組むことです。夢と情熱を持って仕

事に取り組むとき、人は信じられない力を発揮します。逆にどんなに頭が良い人でも「えー、この仕事やるんですか…」という気持ちでは、良い仕事はできません。

従業員に会って少し親しくなったら、「○○さんは、どういう夢を持って仕事に取り組んでいるのですか?」とストレートに聞いてみましょう。夢や情熱がない人は、「おい変なこと聞くなよ」と怪訝《けげん》な表情をしますが、夢や情熱を持っている人は、案外率直に答えてくれます。

考える力を診る

次に大切なのが考える力です。

かつて一般従業員は、経営者の指示に従ってマニュアルどおりに仕事をすることが要求されました。頭を使っていろいろと違ったことをすると、かえって業務の効率が落ちました。

ところが、現代のビジネスは複雑化・専門化しており、いろいろな課題を解決しなければなりません。また、外部環境の変化で思いもよらぬ事態が次々と発生します。複雑な課題や思いもよらぬ事態に対応するマニュアルは存在しないので、自分なりに考えて対応する必要があります。現代は、従業員の考える力のあるなしが会社の発展・成長を左右するのです。

接触した従業員が次のような言動をしているなら考える力があると判断できます。

①結論・主張がはっきりしている
②同じ話を繰り返さず、簡潔にわかりやすく説明する
③主張をする際、合理的な論拠を提示する
④予定が変わった時など、場の状況に応じて対応できる
⑤わからないことを聞かれても、ごまかさず、きちんと考えて回答する
⑥他人の話を聞いて、話を発展的に展開できる

規律と活力を診る

chapter 6で紹介したとおり良い組織には規律と活力があります。一人ひとりの従業員に高い規律と活力があると、組織が良くなり、最終的に会社が良くなります。

接触した従業員が次のような対応ができていれば、規律があると見て良いでしょう。

①約束の時間に遅れずやって来る
②電話をたらい回しにせず、適切な担当部署につないでくれる
③挨拶やお礼が丁寧
④「後ほどご返事します」という回答の後には、遅滞なく「遅れてすみません」という謝罪を添えて丁寧な回答が来る

また、次のような対応ができていれば活力があると判断できます。

①表情が明るい。挨拶が元気
②弾むような話し方をする
③「こういうことをやりたい」という意欲を見せる
④新しいことに興味を示す

人事担当者は会社の代表選手か？

ところで、就活・転活に臨む学生・若手ビジネスパーソンにとって最も身近な従業員といえば、会社説明会・面接・インターンなどで顔を合わせる人事担当者でしょう。

人事担当者を見てその会社の人材のレベルを判断することが多いと思いますが、人事担当者はその会社の人材をどこまで代表しているのでしょうか。人事担当者を見ればその会社の人材のレベルがわかるのでしょうか。

社内で最も優秀な従業員が人事担当をしている会社もあれば、他の仕事で使えないから仕方なく人事担当をしているという会社もたまにあります。ケースバイケースという結論にはなりますが、傾向はあります。

まず、日本企業では諸外国に比べて社内での人事部門の地位が高く、優秀な従業員が人事担当をします。したがって日本企業では、面接で会った人事担当者は極めて優秀だったが入社してみたらかなり見劣りする従業員ばかり、ということがよく起こります。

それに対し外国企業・外資系企業では、人事部門の社内での地位が低く、優秀な従業員は基本的に人事担当をしません。優秀な人材を付加価値を生まない人事部門で働かせるのはもったいないという考えです。

とくにアメリカでは、採用・評価・昇進といった人事関係の権限を各事業の事業部門長が握っており、人事部門は事業部門長からの指示を受けて簡単な事務手続きを代行するだけです。事務手続きをアウトソーシングし、人事部が存在しないという会社も珍しくありません。

日本企業の中でも業種によって違いがあります。銀行・電力や重厚長大型のメーカーでは、一流大学を出たエリート中のエリートが人事担当をすることがよくあります。ちなみに、私が日本石油（現・JXTG）に入社した時の新人教育担当者は杉森努さんという方で、現在、JXTGの会長、経団連の副会長をしています。

銀行は、幹部候補を営業の現場に出して失敗しキャリアが傷ついてしまうことがないように人事部門（や企画部門）に配属し、純粋培養します。メーカーでは、労働組合対策が重要なので、労働組合対策を担当する人事部門にエース級の人材を集結させます。

外資系企業や銀行・メーカーでは、面接で会った人事担当者を見て会社全体の人材のレベルを判断するのは危険です（繰り返しますが、以上は一般的な傾向であって、各社でケースバイケースです）。

Chapter

7 会社選びをどう進めるか？

逆張り戦術は有効か？

本書の終わりに就活・転活における会社選びの進め方について検討します。といっても、エントリー、インターン、面接といった具体的な活動については、各種メディアで多種多様な情報が提供されているので、ここでは基本的な考え方について重要な論点を検討します。

本書は、就活・転活で「良い会社を選ぶことが大切！」という前提でここまで話を進めてきました。しかし、「逆に悪い会社に入った方が良い結果になるのではないか？」という考え方もあります。〝逆張り戦術〟の有効性が最初の論点です。

株式投資の世界では、「人の行く　裏に道あり　花の山」という相場格言があるとおり、他の投資家と違ったやり方をするのが大切だといわれます。相場が暴落し、投資家が悲観して保有株を投げ売りしているとき安値で買い、相場が高騰し、投資家が楽観して我先と買い進んでいるときに高値で売ると利益が最大化するわけです。

就職・転職でも、良い会社を選ぶのではなく、悪い会社を選ぶべきではないかという考え方があります。

良い会社は、今が絶頂期でこれから悪くなって行くだろう。逆に悪い会社は、今がどん底でここから良くなって行くのではないか。

良い会社は入社するのが難しいし、入っても優秀な人材が集まっているので出世競争に勝てないだろう。逆に悪い会社は、入社するのが簡単だし、優秀な人材はいないので楽に出世競争に勝てるのではないかということです。

私が大学を出て就職した1988年はバブル全盛期で、文科系の学生は競って銀行・証券など金融機関に就職しました。メーカーに進んだ私は周囲から変人扱いされました。私の高校時代の同級生の日色保君は、メーカー、しかも当時誰も見向きもしなかった外資系企業のジョンソンエンドジョンソンに入社しました。私以上の変人だったわけですが、同社で順調に出世し、2012年に同社史上最年少で海外現地法人の社長に就任しました。本人はそこまで意識したわけではないようですが、結果的に逆張り戦術の究極の成功事例となったのです。

逆張り戦術の注意点

逆張り戦術はどこまで有効でしょうか。

かつて日経ビジネスという雑誌で「会社の寿命は30年」という特集が組まれ、話題を呼びました。環境変化が激しい今日では、会社が絶頂にある旬の時期はもっと短くなっていることでしょう。

就職人気ランキングの上位にある会社は、現在が絶頂期だから最も人気を集めているわけで、これから下り坂に入るというのはかなり当たっているのかもしれません。

また、就職人気ランキング上位の会社には、全国の優秀な学生が殺到します。その中で良い仕事を任せられ、成果を上げて出世競争を勝ち抜くのはなかなか大変なことです。

就職人気ランキングの上位を目指すという戦術は、長い目で見て得策ではありません。基本は逆張り戦術が良いと思います。

ただ、逆張りといっても、現在悪い状態の会社に入社することはお勧めできません。

現在悪い会社が時代が変わったら優良企業に変身するかというとこれは疑問です。見事に復活する会社もたまにありますが、基本はダメな会社はずっとダメなままなのです。経営学の研究成果によると、会社の自己革新能力はそれほど高いわけではありません。

アメリカのＩＴ業界は、グーグル・アマゾン・フェイスブックといった新たに生まれた会社がけん引しています。ＩＢＭのような老舗が復活してけん引しているわけではありません。日本の流通業界は、ファーストリテイリングやＺＯＺＯといった新たに生まれた会社がけん引していています。三越やダイエーが復活してけん引しているわけではありません。

つまり、**現在絶頂にある会社やどん底にある会社を選ぶのではなく、これから伸びる会社を選ぶべき**です。そのためには、本書でここまで解説した事がらを踏まえて、将来にわたって伸びそうな会社を選ぶべきでしょう。

最初の会社はどこまで大切か？

次に、ＳＮＳや就職・転職サイトで議論になっている「最初の勤め先は人生においてどこまで重要か？」という論点について考えてみましょう。

就活・転活であれこれ調べても、結局は入社してみないと良い会社かどうかはわからない。入ってみて、良い会社じゃなかったら、自分に合わないとわかったら、さっさと転職すればいいじゃないか、という考えがあります。

今日、若い世代の転職が非常に盛んになっています。「第二新卒」という言葉が一般化したように、会社も積極的に20代の若手を中途採用しています。年金・退職金を除いて転職による不利がほぼなくなっています。逆に転職がステップアップになるケースも目立ちます。

ということで、先ほどの質問への答えは「以前ほど重要ではない」ということになります。わけがわからず入った最初の会社で人生が決まってしまうのは理不尽なことで、転職でやり直しがきくようになったのは、近年の素晴らしい変化です。

しかし、やり直しがきくから最初の勤め先はどうでも良いかというと、そうではありません。**ビジネスパーソンにとって入社1年目は極めて重要**です。どういう会社に入って最初の1年をどう過ごすかで、良くも悪くもその後の人生がかなり規定されます。

新入社員の1年は、時間的には40年以上続くビジネスライフのわずかな部分にすぎません。しかし、重要性という点で、私は40分の1ではなく2分の1以上を占めていると考えます。最初の1年でビジネスの基本スキルや仕事の臨む姿勢・考え方をしっかり身に付けると、その後能力が大きく伸びます。また「こいつは良いぞ!」という周りからの評価が後々ついて回ります。

逆に1年目をボーっと過ごしたり、間違ったことを身に付けてしまうと、その後もあまり伸びません。「こいつはダメだな」という悪い評価が定着してしまいます。評価については転職すればリセットできますが、学習・成長の遅れを取り戻すのは、なかなか容易ではありません。入社1年目がビジネスライフで最も大切な1年であること、その最初の1年を過ごす最初の勤め先が重要であることは、昔も今も変わりありません。転職社会で「嫌なら、はい次」という風潮の今だからこそ、逆に最初の勤め先の重要性を認識してほしいものです。

就社から就職に変わるのか？

もう1つ「良い会社を選ぶことが大切」という本書の前提と相対立するのが、「就社」から「就職」へという変化です。この変化についてどう考えるべきでしょうか。

伝統的に日本では、「就職」といいながら、実質的には「就社」になっています。つまり、会社は学生に入社後どういう仕事をしてもらうのか明確にせず募集しています。応募する学生の専門性を問わず、素材として優秀な学生をかき集めて、教育訓練で適性を見ながら職務を決めていくわけです。学生から見ると、どういう仕事に就くか（就職）は「入ってからのお楽しみ」で、とりあえず会社に入る（就社）わけです。

ちなみにアメリカでは、ジョブ型雇用といわれるように、入社後に担当する職務を明確にして募集・採用します。「テネシー工場の第2加工ラインで旋盤機械の操作を担当し、標準的には1時間に20枚加工処理し、時給20ドルを支払う」という具合に職務を細かく記載した職務記述書（job description）を提示します。まさに「就職」です。

この日本独特の「就社」という慣行がいま大きく変わろうとしています。長年就活ルールを策定してきた経団連が、２０１８年に就活ルールを廃止することを表明しました。すぐに廃止になるわけではなさそうですが、実際に廃止になったら新卒一括採用が確実に揺らぎます。

これから10年後には、日本独特の「就社」という慣行はなくなり、ジョブ型雇用になっているかもしれません。そうなったらどこに就職するかはそれほど重要ではなくなるかもしれません。

ただ、現時点でいうと、**日本はまだまだ「就社」社会**であり、良い会社を選ぶというのは、学生・若手ビジネスパーソンにとって極めて大切なことなのです。

やるべきこと、やりたいこと、できること

次に、就職・転職でよく問題になる「仕事において何を大切にするか?」という点について考えてみましょう。

仕事やキャリアでは、よくMust・Will・Canという区分が問題になります。

- Must＝やらなければならないこと

「父親の後を継いで医者にならなければならない」

- Will＝自分がやりたいこと

「子供の頃からゲームが大好きだったから、ゲーム業界で働きたい」

- Can＝自分の能力でできること

「英語力を生かして、通訳として活躍しよう」

ちなみに「名前が知られた大手企業に入りたい」というのは、「親や恋人の期待に応えなければならない」という動機だとすれば、Mustに近いかもしれません。

この3つを1つの仕事で満たすのが理想です。しかし、実際にはなかなかそうはならいので、就職・転職では3つのどれを優先するかが問題になります。

ネットやメディアでは、どれを優先するべきかいろいろな意見があります。一般にはWillとCanを重視するべきという意見が多いようです。

「若者は大きな志を持つべきだ。自分のやりたい仕事（Will）を選んで、情熱を持って取り組むことが大切だ」

「これからは専門性がものをいう時代だ。自分を冷静に分析して特徴や強みを生かせる仕事（Can）をするべきだ」

このようにいろいろな意見がありますが、自分の人生は自分で決めることなので、Must・Will・Canのどれを優先するかは、まったく個人の自由です。

ただ1つ入社してから注意するべきことがあります。それは3つのどれを優先するにせよ、**自分自身のWillとCanが会社に入ってから大きく変わって行く**ということです。

良い会社を選ぶという本書の主旨からは少し外れますが、とても大事なことなので最後に詳しく検討します。

興味・関心や能力は入社後どんどん変わる

学生の皆さんにはイメージしにくいでしょうが、学生時代にかなり勉強熱心だったという人でも、入社して最初の半年で学生時代に4年間かけて勉強したことよりもたくさんのことを学びます。経理部門に配属されたとしても、経理のことだけ学ぶわけではなく、人事・販売・総務・製造といった社内の関連部署からいろいろなことを学びます。

学生時代にかなり社交的だったという人でも、入社して最初の半年で4年間かけて築いた人数以上の人脈が広がります。しかも、同年代の学生に限定される学生時代とはまったく比較にならない質とバラエティです。

皆さんも、たまたま履修した授業を受けてみたら意外と面白くてはまった、アルバイト先でたまたま面白い人と知り合いになって刺激を受けた、という経験がありませんか。会社に入ると、短期間でその何倍も何十倍も、そういった経験をするわけです。

いろいろなことを学び、いろいろな人と接して刺激を受けると、興味・関心や能力が変わり、WillとCanが変わってきます。

「学生時代に簿記に興味を持って、簿記3級を取って、希望したら経理部に配属された。でも、仕事をするうちに人材育成について関心が高まってきた。経理よりも、人事の方が面白そうだな」

「大学院で機械設計を勉強して、設計部に配属されたが、営業マンに同行して顧客訪問しているうちに、顧客からも営業マンからも『顧客ニーズを捉える営業センスが抜群だ』といわれた。設計よりも営業の方が向いているみたいだ」

就職・転職の段階で興味・関心や志を持つことは大切ですが、「俺には経理しかない」「設計しかスキルがない」と、**入社後に大きく広がる可能性を排除しないようにしたい**ものです。

これから日本企業は大きく変わる

Must・Will・Canのどれを重視し、どういう会社に就職・転職するにせよ、働く私たちは、学習し、成長し続ける必要があります。

なぜなら世の中が会社が大きく変化しているからです。

今日、日本企業は100年に1度の大変革期にあります。一言でいうと、**工業社会から知識社会への転換**です。

戦後、1990年頃までの工業社会では、高品質のものを安く大量に消費者に提供することが重要でした。企業は大型の生産設備を導入して大量生産し、大規模な店舗で大量に売りさばく、というのが必勝法でした。

ところが近年、市場の飽和やIT・AIといった新技術の普及によって、このやり方が通用しなくなりました。

物質的に満たされた消費者は、心理的に価値のあるものや他人と違った自分だけのものを求めるようになります。企業には、心理的に価値のあるものや他社とは違ったオンリーワンのものを作り、個々の顧客のニーズに合わせて提供することが要求されます。

残念ながら1990年以降の日本企業はこうした世界の潮流に乗り遅れ、グローバル市場でアメリカや新興国の企業に敗れてしまいました。米フォーブス誌が世界の上場企業2000社をランク付けした「グローバル2000（2018年版）」によると、上位10社に日本企業の名前はなく、アメリカ企業と中国企業が5社ずつ。上位100社にもトヨタ（12位）など8社が入っているだけです。日本企業は工業社会で最も成功したがために、成功体験が邪魔してその後の変化に乗り遅れてしまったのです。

逆に、世界の潮流に乗り遅れた日本企業は、これから生き残りをかけて大変革に取り組む必要があります。よくマスコミでは、「バブル崩壊後、日本企業は血を流すリストラを断行した」といわれますが本当にそうでしょうか。実際には陳腐化した工業社会のビジネスモデルを温存したまま、水膨れしていた人員・資産・負債を整理したにすぎません。これからの変革はビジネスのあり方そのものを見直す抜本的なものになるはずです。

日本企業は、否応なく、変化せざるを得ないのです。

働き方も大きく変わる

工業社会から知識社会に変わると企業経営のあり方も変わり、さらに従業員の働き方も変わります。

工業社会では、従業員が工場・事務所・店舗など1か所の職場に集まって、決められた目標に向かって、他のメンバーと力を合わせてチームワーク良く、規律正しく働くことが大切でした。

ところが知識社会では、こうした常識が変わります。ネットを使えば、通勤電車に揺られることなく、出先や自宅で仕事をすることができます。決められた目標に向かって頑張るだけでなく、目標そのものを設定する必要があります。チームワークや規律もさることながら、個性・独創性を発揮して、新しい価値を作り出すことが期待されます。

こうしていろいろなことが変わって行く環境では、今まで常識だったことや正しかった知識が、一転して通用しなくなります。環境変化に対応し、絶え間なく新しいことを吸収しなければなりません。

たとえば、銀行の支店の窓口は、ＲＰＡ（Robotic Process Automation）やＡＩの進歩・普及で今後どんどん合理化されます。当然、窓口業務をしていた従業員は不要になりますが、一方で顧客のニーズに合わせて金融ソリューションを提供するコンサルティング営業のニーズは高まっていきます。コンサルティング営業を推進するためには、融資や決済といった銀行業務の知識は当然として、顧客のニーズを捉え、解決する問題解決能力がカギを握ります。

つまり、これからは、たくさんのことを知っているかどうかよりも、**新しいことを吸収する学習能力や自分なりに工夫して働く、考える力が重要**になってきます。

学習・成長という観点からの会社選び

就活・転活で学生や若手ビジネスパーソンは、収益性・安全性など経営指標が優れた会社、知名度が高い大手企業、給料が高い会社に注目しがちです。ただ、これから会社も変わり、働く側も学習・成長しなければならないということからすると、今後の学習・成長できるかという点も会社選びで考慮したいところです。

現在、知名度も給料も高い大手企業でも、学習・成長できない環境では、長い目で見て良い結果になりません。逆に、現在は給料が安くても、知名度が低くても学習・成長できる環境の会社なら、従業員に良い結果がもたらされます。

最後に1つだけ技術的な注意点です。

学習・成長という点で好ましくないのは、売上高の規模から見て大量採用をする会社と低収益の会社です。

大量採用の会社では、社員1人当たりの教育費用が少なくなります。従業員は「辞めてもらって元々」とこき使われ、使い捨てにされます。低収益企業は、人件費削減のために採用を絞るので、新人は何年経っても職場で一番下っ端で、意味のない下働き・雑用を押し付けられ、スキルが伸びません。教育にもお金をかけてくれません。

学習・成長という点で良いのはその逆で、売上高から見て従業員数が少なく、高収益の会社です。そういう会社では、若い頃から重要な仕事を任せてくれますし、教育訓練が充実しています。

とくに、ポイントになるのが仕事での経験です。教育の世界では、「**70：20：10の法則**」といわれます。これは、社会人が100成長するとしたら、そのうち70は仕事の経験、20は他人の教訓、10は教育・研修によって得られるというものです。いろいろなことに挑戦し、経験の幅を広げることが大切です。

皆さんがどういう会社に就職・転職したとしても、それはスタートラインに立ったにすぎません。学習し、成長し続けることが大切です。

おわりに

全体のまとめと会社選びのフローチャート

本書はここまで、就職・転職における会社選びの進め方について解説してきました。

chapter 1では、就活・転活の最近の変化について確認した後、良い会社にはいろいろな側面があり、自分なりの良い会社を明らかにする必要があることを確認しました。

chapter 2では、会社が良い状態かどうか、決算書を使って現状確認する方法を学びました。会社が良くなる要因としては、良い業界、良い戦略、良い組織という3つがあります。そこで、chapter 3では良い業界、chapter 4では良い戦略、chapter 5では良い組織の条件について考察しました。

業界を選び、戦略を立案・実行し、組織を設計・運営するのは経営者・従業員です。最終的に会社の良し悪しはヒトで決まってきます。chapter 6では良い経営者・従業員の条件について考えました。

左のページに以上のロジックをフローチャート化しています。ぜひチャートの質問について自分なりに検討し、できれば紙に書き出し、就活・転活の中で振り返るようにしてください。

運・不運とどう向き合うか?

最後に読者の皆さんにお伝えしたいのは、**人生もビジネスも運に支配される割合が非常に大きいという事実**です。

歴史学者は歴史上の偉人の、経営学者・評論家は優良企業の成功要因を、理路整然と分析・説明します。彼らの歴史書・ビジネス書を読むと、歴史上の偉人や名経営者は、事前に綿密に成功のロジックを組み立てて、計画的に実行し、なるべくして成功者に登り詰めたという感じがしてきます。

しかし、実際はそんなことはありません。織田信長が天下統一を果たしたのは、桶狭間の戦いで天候に恵まれたことなど運がプラスに働きました。松下幸之助は、一代で世界屈指の電機

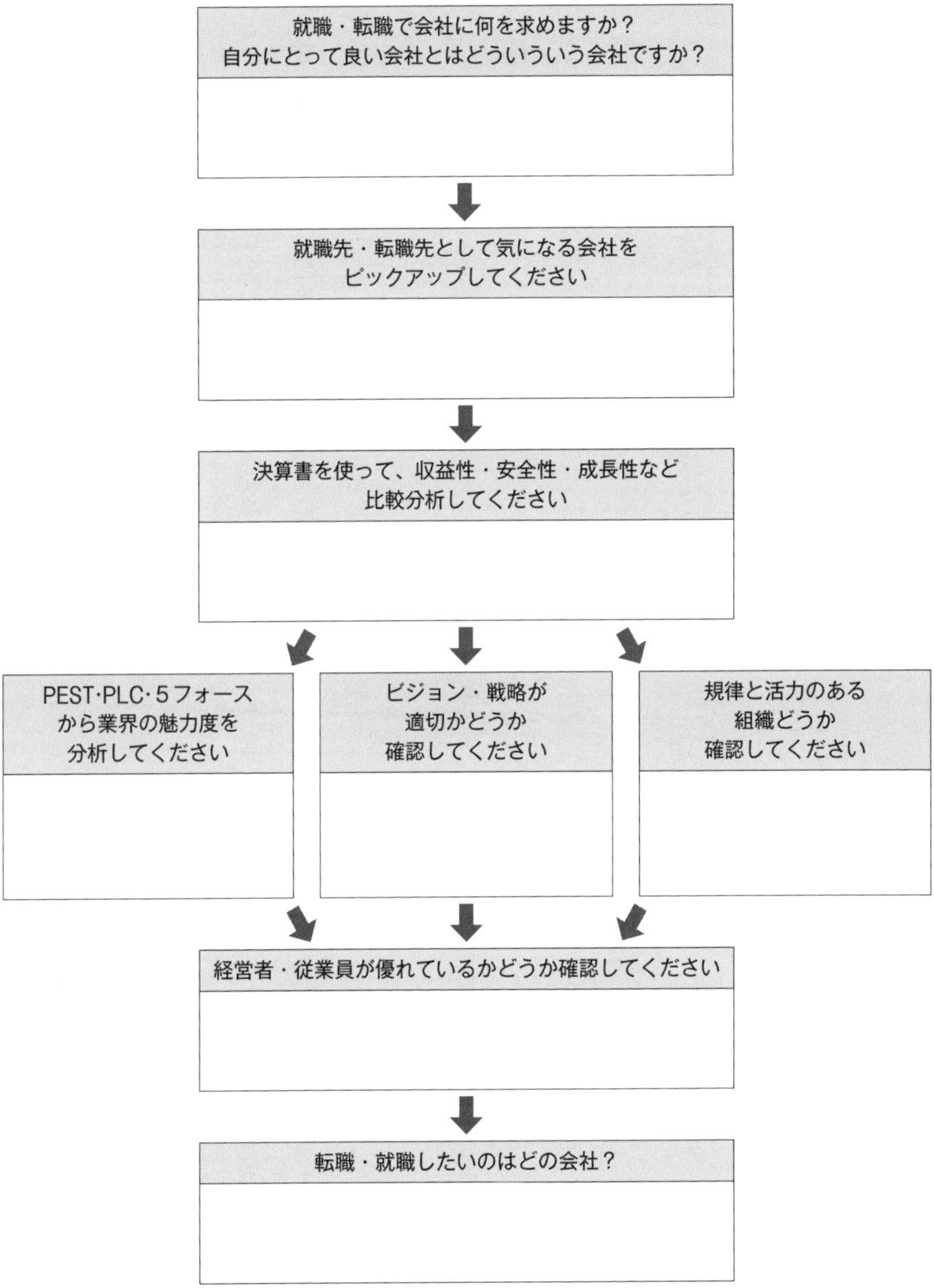
就職・転職で会社に何を求めますか？
自分にとって良い会社とはどういう会社ですか？
就職先・転職先として気になる会社をピックアップしてください
決算書を使って、収益性・安全性・成長性など比較分析してください
PEST·PLC·5フォースから業界の魅力度を分析してください
ビジョン・戦略が適切かどうか確認してください
規律と活力のある組織どうか確認してください
経営者・従業員が優れているかどうか確認してください
転職・就職したいのはどの会社？

メーカーを作り上げたことについて「90％以上は幸運に恵まれたおかげ」と述懐しています（多少の謙遜はあるでしょうが）。逆に、実力があっても運に恵まれず成功を掴むことができなかったという人もたくさんいます。

ただ、成功者と失敗者には大きな違いがあります。それは運や偶然と向き合う姿勢です。**成功者は、運に恵まれても有頂天にならず、運に恵まれなくても腐らず、着実に努力を続けます**。失敗者は、運に恵まれると自分の実力だと勘違いし、運に恵まれなかったら「なんで俺だけが」と腐って、努力をやめてしまいます。

学生や若手ビジネスパーソンは、就職・転職に始まり、これから数多くの運に恵まれ、不運に見舞われ、いろいろな経験を積み重ねます。そういうとき、今回、自分と向き合いながらここまで本書を読んだように、努力を続けていただきたいと思います。

本書をお読みいただいた皆さんが良い会社選びをし、良い会社に就職・転職し、学習・成長し、充実したビジネスライフを送られることを期待します。

いま必要なのは、国民の所得を増やす政策だ。にもかかわらず、政府と日銀の現在進行中の失策に本格的な批判と検証のメスが入らない。コロナ禍を脱した岸田政権は、前の安倍・菅政権の置き土産であるアベノミクスの金融政策と、増税なしでやり切った１００兆円のコロナ経済対策の景気効果があったので、名目ＧＤＰ６００兆円、２％台後半のインフレ率という成果に近づいた。前政権の果実を取ればいいだけの楽な経済運営のはずで、最終的なデフレ脱却を後押しする政策を継続すればよかったのに、実際にはアベノミクスの否定と完全な巻き戻し、利上げと金融引き締め、金融機関をボロ儲けさせるだけの政策ばかりが打ち出され、財務省と日銀のやりたい放題のまま無策にも退陣したのである。

同時にマスコミを通じて流されたのは、アベノミクスの金融緩和は失敗だった、日本は円安と利上げにともなう国債の利払い費増でもう終わりだ、今度こそ破綻する、増税と社会保険料の国民負担増やむなし、との大合唱である。

専門家とマスコミが間違った議論しかしないために、政治家も国民も経済オンチのままだ。政府と日銀の政策の誤りで日本が30年間もデフレに苦しみ、賃金が上がらず、貧しい生活に追い込まれたのが政策ミスの「人災」だったことが一般の人々に理解されていない。

昭和の戦後から平成、令和の今日まで、世界標準の金融知識を軸にして日本経済を振り返れば、日本人がいかに間違った常識や神話を信じこまされた結果、政府と日銀の誤った政策を止められなかったか、明快に理解できるように本書を書いたつもりだ。

その意味で、本書は他の金融知識のフラットな解説本や投資情報本とは異なり、なぜ私たちの賃金が上がらず、生活が苦しいままなのか、正しい金融政策や金融リテラシーの観点から、明確に解き明かす構成になっている。お金にまつわるきわめて実践的な理論武装の書といえよう。

本書を読んでいただければわかるが、国民所得を増やすには減税と金融緩和が最も有効というのが世界の常識だ。金融緩和は何より雇用政策であり、成長すれば所得も上がって減税の財源や国債の利払い負担など問題にならないと、常識的に理解されているからだ。ところが、日本ではこの当たり前の議論が通用しない。

金融緩和は効果がない、それどころか劇薬の禁じ手でハイパーインフレになる、通貨安が止まらなくなって円も国債も紙くず同然になる、というおかしな議論が次々と出てきて国民は混乱し、結局、アベノミクスは間違っていて失敗だった、減税は不可能で社会保障のために増税は避けられないと、多数の人がなんとなく信じてしまっている。財務省とマスコミの洗脳に騙され放題なのである。

2024年10月の衆議院解散総選挙で、減税と社会保険料の軽減で手取りを増やす政策転換を訴えた国民民主党が躍進したのも、まさに正面から所得増を訴えた経済政策が支持された結果だ。しかし財務省とマスコミはこの政策転換を阻止するため、同党と玉木雄一郎代表を潰すための総攻撃をかけた。このままでは財務省の思惑通りに増税や各種の負担増が着々と進み、消費税15％が視野に入ってくるだろう。

結果、日本人はますます貧しくなる。政府・財務省と日銀、金融機関とマスコミが結託して、一般の人々からさらに搾り取ろうとしている現実に多くの有権者が気づき、正しい政治家を選んでいかない限り、負担増の流れは止められないのである。

報道に騙されず、自分のお金を自分で守る金融リテラシーが、いまほど必要になった時代はない。本書を読んで、政府やマスコミに踊らされない知識を身につけてほしい。

2025年1月

髙橋洋一

明解！金融講義　世界インフレ時代のお金の常識・非常識　もくじ

第2章

金融政策とは何か
量的緩和の最もやさしい解説

第3章

金利の基礎知識
日銀の金利操作による金融政策

85

第4章

為替の仕組み 円安で日本は大丈夫か？

第5章

金融からみた 戦後日本経済史

第6章

金融政策の失敗で読む 平成経済史

181

第7章

「金利のある世界への転換」には要注意

第 8 章

自分のお金を守るための金融リテラシー

第 1 章

経済ニュースに流されないための
金融基礎知識

政治家も官僚もマスコミにも、経済学の知識を欠いたトンデモな解釈が横行して、庶民の不安につけこもうとしている。経済全体を正しく見て、自分の頭で考えられるようになるための金融知識を基礎からやさしく解説しよう。

「貯蓄から投資へ」に騙されるな

政府までもが資産所得倍増をうたい、老後の金銭的不安を煽る時代、一般の人が新ＮＩＳＡという撒き餌につられないように警鐘を鳴らしたい。

２０２３年は「**資産所得倍増元年**」と政府がアナウンスしたことで、「自分も投資したほうがいいのか」と思ってしまった人も多いだろう。当時の岸田首相が「今年（２０２３年）を資産所得倍増元年とし、**貯蓄から投資**へのシフトを大胆かつ抜本的に進めていきます」などと発言したのが各種報道で流れたからだ。

「貯蓄から投資へ」というのは２００１年に小泉純一郎内閣が出した「骨太の方針」に「貯蓄優遇から投資優遇への金利のあり方の切り替え」と書かれて以来の、一貫した政府方針だが、私から見ればナンセンスでしかない。

そもそも、貯蓄と投資は違うものという言い方自体が間違っているからだ。貯蓄は預貯金で、投資は**株式**など金融商品を買うこと、と多くの人が誤解しているが、預金も金融商品の一種であり、銀行は預かったお金を投資に回すので、預貯金をしても投資をしても、結果的には企業にお金が行く、つまり投資になる。

貯蓄も投資も基本的には同じもの

経済学では「**所得から消費を引いた数字が貯蓄であり、それは投資と同じ額である**」という言い方をする。要するに**貯蓄は基本的にすべて投資となる**わけで、貯蓄から投資へというのは本来意味が通らない。要は銀行預金よりも株式などを直接買ったほうがいいと政府が言っているわけだが、これは銀行よりも証券会社を経由した投資を勧めているわけで、証券会社の回し者のような言い方だ。

政府の政策として、こういう言葉遣いには慎重になるべきだ。私は第一次安倍政権で内閣参事官を務めたが、当時の安倍首相も「貯蓄から投資へ」と言いたがっていた

株式
企業の所有権を表す証券。株を持つと企業の一部を持っていることになり、利益が出れば配当が受け取れることも。

のを止めたことがある。総理は経済全体の話をされたほうがいい、という意図だった。**所得を増やせば、所得から消費を引いた数字が貯蓄だから、自動的に貯蓄は増える。つまり投資も増えることになる**。所得を増やすために一番最初にやらねばならないことは失業率の改善であり、失業率が下がれば賃金も上がって所得も増える、という話を安倍首相にした。

所得全体の倍増を目指すべき政府が、岸田内閣では資産所得という金融商品から上がってくる金利や株式配当金だけを倍増する、という間違った小さな政策目標を掲げてしまい、結果的に証券会社を儲けさせるだけの政策に矮小化された。官僚も政治家も、新聞記者やマスコミもこの政策の誤りに気づかない。経済全体を見ないから、「貯蓄から投資へ」などと平気で口にしてしまうわけだ。

私の名をかたる投資詐欺事件まで現れた

老後不安を煽られて「投資しないといけないのかな」と思わされた人は、詐欺広告の餌食になりかねない。投資話にはくれぐれも気をつけてほしい。

私の読者には、こうしたおかしな話に騙されないリテラシーを身につけて、経済全体を見て正しく判断できるようになってほしい。例えばテレビのワイドショーなどで、「商品が○円値上がりした、インフレだ」などと平然と言う人がいるようだが、もう少しちゃんとした知識を頭に入れる必要がある。**商品の価格が値上がりしたのはミクロ経済の話で、インフレはマクロ経済の話である**。

日本にはあらゆる経済ニュースを悪く報じるマスコミがあって、円相場が安くなっ

ミクロ／マクロ
個人や企業の経済活動を研究するのがミクロ、国全体や世界の経済を分析するのがマクロ。

ても高くなっても「日本の国力が低下した」と嘆き、デフレが続いていたときも、それがインフレに転じても「日本はもう終わりだ」と騒いで、人手不足で失業率が下がっても、株価が30年ぶりの高値になっても「庶民生活は貧しいままだ」と政府を非難する。

経済ニュースがこうした的外れな見解をずっと垂れ流し続けるおかげで私の仕事が増えるのはありがたいが、不安を煽るばかりの経済ニュースを信じてしまう人も多いようだ。私の名をかたって投資を勧誘する詐欺に巻き込まれた人が何人もいると知って、正しい金融の基本知識を伝えることが必要だと思い、本書をまとめた。

基本的に投資のアドバイスはしない

2023年9月頃、Facebook やLINE上で、私の名前を使って投資を勧誘するSNS広告が出回った。もちろん**これらは私に無断で行われた詐欺広告であり、私には一切関係がない**。刑法の詐欺罪は懲役10年以下、さらには金融商品取引法違反の無登録投資助言業（懲役5年以下もしくは罰金500万円以下）にも該当する悪質な行為だ。

その広告は Facebook にQRコードを提示してLINEに誘導するという手口で、初めてその広告を見た人が内容の真偽を見分けることは難しかったのかもしれない。私はかねてよりLINEのデータ保護について警鐘を鳴らし、さらに**投資のアドバイスなど絶対にしない**とあちこちで公言してきたので、それを知っている人は「これは詐欺広告だ」と判断できたようだが、よく知らずに引っかかってしまった人もいるようだ。

新NISAは「撒き餌」である

証券会社の回し者のような政府の撒き餌に引っかかって、「おすすめ資産運用」に釣られると、毎年の手数料と相続税でがっぽり取られてしまいかねないので注意が必要だ。

私はくり返し「本当に有利な投資情報を知っていたら、わずかな助言報酬で他人に教えるよりも自分が投資する」と言ってきたし、投資は手元資金に余裕のある人だけが知識をもって慎重に行うもので、一般の人は安易に手を出さないほうがいいと危険性を強調してきた。

岸田内閣が資産所得倍増で特に力を入れたのが2024年1月に始まった**新NISA制度**だ。Nippon Individual Savings Account の略で、イギリスの個人対象の小口投資口座 Individual Savings Account（個人貯蓄口座）の日本版という位置づけ

新NISA　少額投資非課税制度の新バージョン。利益に税金がかからず手もかからないため、初心者が投資を始めるきっかけになりやすい。

だ。**ポイントは収益について非課税枠が設けられていること**で、世界各国に類似の制度がある。

利用者は証券会社に口座を作ってお金を預け、運用する。具体的には金融庁が選んだ一定数の投資信託に投資する「つみたて投資枠」と、一部を除く上場株式ないし投資信託から選んで投資する「成長投資枠」の2つの枠があり、つみたて投資枠は年間120万円まで、成長投資枠は年間240万円まで無期限に非課税とされる。生涯非課税限度額は一人あたり2つの枠合計で1800万円で、成長投資枠はそのうちの最大1200万円までが非課税となる。

非課税とは、配当金や譲渡で得た利益に税金がかからないということだ。非課税枠があれば、食わず嫌いで株取引をやらないできた人たちにとっては、よい入り口になるだろう。しかし、非課税枠はつみたて投資枠で年間120万円、成長投資枠で年間240万円しかなく、株式投資で生計を立てている人にとっては少なすぎて、〝ないよりはまし〟な程度のものだ。

要するに新NISAは、証券会社をはじめとする金融機関の新規顧客開拓のための撒き餌にすぎないということだ。「おすすめ資産運用」の話に乗るかどうかは、もちろん個人の判断と自己責任だが、金融機関の話に乗ることは手数料を取られて金融機関の社員を食わせてやることに他ならない。

どうしても投資したいなら国債に

私は、私とまったく関係のない会社の社員を私のお金で養うような慈善事業をやるつもりはないから、基本的にいわゆる金融商品などへの投資はやらない。**老後の備えにしたいのであれば貯蓄が一番**で、預金には利子はあまり付かないが、自分のお金の何割かを手数料として金融機関に持っていかれることはない。**どうしても投資をやりたい人には、私は国債を勧めている**が、詳しくは第8章で論じる。

撒き餌に釣られて新NISAで買った金融商品に長期間にわたって手数料を払い、結局は相続税でがっぽりと取られてしまうことのないように、読者には注意を喚起しておきたい。

国債
政府が発行する借金の証書。お金を貸した分、後で利子がついて返ってくる。

経済と金融の基本知識解説

ガソリンや輸入品の価格が上がったからインフレの時代？特定の商品や企業を取りあげて「日本はもう終わり」というのは、ミクロをマクロに取り違えた話に過ぎない。

まずは最低限の用語から始めよう。

社会全体の経済活動をマクロ経済といい、政府が国の経済政策を考えるときに使う理論がマクロ経済学だ。これに対して、**個人や1つの商品・会社・業界など個別の経済案件**のことをミクロ経済という。

物価とはマクロ経済学の用語で、一般的に**消費される耐久消費財（モノ）の価格と非耐久消費財（サービス）の価格を総合した価格を「物価」という**。

これに対して**価格**とはミクロ経済学の用語で、個別商品の価格を指す。マスコミの中には、この「価格」のことを物価と言ってしまっているケースがあるから注意が必要だ。個別の品目の「価格」について国が口出しすることは原則的にない。市場の競争にまかせるのが自由主義社会の常識だ。

GDPとはGross Domestic Productの略称で**「国内総生産」と訳され、1年間に国内で生み出されたモノやサービスの総額のこと。「平均給与額×人口」と同じ値になる。**このGDPの変動をパーセンテージで表した数字がGDP成長率で、物価の変動を考慮せずに産出したものが「**名目GDP成長率**」、物価変動分の調整を加えて算出したものが「**実質GDP成長率**」だ。

インフレはマクロ経済学の用語で、**「物価」が上がり続ける現象、インフレーションの略語**だ。ちなみに、ある個別品目の価格が上がり続けても、物価が上がり続けなければインフレとは言わない。**デフレ**もマクロ経済学の用語で、**物価が下がり続ける現象、デフレーションの略語**だ。これも、ある個別品目の価格が下がり続けても、物価が下がり続けなければデフレではない。

インフレ
（インフレーション）
物価が上がり続ける現象。お金の価値が下がるため、同じ金額で買えるものが少なくなる。景気が良くなると、需要が増えてインフレが起こりやすい。

デフレ
（デフレーション）
物価が下がり続ける現象。お金の価値が上がるので同じ金額で買えるものが増えるが、長期的には企業の利益が減って景気が停滞し、失業が増えることも。

特定品目の価格動向で経済の話をしても意味がない

物価を調べるには、よく消費されている600品目をピックアップして指数化し、基準年を100として上がったか下がったかを見る。これが総務省が毎月発表する**「消費者物価指数（CPI）」**だ。ここからさらに季節の変動を受けやすい生鮮食品を除いた**「コアCPI」**、さらに変動しやすいエネルギー価格を除いた**「コアコアCPI」**が、経済全体の基調を見るのに適している。

例えば2022年に、発売以来42年間10円の価格を維持してきた「うまい棒」という個別商品の価格が12円に値上げしたことを、インフレの象徴のようにマスコミは騒いだ。ちなみに食料品がCPIを構成する600品目に占める割合は2割程度だ。

特定の商品の価格が上がったからインフレで日本は衰退だ、ある企業や業界の生産性が上がらないから日本は滅びる、円安で輸入品価格が上がったから日本の国力低下だというミクロ視点とマクロ視点の混同がマスコミ報道では盛んだが、経済全体を見て落ち着いたほうがいい。

コアCPI
消費者物価指数（CPI）から価格変動が激しい生鮮食品を除いたもの。経済の物価動向を把握するために日常的な物価の動きを見る指標として使われる。

コアコアCPI
消費者物価指数（CPI）から食料（酒類を除く）とエネルギーを除いた指標。変動が大きい要素をさらに除くことで、物価の基調的な変動をより把握しやすくする。

物価は、**「世の中で売られているモノの総量」**と**「世の中に出回っているお金の総量」のバランスで決まる**と言っていい。これをマクロ経済学では「総需要と総供給のバランス」と言ったりする。**需要とは「支払い能力を伴う欲」**であって、誰かが何かを欲しがっても、実際に買うことができなければ需要ではない。この総需要には日本全体の消費、投資、輸出入（輸入はお金が外に出ていくことだから輸出から輸入をマイナスする）、さらには政府が使うお金も含まれる。

これらの**「お金の総量」が、モノの総量に対してどれだけ多くなったか、あるいは少なくなったかで、インフレかデフレかが決まる**。インフレは、前年に比べてモノに対してお金の量が増え、モノの価値が上がった状態であり、デフレは、前年に比べてモノに対してお金の量が減り、モノの価値が下がった状態と定義できる。

物価を安定させ、経済を上向きにするために、政府や日銀は総需要を動かす政策をとる。つまり世の中に出回るお金の量をコントロールすることで、デフレに傾いているときはインフレに、インフレに傾いたらデフレ傾向にするのが、政府・日銀の仕事なのだ。

お金とは何か
金融政策とは何か

金融政策にはお金の流れを金利の上下で調節する金融政策と、お金の量を調整して景気を回復させる量的緩和政策の2種類がある。ただし、この両者は金利とお金の量が裏腹なので、本質的な差はない。この話は91ページ以降で詳しく述べる。

「**お金**」とは通貨や貨幣のことを指し、各国の政府によって価値が保証され、商品を取引する際の交換手段として使用されるものである。日本の場合はいうまでもなく円だ。貨幣には価値の尺度、交換手段、保存の3つの機能があるとされ、経済全体に流通している現金通貨（中央銀行発行の紙幣）と政府が発行する硬貨、普通預金と当座預金の残高を合わせたものとなる。

中央銀行（日本の場合は日銀）が供給する通貨の総額を「**マネタリーベース**」といい、世の中に出回っている貨幣、通貨と、民間金融機関が日銀にもっている当座預金の残高の合計である。中央銀行は世の中に出回っているお金の量を調節することができる。

世の中のお金の流れを調整する金融政策

そこで、日銀が**短期金利**を誘導目標とした金融調節を行い、不況のときは短期金利を引き下げることでお金の流れを良くし、景気回復を狙う伝統的な金融政策のことを「**金融緩和**」という。

他方で、民間金融機関が保有する日銀当座預金の残高を拡大させることによって金融緩和を行う、非伝統的な金融政策を「**量的緩和**」という。近年「**異次元緩和**」などの言葉で有名になったもので、ひとことで言えば世の中に出回るお金の量を直接的に増やして景気回復を狙う金融政策である。金融政策については第2章と3章で詳しく説明する。

中央銀行
国の金融の調整役。日本では日銀があり、金利やお金の量を管理する。

短期金利
1年以内の短期間で貸し借りするお金の利率。景気に影響を与える指標の1つ。

ちなみに本章冒頭で触れた金融資産とは、実物資産ではないが「収益を生むもの」だ。例えば株式や債券をはじめとする有価証券があげられる。

ついでに説明すると**株式とは株式会社が事業活動に必要な資金を調達するために発行する有価証券で、債券とは国や地方公共団体、企業などが投資家から資金を借り入れる際に発行する有価証券のこと**。いわばお金を借りた借用証書のようなものだ。

量的緩和
中央銀行が経済を活性化するために市場に大量の資金を供給する政策。市場にお金を増やして金利を低く保ち、企業や個人が借りやすくすることで景気を刺激する。

不良債権とは何か

負債の総額（グロス）**にこだわる人は多いが、会計学では負債から資産を引いた額**（ネット）**を重視する。なぜ負債だけを見ていても本当の財政・財務状態はわからないのか説明しよう。**

ではここで一つ、思考実験として「**不良債権**」を正確に定義できるかどうか、考えてみたい。バブル崩壊後に不良債権問題が噴出したとき、テレビでまともな説明をしている経済専門家はおらず、「日本中で合計500兆円もの不良債権がある」などと言っていた。読者も不良債権を何となくよからぬものというイメージでとらえている人が多いのではないか。

債権とは「資産」のことである。バランスシート（Balance sheet：B／S、貸借対照表と

ネット／グロス
純額（ネット）と総額（グロス）の違い。たとえば、手数料を引いた金額がネット、全体の金額がグロス。

もいう）の左側に記入される。例えば株式で考えよう。あなたがA社の株を100万円で買ったとする。買ったときの金額で帳簿をつけるので「**帳簿価格**」という。しかし株価が下がり、価値が70万円にまで下がったとしよう。これを「**実質価格**」という。

実質価格が帳簿価格を下回ると、あなたは損をすることになる。その債権があなたに損をさせる「不良」のものになるわけだ。これが「不良債権」である。

もちろんA社の株価が再び上がる可能性もあるから、そのまま持ち続ける方法もある。だが、株価がもっと下がると見たら、損失を最低限に食い止めるために、持っている株を売るしかない。100万円で買った株を70万円で売るから、30万円の損になる。この帳簿価格と実質価格の差が損になりうるので、その差額を「**不良債権額**」と呼ぶことが多い。

負債額だけを見ていても財務状況は把握できない

では、B社に500万円を貸し付け、300万円が返済されたところでB社が倒産し、債権処理で未返済のうち50万円しか戻ってこなかったとしたら、どうだろうか。

あなたがもっているB社の債権は「不良債権」となり、500万円−350万円＝150万円が「不良債権額」だ。帳簿価格より実質価格のほうが低くなって債権者に損をさせる債権を不良債権、その損の額が不良債権額だ。

となると、**「500兆円もの不良債権」という言い方では、帳簿価格500兆円の不良債権があるのか、不良債権額が500兆円なのかがわからない**ことが理解できるだろう。「とにかく大変だ」という誇大表現にすぎず、実際には何も言っていないのと同じだ。不良債権になっている債権総額はいくらで、そのうち損失予想額（＝不良債権額）がいくらになるか、を見なければ正確に現状をつかんだことにはならない。

このように、持っている債権の資産額だけ、あるいは負債額だけを見ていても、企業や個人の財務状況を正しくつかむことはできず、資産と負債の差し引き額を正確に見ていかないといけない。これは国の財政についても当てはまる。

バランスシートでつかむ金融のリテラシー

会計学の初歩、貸借対照表のシンプルな見方を解説する。「ここだけわかればＯＫ」というポイントをつかめるようにしよう。

企業の財務状況や国の財政状況を正確につかむには、資産と負債の差し引き額を見なくてはならない。その時に必ず必要になるのが**貸借対照表《たいしゃくたいしょうひょう》（バランスシート：ＢＳ）**だ。

企業会計のバランスシートとは、決算時にその企業がどれくらいの債務を負っていて（負債）、どれくらいの資本を持っていてそのお金でどんな資産を手に入れ（資産）、差し引きでどれくらいの資産があるか（純資産）をまとめたものだ。次ページの図１－１を見ていただきたい。

例えば資産額５０００万円のＡ社と、資産額１億円のＢ社があったとする。資産額

図1－1　バランスシート（貸借対照表）の基本構造

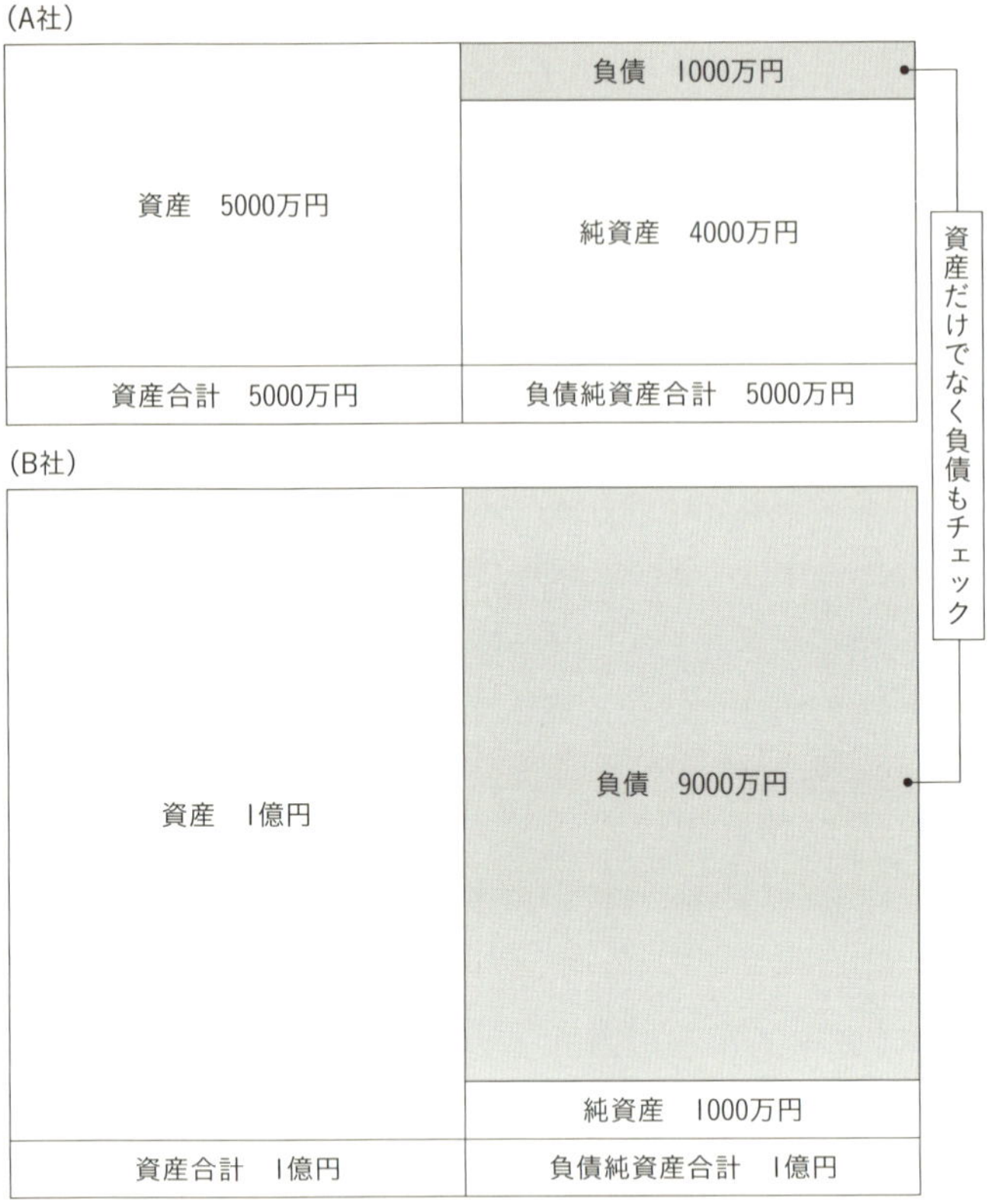

出典：例として筆者作成

だけを見れば、A社の倍もの資産をもつB社のほうが優良企業に見える。しかし、A社には1000万円の負債、B社には9000万円の負債があるとわかったら、どうだろうか。

バランスシートの向かって右側は「**負債と資本** Liability and Capital＝貸方《かしかた》」、左側は**資産** Asset＝借方《かりかた》」である。右側が入ってくるお金、お金の出どころで、左側はそれがどのように形を変えたかを表している。稼いだお金もしくは借金が右側、それで得た資産が左側だ。このように、右側と左側をセットにしてお金の出入りを管理する帳簿のつけ方が「**複式簿記**」だ。

例えば銀行からお金を借りたら右側に記入し、そのお金で商品を作る機械を買ったら、その機械の金額を左側に記入する。事務所で使う机を現金で買ったなら、右側に現金いくら、左側に机1台と入る。**バランスシートを見れば、その企業が調達した資金で、どんな資産を得ているのかわかる**ようになっている。

右側がなぜ負債と純資産に分かれるのかというと、いずれ必ず返さなくてはいけな

複式簿記
入出金の両方を記録する方法。お金の流れが見えやすく、企業会計に使われる。

いお金（負債）か、返す必要のないお金（純資産）かを分けて記載してあるからだ。**企業の財務状況を正確につかむには、「資産から負債を引いた額」を見なくてはいけない。すなわち、バランスシートの「純資産」の額を見る**のである。

34ページの図1－1の例でいえば、A社の純資産は4000万円、B社の純資産は1000万円だから、財務状況においてはA社のほうが優良企業ということになる。これを負債額から考えても同様になり、例えば負債10億円で資産が12億円あるC社と、負債5億円で資産6億円のD社を比べた場合、負債額はD社のほうが大幅に低くても、純資産額でまさるC社のほうがより安泰といえる。

つまり、バランスシートの右側の「負債」の欄だけを問題にして騒いでも、意味がないのだ。

「資産」とはバランスシートの左側の項目

会計学の見方で金融資産を見るようになれば、資産から負債を差し引いたバランスをつかむポイントがわかるようになる。

バランスシートで見る金融には、資産と負債の両方の側面がある。金融資産とは実物資産ではないが「収益を生むもの」だ。例えば株式がある。世の中には、事業をがんばって生計を立てる人もいれば、事業の利益や銀行からの借金を元手に、株などの資産を購入して、その配当や売却益で生計を立てる人もいる。企業も同じことだ。

その逆に、資金の融通を受けた人から見れば、金融負債となって、バランスシートの右側になる。

例えば、企業にお金を貸したら利息が入る。企業にお金を出資すれば配当が入る。

不動産を買って他人に貸せば賃料が入る。これらすべてが金融資産だ。もちろん、すべての資産には右側の負債もしくは資本という「お金の出どころ」がある。金融負債とは、利息を取られるもののことで、負債に入る項目はほぼこれにあたる。

貸付は銀行の融資や社債購入を通じてお金を貸すことだ。貸した相手企業に業績悪化や倒産などの問題が起きなければ、貸したお金は期日通りに利息が支払われ、**償還日**に元本が戻ってくる。**出資**とは事業のためにお金を出して、相手企業に利益が出たら一定の見返りを受け取るもので、株式の配当がこれにあたる。

貸付に対して受け取る利息は、最初から利率が決まっており、元本とともに必ず支払われる。どれくらいの利益になるか確定しているローリスクの金融資産といえる。一方、出資に対して受け取る配当は、株を買った時点ではどれくらいになるかわからない。株を買った元本も保証されない。出資した相手が大きな利益を上げれば受け取る配当も大きくなるし、株価も上がるから大きな売却益を得ることもできるが、倒産してしまえば株券は紙クズとなり、配当はゼロというハイリスクな金融資産となる。

償還日
借りたお金や発行した債券の元本を返す日(返済期限)のこと。国債や債券の期限が来て、元本が返される。

銀行は融資先企業の「純資産」に注目する

バランスシートの負債と純資産の割合を見ると、その企業がどれほどのリスクをとっているかがわかる。お金を借りたら、利益が上がろうが上がるまいが必ず期日通りに利息をつけて返済しないといけないから、借入金は負債になる。負債が多い企業は、確定した利払いや償還すべき義務を負った資金を持っているのでリスクがある。出資を受けたのなら、配当は利益が出たときに払うし、元本を保証する必要もないので、株を発行して得た出資金は純資産の一部に入るのだ。

バランスシートの右側の負債には借りた金額が入り（流動負債や固定負債）、純資産には出資してもらった金額が入る（株主資本）。そして左側には借りたお金や、出資してもらったお金で得た資産が入るわけだ。

具体的には次ページの図1－2のようになる。

図1－2　B／S　貸借対照表を構成する主な要素

（千円）

資産の部		負債の部	
流動資産		流動負債	
現預金	150,000	支払手形	60,000
受取手形	150,000	買掛金	40,000
売掛金	100,000	短期借入金	10,000
有価証券	30,000	流動負債合計	110,000
貸付金	20,000	固定負債	
流動資産合計	450,000	長期借入金	200,000
固定資産		社債	100,000
建物及び構築物	50,000	固定負債合計	300,000
土地	200,000	負債合計	410,000
機械	100,000	**純資産の部**	
投資その他の資産		株主資本	
投資有価証券	10,000	資本金	250,000
固定資産合計	360,000	利益剰余金	150,000
		純資合計	400,000
資産合計	810,000	負債純資合計	810,000

（左側：調達したお金で得た資産　右側：負債の部＝他人資本、純資産の部＝自己資本、全体で調達したお金）

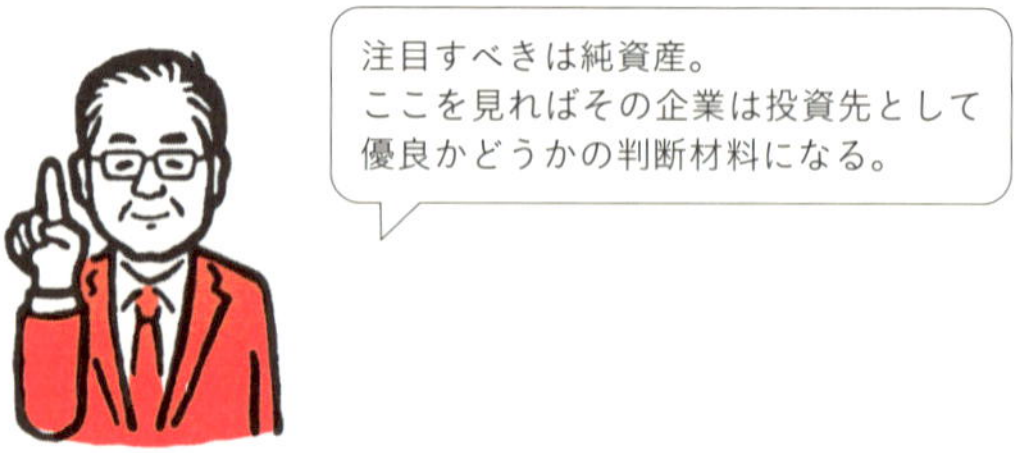
注目すべきは純資産。
ここを見ればその企業は投資先として
優良かどうかの判断材料になる。

出典：例として筆者作成

銀行の融資担当者が企業の何を見て融資判断を下すか、あるいはプロの投資家がある企業に投資すべきかをどこで判断するかといえば、メインはバランスシートの純資産である。

資産から負債を引いた純資産が多ければ、その企業はより安全に投資できる優良企業というわけだ。

純資産が大きいということは、資産（＝負債＋純資産）が負債よりかなり大きくなる。社債の償還も支障が少ないし、株価も高くなる。このあたりの決算書の読み方については、投資について論じる第8章でもう少し詳しく触れたい。

国のバランスシートを読む

会計学の知識は、国の財政の健全性を判断するのにも役立つ。日本は国の借金がこれだけ多いから破綻する、という主張がいかに的外れであるかを見ていこう。

２０２４年8月、財務省は、国債と借入金や**政府短期証券**を合計したいわゆる「国の借金」が同年6月末時点で１３１１兆４２２１億円になり、税収で返済する必要のある普通国債の発行残高は２０２４年度末には１１０５兆円余りにまで膨らむ見込みだと発表した。

国の借金が１０００兆円を超えた２０１３年から、財務省は「国民一人あたり８００万円の借金」と盛んに宣伝するようになり、２０２２年後半からは「国民一人あたり１０００万円の借金」と言い換えられ、危機を煽っている。

政府短期証券
政府が発行する短期間の借金の証書。企業や銀行が主に購入し、利息がつく。

具体的には2018年から「日本の財政を仮に月収30万円の家計にたとえると、毎月給料を上回る38万円の生活費を支出し、過去の借金の利息支払い分を含めて毎月17万円の新しい借金をしている状況で、借金の累積で約5400万円のローン残高を抱えている。抜本的な見直しをしないと子どもに莫大な借金を残し、いつか破産する」とYouTube動画などを使って盛んに主張してきた。マスコミもそれを鵜呑みにして、10%への消費増税を後押ししてきたわけだ。

注目すべきは資産と負債のバランス

問題は、政府を家計にたとえると「借金＝悪」という結論になりやすいことだ。国の借金1311兆421億円というのは借り入れだけを見た話であり、**本当に見ないといけないのは資産と負債のバランス**である。前節で見た企業のバランスシートと同じだ。

これを見ることができる財務書類は、財務省のウェブサイトで誰でも簡単に入手できる。「日本は財政破綻寸前」などと、財政の数字の話をしているのに国の財務書類を見たこともない人は多いと思うが、**「国の財務書類（一般会計・特別会計）」**という全99ページある書類の1ページ目に、政府のバランスシートがある。

ちなみに政府のバランスシートを初めてつくったのは1994年、当時大蔵省に在籍していた私である。さらに私は、銀行の不良債権問題が問題になった時代に金融検査官の仕事をやり、1年のうちの6分の5は毎日、全国の金融機関のバランスシートを見ていた。それらの経験から、国の財務状況を正確につかむやり方を編み出したのである。

日本政府の債務残高は1000兆円を超えているが、しかしその一方で政府には豊富な金融資産がある。もっといえば、政府の「子会社」である日銀の負債と資産を合体させれば、政府の負債は相殺されてしまう。国の財務状況は、実は国の資産と負債を1枚にまとめたバランスシートをつくればひと目でわかる。経済学では古くからある伝統的な見方であり、私がずっと主張している「**統合政府バランスシート**」だ。

「統合政府のバランスシート」とは

政府とその子会社である日銀を連結させると、政府の負債はグッと減る。統合政府で財政の健全性を判断することは世界的にもごく常識的なことだ。

次ページの政府のバランスシートを見てほしい（図1－3）。向かって左の欄が「資産の部」、右の欄が「負債の部」となっている。令和5（2023）年3月で締めた日本の資産合計は740兆6961億4500万円、負債合計は1442兆7045億5600万円で、資産合計から負債合計を引いた「資産・負債差額」はマイナス702兆8億4110万円である。

この「資産・負債総額」が今の日本の資産と負債のバランス、つまり日本の純資産はマイナス702兆8億4110万円とされているのを、どう見るかである。

図1－3　政府の貸借対照表

貸　借　対　照　表

（単位：百万円）

	前会計年度（令和4年3月31日）	本会計年度（令和5年3月31日）		前会計年度（令和4年3月31日）	本会計年度（令和5年3月31日）
〈資産の部〉			〈負債の部〉		
現金・預金	48,260,028	53,773,803	未払金	10,689,779	10,720,169
有価証券	123,506,116	125,626,121	支払備金	303,472	285,283
たな卸資産	4,172,756	4,312,670	未払費用	1,079,843	1,088,522
未収金	6,053,239	6,078,440	保管金等	1,485,157	1,591,128
未収収益	599,642	710,118	前受金	70,332	61,996
未収（再）保険料	4,933,462	4,934,122	前受収益	658,565	634,837
前払費用	3,265,355	2,773,061	未経過（再）保険料	31,520	33,890
貸付金	123,206,471	125,117,913	賞与引当金	315,130	333,830
運用寄託金	113,708,958	114,716,624	政府短期証券	88,321,707	87,704,559
その他の債権等	10,675,735	11,456,689	公債	1,113,967,605	1,143,920,530
貸倒引当金	△1,479,047	△1,395,374	借入金	33,553,777	33,752,092
有形固定資産	193,368,498	194,626,192	預託金	10,425,847	11,614,038
国有財産（公共用財産除く）	32,766,123	33,115,158	責任準備金	9,318,370	9,749,789
土地	19,238,347	19,373,864	公的年金預り金	122,276,744	123,031,015
立木竹	3,624,759	3,955,890	退職給付引当金	5,503,393	5,293,394
建物	3,385,158	3,385,82	その他の債務等	12,971,464	12,889,476
工作物	2,523,303	2,519,498			
機械器具	0	0			
船舶	1,556,127	1,607,584			
航空機	1,141,126	1,041,104			
建設仮勘定	1,297,301	1,231,391			
公共用財産	156,085,881	157,515,657			
公共用財産用地	40,408,096	40,528,835			
公共用財産施	115,251,334	116,588,932			
設建設仮勘定	426,449	397,889			
物品	4,508,762	3,989,793			
その他の固定資産	7,731	5,583	**負債合計**	1,410,972,710	1,442,704,556
無形固定資産	380,452	398,167	〈資産負債差額の部〉		
出資金	93,290,389	97,567,592	資産・負債差額	△687,030,650	△702,008,411
資産合計	723,942,060	740,696,145	**負債及び資産・負債差額合計**	723,942,060	740,696,145

出典：財務省HP

もちろん、一般人からすれば途方もない額だが、政府の話として見ると実は問題のないレベルの数字だ。なぜかというと、これは政府のみの財務書類で、**政府はいろいろな「子会社」というべき組織を持っており、これらグループ企業のバランスシートを連結させて見る必要がある**からだ。

グループで最も知られているのが日本銀行（日銀）だ。日銀のバランスシートは公式ウェブサイトに事業年度ごとに更新されて公開されている。右の政府のバランスシートと同じ事業年度のバランスシートを見てみると、次ページの図1－4のようになる。

日銀の「資産」で際立って大きな数字は、国債の581兆9859億4500万円で、「負債」の中で際立って大きな数字は当座預金の549兆7812億2700万円と、発行銀行券の121兆9550億3900万円だ。

当座預金とは「民間金融機関の日銀当座預金」、発行銀行券とは「発行された日本銀行券」つまり紙幣のことだ。両方とも「お金」だが、**なぜお金が日銀の負債になる**

図1－4　日銀の貸借対照表

民間企業仮定貸借対照表

（令和5年3月31日現在）

日本銀行（単位：百万円）

科目	金額	科目	金額
（資産の部）		（負債の部）	
金地金	441,253	発行銀行券	121,955,039
現金預け金	3,459,841	預金	577,980,612
現金	416,632	当座預金	549,078,127
預け金	3,043,209	その他の預金	28,902,486
金銭の信託	54,799,044	政府預金	15,597,952
有価証券	595,833,679	当座預金	150,000
国債	581,985,945	国内指定預金	15,015,270
短期社債	2,123,282	その他の政府預金	432,682
社債	8,008,960	売現先勘定	5,370,903
その他の証券	3,715,492	その他負債	153,244
貸出金※1	96,791,585	未払送金為替	28,179
電子貸付	96,791,585	未払法人税等	59,394
代理店勘定	9,784	リース債務	8,466
その他資産	591,437	その他の負債	57,205
取立未済切手手形	70	賞与引当金	4,791
預貯金保険機構出資金	225	退職給付引当金	209,328
国際金融機関出資	15,278	負債の部合計	721,271,869
政府勘定保管金	15,766	（純資産の部）	
未収法人税等還付金	14,967	資本金	100
未収利息	513,388	利益剰余金	13,849,177
その他の資産	31,743	法定準備金	3,443,958
有形固定資産※2	241,074	特別準備金	13
建物	136,645	任意積立金	7,493,474
土地	84,118	債券取引損失準備金	5,601,024
リース資産	8,080	外国為替等取引損失準備金	1,892,450
建設仮勘定	1,615	当期未処分利益	2,911,731
その他の有形固定資産	10,616	その他有価証券評価差額金	17,047,010
無形固定資産	458	純資産の部合計	30,896,286
権利金	458		
資産の部合計	752,168,155	負債および純資産の部合計	752,168,155

出典：日本銀行HP

かというと、会計的には「日銀が発行する債務証券」になるからだ。

どういうことかというと、日銀は民間金融機関が保有する国債を買って、その代金を民間金融機関の当座預金に振り込むか、日銀券つまり紙幣を発行して渡す。その価値を保証するのは発行元の日銀なので、お金は日銀が発行する証文となり、日銀の負債として計上される。

ただし、負債とはいっても銀行券に対して日銀が利子を支払うことはない。当座預金についても限定的・部分的にマイナス金利などが付く場合があるが（第3章で解説する）、原則的には利子が付かない。ポイントは、当座預金は発行銀行券といつでも代替でき、発行銀行券は日銀にとって負債ではあっても無利子・無償還であること、つまり実質的な借金ではなく、返す必要がないことだ。

ということは、**日銀のバランスシートについて、負債はほぼゼロとなり、主な資産は国債の581兆9859億4500万円と読むことができる**。この日銀の資産を日本政府のバランスシートに連結させると、ほぼそのまま政府の資産に加わり、政府の「資産・負債差額」はマイナス702兆8億4110万円からマイナス120兆

148億9610万円に下がるわけだ。

政府のバランスシートがマイナス、つまり負債がこの程度多いくらいであれば世界的にもまったく問題はない。

このように、政府と日銀のような中央銀行のバランスシートを連結したものを「統合政府バランスシート」と呼び、政府の財務状況はこちらで見るのが、現在の世界標準である。

通貨供給量を増やしてバランスシートを拡大させる

2017年に来日して**経済財政諮問会議**に出席したコロンビア大学のジョセフ・スティグリッツ教授（ノーベル経済学賞受賞者）はこう提言した。

「**政府や日銀が保有する国債を相殺することで、政府の債務は瞬時に減少し、不安はいくらか和らぐ**」

これはスティグリッツ氏が政府の財務状態を統合政府バランスシートで考えている前提あっての発言だ。

経済財政諮問会議
日本の経済政策を考える会議。政府や民間の有識者が参加して、方向性を議論する。

同様に、私のプリンストン大学時代の恩師で元**FRB**（連邦準備制度理事会）議長だったベン・バーナンキ氏が「**日本は量的緩和すればデフレから脱却できる。そうでなくても財政再建はできる**」と言っていたのも、前提に統合政府バランスシートがある。

つまり**中央銀行が通貨供給量を増やして金融緩和することは、お札を刷って国債を買い入れること**であり、中央銀行のバランスシートの金額自体が大きくなる。これを「**バランスシートの拡大**」という。日銀は、適切なインフレ目標を設定して、国債などの購入により量的緩和を行い、バランスシートを拡大させれば、デフレから脱却できるのだ。次の章で具体的に説明しよう。

FRB
アメリカの中央銀行「連邦準備制度理事会」。金利を決め、経済の安定を図る。

第2章

金融政策とは何か
量的緩和の最もやさしい解説

中央銀行はお金の量を調節することで物価を安定的にコントロールし、金融緩和で失業率を減らすことができる。金融政策で目標インフレ率を設定する目的は雇用を増やすためであり、2%などの目標の数字を必ず達成するためではない。

金融政策は金利の上げ下げとお金の量の調節の2つ

金融政策には、不況のときに、中央銀行が短期金利を引き下げてお金の流れをよくする伝統的な金融政策と、世の中に出回っているお金の量を直接増やす非伝統的な量的緩和策の二種類がある。前に述べたように、両者に本質的な差はないが、ここでは後者について主に説明しよう。

金融政策をひとことで言うと、景気が悪いとき、政府の政策と協調して中央銀行（日本なら日銀）が金融緩和策をとることだ。**金融緩和には世の中の金利を下げる作用があり、企業が銀行からお金を借りやすくなる**。企業はお金を借りて設備投資を行い、新たに工場などを建てたり新しい機械を導入したりして労働需要がアップする。

中央銀行は金利を決めて、必要に応じて好きなだけお金を刷る（増やす）ことができるから、世の中に出回るお金の量をコントロールできる。この重要な機能をいかして、世の中に出回るお金の量を増やす政策である。

日銀が金利を下げれば、銀行の金利も下がり、企業や個人がお金を借りやすくなる。つまり投資が増え、同時に日銀がお金を増やせば当然、円の量が増える。すると相対的にドルより円のほうが量が多くなり、円安になるから輸出が増える。

デフレで景気が悪いとき、減税や政府支出を増やす財政政策と同時に、これらの金融政策を行えば、需要は増え、物価も実質GDPも上がるわけだ。逆に、景気が過熱しすぎて少々冷水を浴びせたほうがいい場合は、増税、緊縮財政、そして金融引き締めを行えば需要は減る。

成果が表れる前に引き締めに転じた日銀の失策

近年の日本では、アベノミクスで金融緩和をしている中、消費税が8%に増税され、さらに10%まで上げられてしまったことで、金融政策の効果が失速した。消費増税は前民主党政権時代の三党合意で決まってしまっていたこととはいえ、足をすくわれた格好だ。日銀も金融緩和の成果が市場に現れる前に引き締めに転じる悪い癖を発揮し、中途半端な結果に終わった。

こうした安倍政権の消費増税の教訓をしっかり認識しないまま、「異次元緩和は2％の目標インフレ率を達成できず、失敗だった」といったトンチンカンな批判がマスコミを中心にまかり通っているので、ここでは金融政策の意味についてわかりやすく解説しよう。

経済オンチで金融政策の有効性がわかっていなかった岸田政権は、社会保険料の負担増や防衛増税など、財務省のいいなりで増税路線を突き進み、政権の意向に従う植田和男総裁の日銀はいわゆる「出口戦略」に向けて量的緩和の縮小と金利引き上げという引き締め策に走った。これでは経済がよくなるはずがない。

量的緩和とはどういう政策か

黒田日銀の異次元緩和とは何だったか、量的緩和政策を最初に始めたスウェーデンの事例から解説しよう。

日本は正しい金融政策を行えていなかった。ながらく先進国でデフレなのは日本だけで、しかも日本の経済成長率が先進国中で最低の時代が続いた。

２０１３年３月に総裁に就任した黒田東彦日銀総裁は翌４月、２％のインフレ目標（物価上昇率）を掲げて量的緩和を開始した。「量・質ともに次元の違う金融緩和を行う」と会見で説明したことで「**異次元緩和**」と呼ばれる。**世の中に供給するお金の量（マネタリーベース）を2年間で2倍に大幅に増やして人々の期待に働きかけ、デフレ経済からの脱却を目指した。**安倍晋三元首相の経済政策「アベノミクス」の第一の矢と位置づけられ、実際に株高や円安につながった。

経済政策によって成長率を高めることは難しくない。日本の実質成長率（名目成長率から物価上昇率を引いたもの）はデフレに苦しんでいた時期でも、ほとんどの先進国と同じ1・5程度で、違うのは物価の上昇率だけだった。物価の上昇率を上げるにはお金の量を増やせばいい。

お金の量と物価の関係には、いついかなるときでも成り立つ経済学の理論があり、「**貨幣数量理論**」という。ひとことで説明すると、お金とモノ（財やサービス）の関係について、**お金が少なければお金の超過需要となり、これは同時にモノの過剰供給になる**。つまりモノがあふれてモノの値段が下がるデフレになっているということだ。そこで量的緩和を導入する必要が出てくる。例えば2008年9月の**リーマンショック**以降、先進各国で量的緩和策がとられてきたのはそのためである。

この量的緩和政策をいち早く始めた中央銀行がスウェーデン国立銀行だ。ちなみにノーベル経済学賞の正式名は「アルフレッド・ノーベル記念経済学スウェーデン国立

貨幣数量理論
物価の上昇や下落は貨幣数量の増加や減少に比例するという学説。

リーマンショック
2008年にアメリカの大手投資銀行が破綻し、世界の経済が大混乱に陥った出来事。

銀行賞」といい、授賞式などは他のノーベル賞と同じように行なわれているが、ノーベルが遺贈したものではなく、スウェーデン国立銀行が設立した賞である。世界最初の中央銀行として知られ、1931年にスウェーデンを襲った世界恐慌の危機に対してインフレ目標を導入し、大恐慌からいち早く抜け出たことで有名だ。

量的緩和でインフレ率を回復させたスウェーデン

スウェーデン国立銀行は、消費者物価指数で年率2%プラスマイナス1%を目標にインフレターゲット政策を行っている。同行ホームページには、**温度計でインフレ率が示されており、1%以下は「寒い」青色ゾーン、3%以上は「暑い」赤色ゾーンになっている**。スウェーデンの消費者物価指数は、リーマンショック以降急速に低下し青色ゾーンになり、09年4月から11月までの間にマイナスに陥ってしまった。

そこでスウェーデン国立銀行はただちに量的緩和に踏み切り、国債などの買い入れによって資金を供給し、バランスシートの規模をそれ以前の3倍以上にまで膨らませた。その結果、2010年2月にインフレ率は1・2%と、目標の範囲に戻った。

当時、スウェーデン国立銀行のステファン・イングブス総裁は、次の貨幣数量式を描いて、量的緩和の効果を知るには、この式で十分だと言った。

M（マネーストック）×V（流通速度）＝P（価格）×Y（生産量）

「もしPとYが下がったらどうすればよいか。Mを上げればいい」というわけだ。

価格が下がらないように、また生産も下がらないようにするためには、マネーストックを増やすしかないという主張は、貨幣数量理論に基づいている。

流通速度
GDPを生み出すのに、貨幣が何回転しているかを示す。危機が起こると経済活動が不活発になり、Vは小さくなる

量的緩和が通貨発行益で物価を押し上げるしくみ

お金の量を増やせば物価を押し上げ、予想インフレ率が高くなる。バランスシートの拡大が重要であり、中央銀行がどんな資産を購入するかはあまり問題ではない。

前項で取り上げた「貨幣数量理論」は、**ワルラスの法則**から解釈できる。少し面倒な話なので読み飛ばしてもらってかまわないが、ワルラスの法則とは、**それぞれの家計の歳入＝歳出の予算制約式**（いついかなる場合でも歳入＝歳出となる恒等式は正しいので予算制約式 budget constraint という）**を足し算して、各財の総供給＝各財の総需要となること**をいう。お金が超過需要状態なら、お金以外の財・サービスは必ず超過供給状態になっている。逆もまた然りだ。

ワルラスの法則
経済全体の総需要価値額は、総供給価値額と等しくなる。

お金の量が少なければお金に対する超過需要が発生し、それは同時にお金以外の財・サービス等が超過供給になっていることを意味する。財・サービス等の超過供給とは、モノがあふれてモノの値段が下がるデフレのことだ。

そこで、お金を中央銀行が出せば、政府・中央銀行には**通貨発行益**が発生して（通貨を発行すれば国債の発行と違って、現金と日銀当座預金に無利子で財政支出できたことになる。この金利を節約できた分を通貨発行益＝シニョレッジという）、お金の超過供給になり、量的緩和をすれば必ず物価が上がる。政府の消費・投資、あるいは政府支出のない場合は国債償還という形で、財やサービス、労働、資産市場の需要を押し上げ、それが全体の物価を上げるのである。

ここで中央銀行が紙幣を刷ると、その分だけ利益になる。日銀は紙幣を刷ることによって、長期的には発行価額の99・8％の発行差益を得ることができる（通貨発行益）。なにしろ99・8％だから、事実上、通貨発行額にほぼ等しい利益を手にする。それを政府の税外収入（国庫納付金）にして政府支出に姿を変えて国民に移転する一つの手は、日銀に国債を引き受けさせることだ。**日銀引き受けをすると、引き受け額の額面と同じだけ紙幣を刷ったのと同じことになる。**

中央銀行の購入資産はケチャップでもいい？

お金の量が増えるわけだから、でたらめに引き受けを増やせばもちろんインフレになるが、現行法ではそうはならない。日銀は毎年、償還期限が到来したものについて国会の議決を経た金額の範囲内に限って、国による借り換えのための国債の引き受けをしている（財政法第1章第5条のただし書き）。

要は償還分だけを財務省が日銀に対して現金で支払うのだが、そのお金は市場から用立てられていて、日銀引き受け分の国債が償還されると、市場のマネーがその分減るから、そのままにしておくとデフレになる。だからその借り換え分だけ日銀が国債引き受けをして紙幣を増刷してもインフレにはならず、やっと相殺される程度だ。したがって現行の枠組みにおける日銀の国債引き受けはよく批判される**「禁じ手」**でも「麻薬」でも何でもない。

禁じ手
本来なら避けるべき非常手段。特に金融政策での規則破りの対応を指す。

これらの原理を理解すれば、中央銀行がどんな資産を購入するかはあまり問題ではなく、マネーの量こそが重要とわかるだろう。リーマン危機の際のFRB議長だったベン・バーナンキは、この点をあえて強調するために「**中央銀行の購入資産はなんでもいい。ケチャップでもいい**」と言ったのである（次節で詳述）。

量的緩和で資金が潤沢になった金融機関は金利を下げ、企業や個人にお金を貸そうとする。世の中に出回るお金が増えれば、モノに対するお金の量が増えるため、物価が上がる、つまりインフレになるという「予想」が世の中に広がる。これが「**予想インフレ率**」だ。量的緩和は「これからインフレになる」という期待を世の中に作り出す。

量的緩和が通貨発行益によって物価を押し上げることがわかると、量的緩和を行えば予想インフレ率が高くなることもわかる。リーマンショック後の各国の実例を示したのが次ページの図2－1と図2－2だ。

各国ともに、量的緩和による中央銀行のバランスシートの拡大に応じて、予想イン

図2－1　各国中央銀行のB／S推移（2006.5＝1）

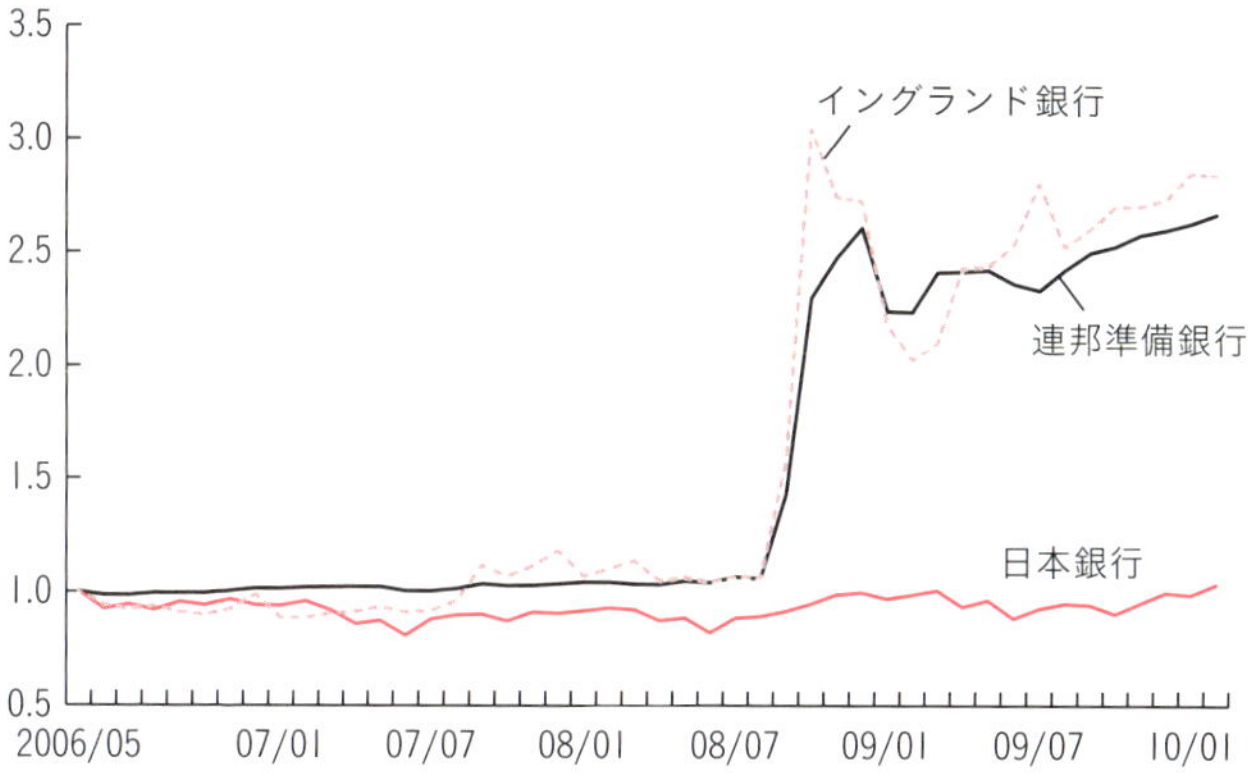

出典：筆者作成

図2－2　各国予想インフレ率の推移（2008.9＝0）

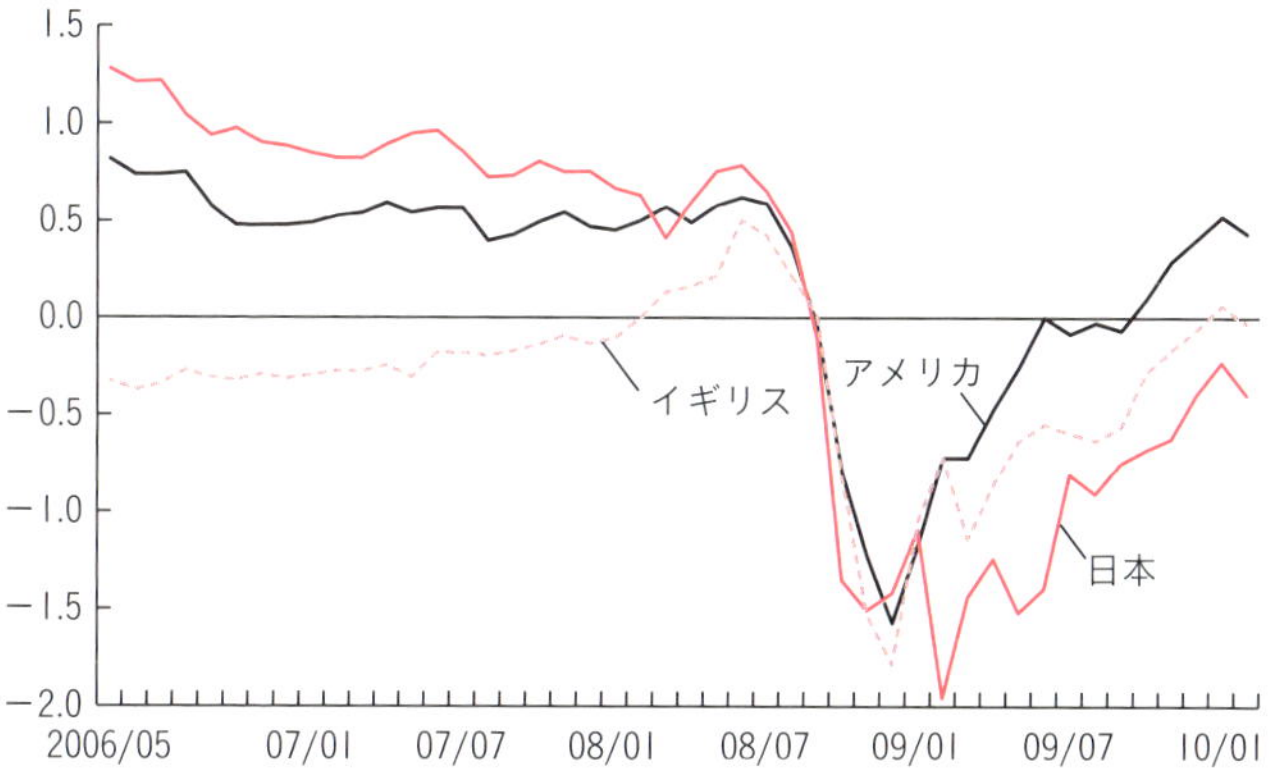

出典：筆者作成

フレ率が高くなっている。そこで名目金利が一定に維持されていると、**実質金利（＝名目金利－予想インフレ率**、詳しくは第3章）が低下する。名目金利はゼロ以下に下げられないが、実質金利はマイナスにもできる。経済不況からの脱出にあたり、マイナスの実質金利は有力な手段であり、予想インフレ率を高めることで簡単に実現できるのである。

もっとも、量的緩和で実際に景気がよくなるまでには、時間がかかる。デフレ下では資金需要がないので、すぐには貸出増とはならない。１９３０年代の大恐慌でも貸出の増加は2～3年遅れた。現実には民間金融機関を通じて、半年後から2～3年をかけてじわじわとお金が世の中に出回るようになっていく。

量的緩和で政府、中央銀行、民間銀行のバランスシートはどうなるか

量的緩和への批判に、日銀当座預金に預けっぱなしになるだけというのがあった。金融緩和のマネタリーベースへの影響を解説し、その効果を検証してみよう。

当時、黒田日銀の量的緩和に浴びせられた批判は、ゼロ金利下では日銀による国債の購入には効果がない、量的緩和しても貸し出しが伸びない状況では日銀当座預金に預けっぱなしになってしまうだけだというものだ。もう少し理論的にいうと、量的緩和をしても、バランスシートの基本論からいえば銀行の資産側の貸出は負債側の預金と連動し、表裏一体である現金＋預金の**マネーストック**が増えない、というものだ。

そこで、量的緩和の効果をミクロ的にみるために政府、中央銀行、民間銀行のバランスシート（B／S）の変化としてまとめてみよう。はじめの状態が図2－3だ。

マネーストック
中央銀行を含む金融部門全体から供給されるお金。これと区別して中央銀行が世の中に供給するお金をマネタリーベースという。

図2－3　政府・日銀・銀行のB／S

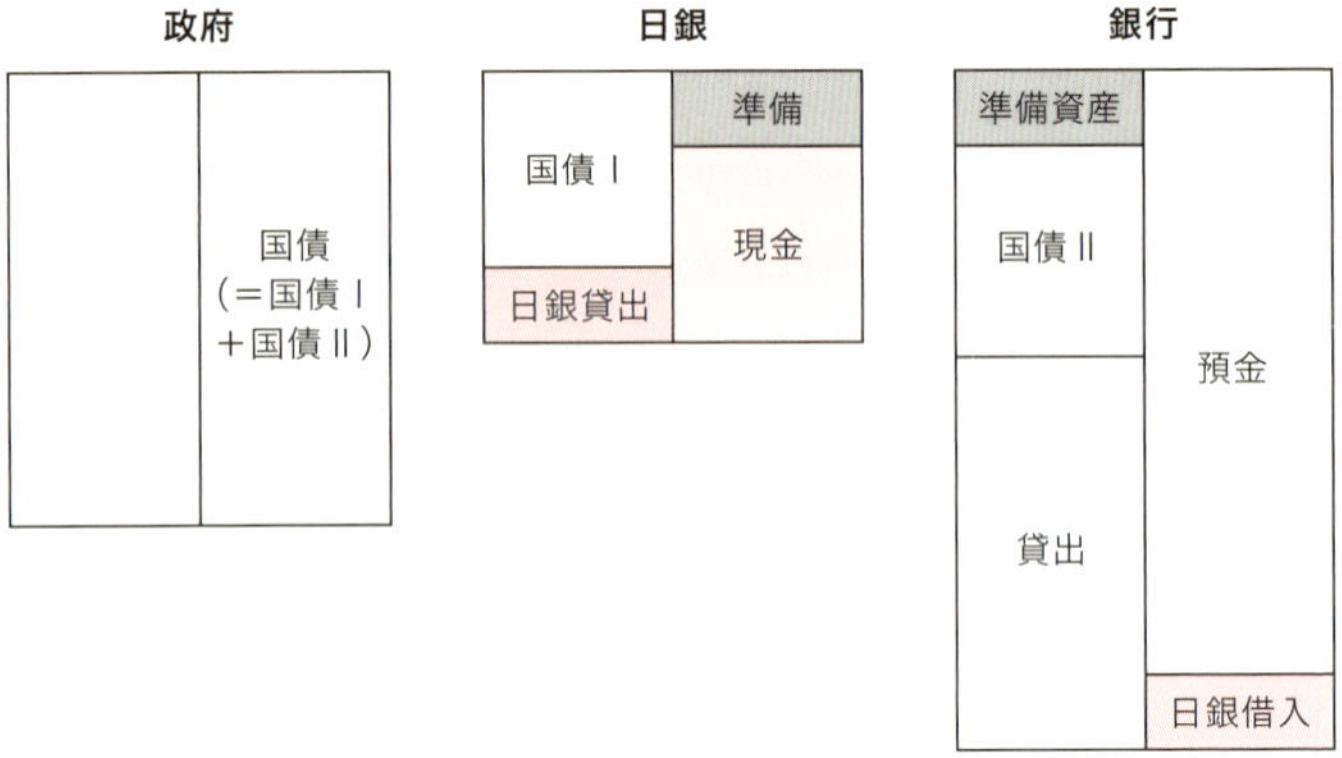

（注）国債Ⅰは日本銀行が保有する国債、国債Ⅱは民間銀行が保有する国債を表す。
出典：筆者作成

日銀が民間銀行からの国債購入によって、量的緩和を行った場合、日銀は購入資金を民間銀行が保有する日銀当座預金に振り込むので**準備預金**が増加し、それと同額の保有国債が増加する。一方、銀行では準備預金が増加するが、その分銀行の保有国債が減少する。その結果、日銀と銀行のバランスシートが変化し、図2－4になる。

日銀が金融商品（**ETF**＝上場投資信託）などのリスク資産購入による量的緩和を行った場合でも変化があり、それが図2－5だ。

その上で、現金＋預金というマネーストックがどのように変化するかをみるために、日銀と銀行を統合したバランスシートを作ってみた（図2－6、図2－7）。

準備預金
銀行が万が一に備えて中央銀行に預けるお金。

ETF
上場投資信託のことで、株式市場で取引される投資信託。株のように簡単に売買でき、少額から分散投資が可能。

図2－4　量的緩和（国債購入：国債Ⅰ増・国債Ⅱ減）

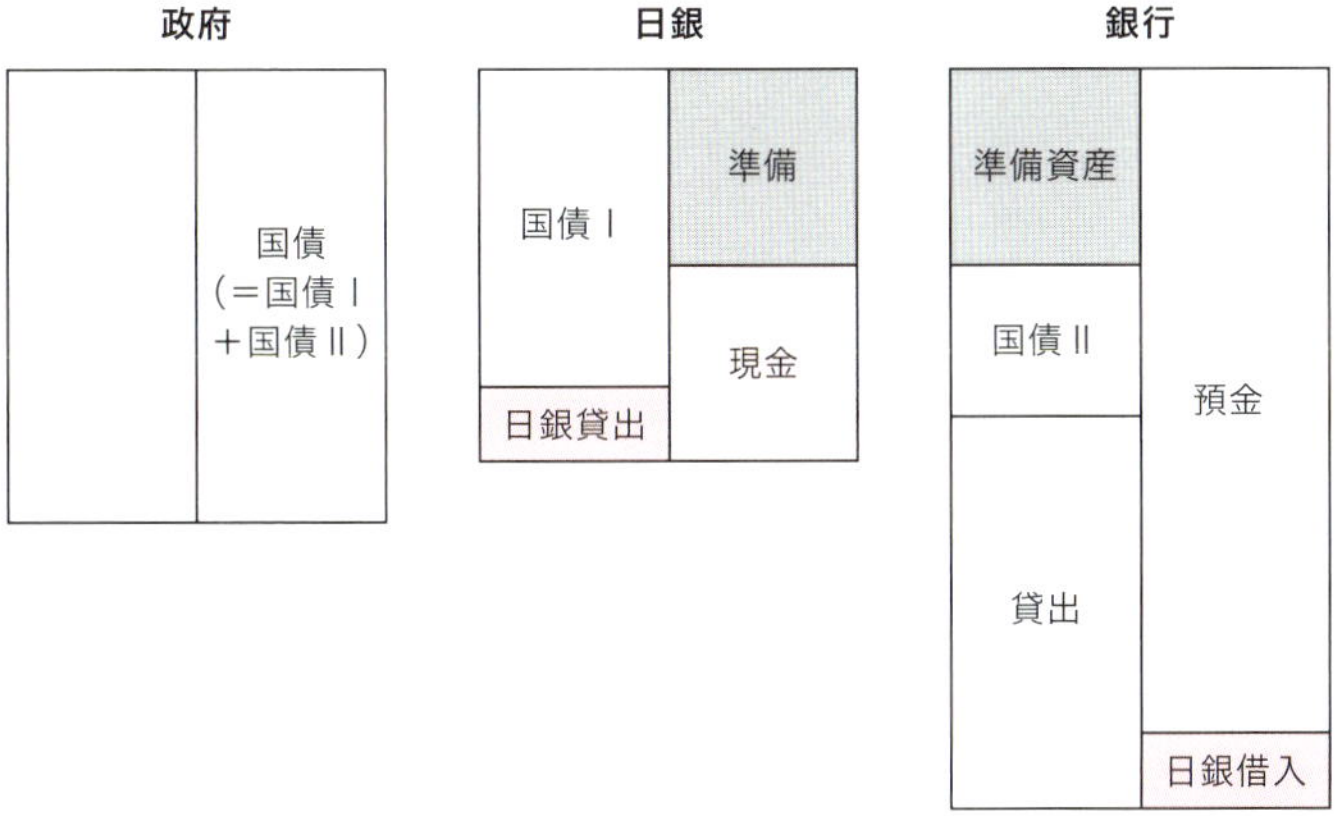

出典：筆者作成

図2－5　量的緩和（リスク資産購入：■部分）

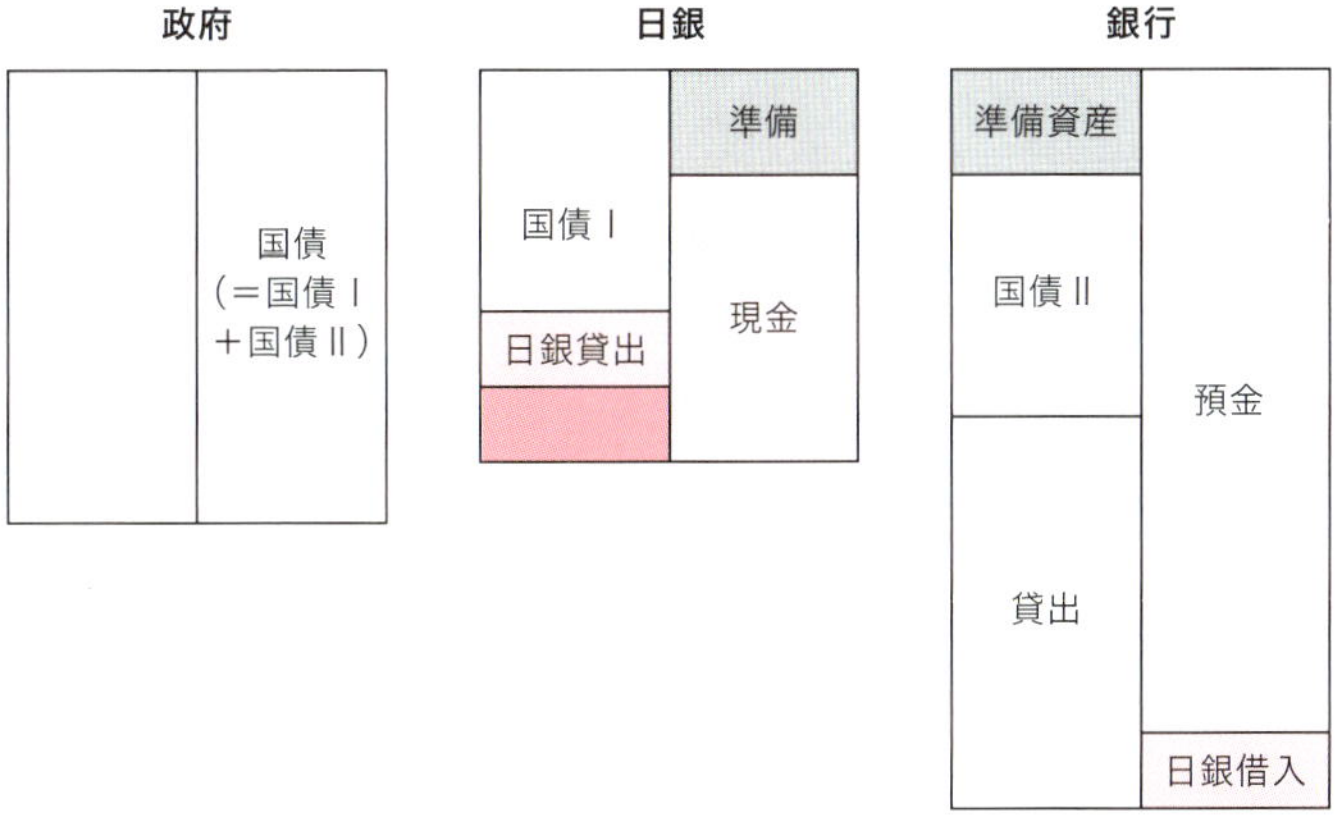

出典：筆者作成

図2－6　量的緩和（国債購入：国債Ⅰ増・国債Ⅱ減）

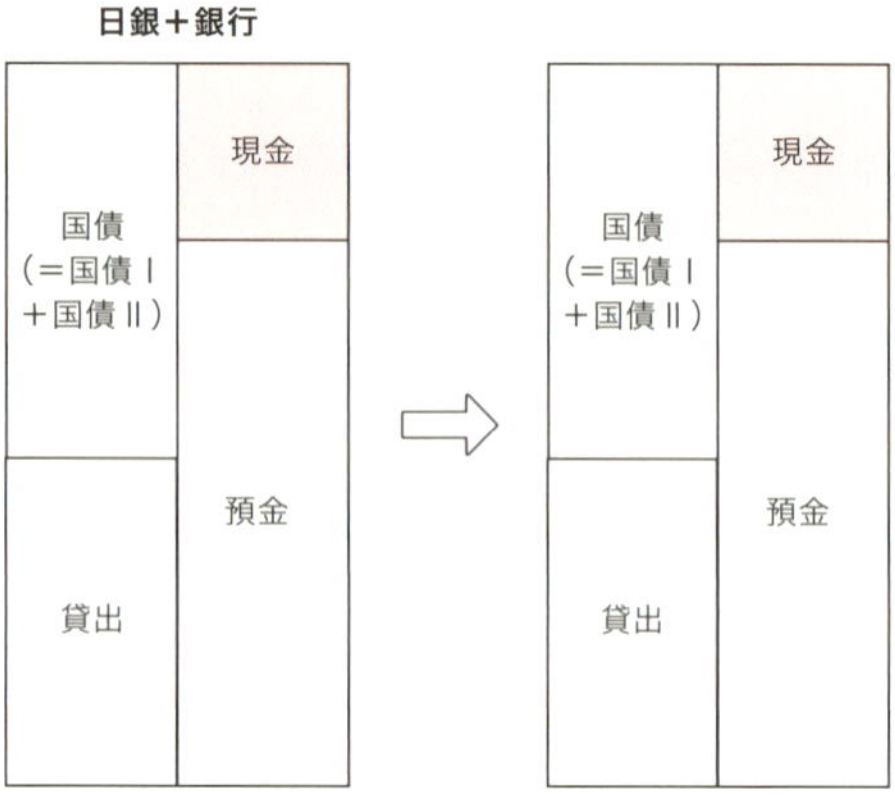

（注）日銀準備と民間銀行の準備資産は相殺されるので消える。
出典：筆者作成

図2－7　量的緩和（リスク資産購入：■部分）

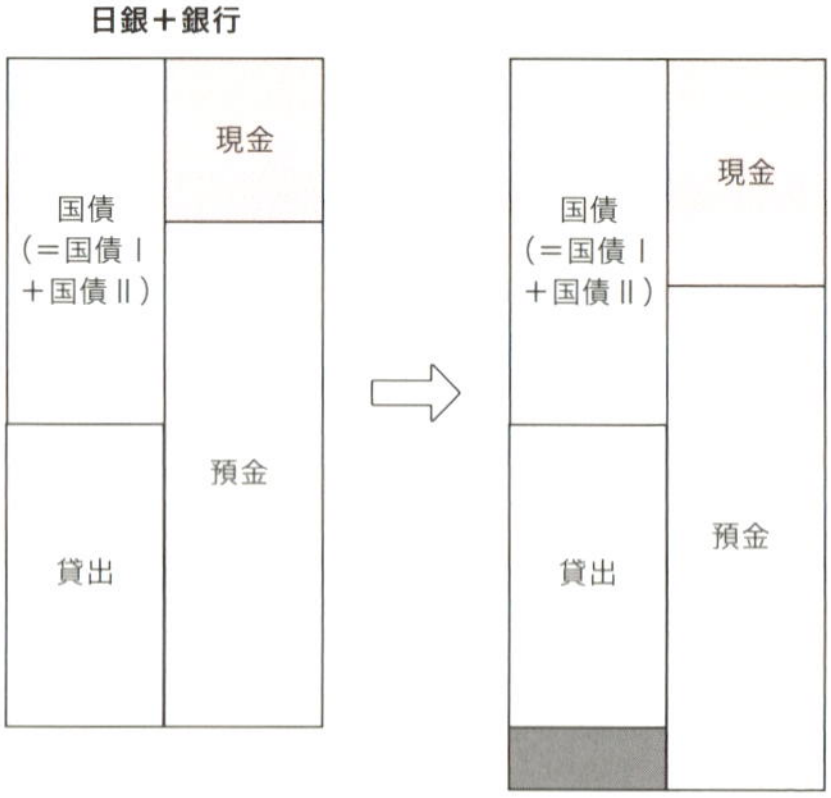

出典：筆者作成

ここで、現金＋預金というマネーストックに着目しよう。国債購入による量的緩和の場合にはマネーストックは変わらず、リスク資産購入による量的緩和の場合にはマネーストックが増えていることから、懐疑論が主張するように前者には効果なし、後者には一定の効果ありとなるようにみえる。

果たしてそうか。ここで思い出すのは「**バーナンキのケチャップ**」（64ページ）である。中央銀行が購入する資産はなんでもいいという意味だ。私は1998～2001年までプリンストン大学にいた。そのとき経済学部長だったのがバーナンキ教授で、大変親しくさせてもらった。

その当時、プリンストン大学では、バーナンキのほかに**アラン・ブラインダー**、マイケル・ウッドフォード（現コロンビア大学）、ラース・スベンソン（元スウェーデン中央銀行副総裁）、そして2000年から**ポール・クルーグマン**が加わり、毎週セミナーで侃々諤々《かんかんがくがく》の議論が行われていた。筆者もそれに参加していたが、「ケチャップ」という発言をする者もいた。それについて、バーナンキを含めて誰も否定しなかったので、いつしか、バーナンキのケチャップといわれるようになった。

その根幹は、前節で書いた通貨発行益（シニョレッジ）であり、これこそ中央銀行を

アラン・ブラインダー
アメリカの経済学者で、中央銀行の政策や金融危機に関する研究で有名。

ポール・クルーグマン
アメリカのノーベル賞受賞経済学者で、貿易や金融政策に関する分析で知られている。

図2－8　量的緩和（国債購入：国債Ⅰ増・国債Ⅱ減）

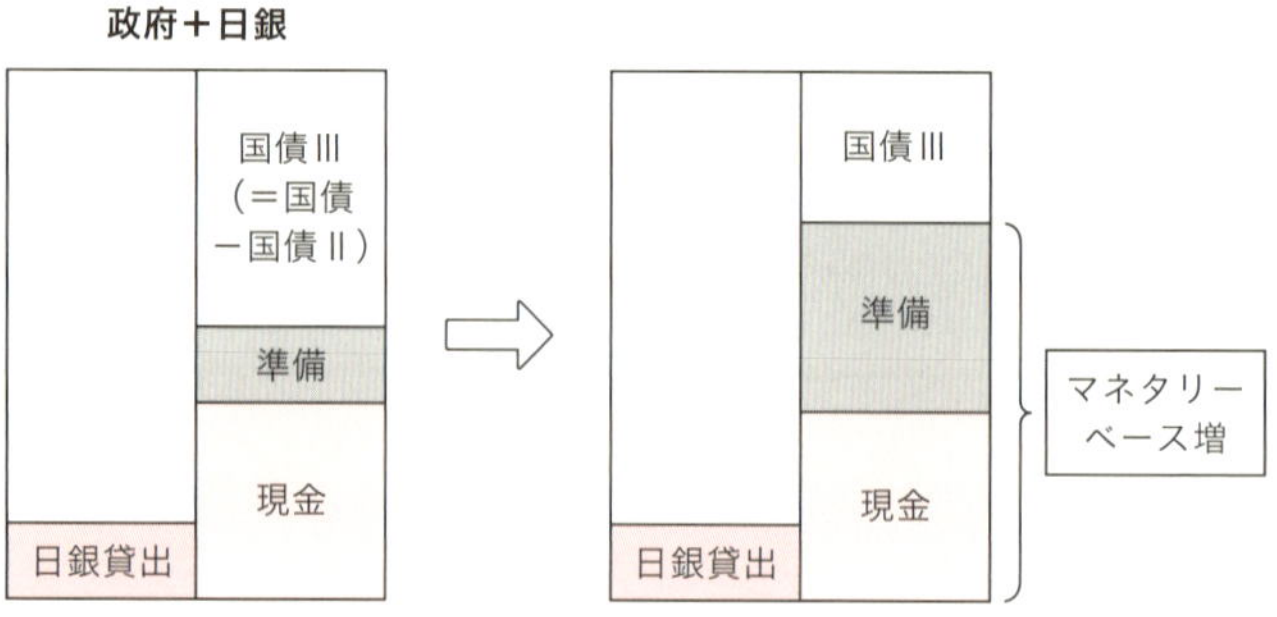

出典：筆者作成

他の銀行と区別する本質的な違いである。**金融政策の伝播メカニズムを正しく理解するためには、中央銀行が得る通貨発行益がどのようになるかについての知識が必要**だ。

そこで、前章でも見た日本政府と子会社である日銀との統合バランスシートを作ってみよう。経済学では統合政府という表現で、政府と中央銀行を統合して考える。統合バランスシートの場合、日銀のバランスシートでは資産にあった国債は、政府の国債の一部と相殺されて、残りが負債となっている（国債Ⅲ＝国債－国債Ⅱ）。国債購入による量的緩和の場合には、準備は増加するが、その分国債は減少し、図2－8となる。

これは、**日銀が国債を銀行から購入する結果、広い意味での政府（統合政府）の債務としての国債は減**

少し、準備が増加するわけだ。日銀が保有する国債の利払いは政府が行うが、それは日銀から政府への納付金になる。また、日銀の保有する国債の償還期限がきても乗り換える。こうして、政府の実質的な債務が減少したと考えられる。その一方で準備が増加する。これは現金と同じであるので、マネタリーベース（準備＋現金）の増加を招く。

このプロセスを細かくみてみよう。国債購入による量的緩和を行うと、次の期には、国債購入額に利子率をかけた額だけ、日銀から政府への納付金が増える。それは日銀が国債を保有している限り続く。そこで、それらの現在価値の総和をとると、国債購入額に等しくなる（諸費用を除く）。これが「**通貨発行益**」だ。

なお、金利がゼロなら貨幣と国債は完全代替物となるといえるが、実際には金利はゼロではない。だからこそ、マネタリーベースのところは通貨発行益が発生するが、国債には発生しないのだ。マネタリーベースの増加額が通貨発行益になる。

そこで、リスク資産購入による量的緩和をみてみよう。次ページの図2－9だ。やはり、マネタリーベースは増加しているが、一方で資産にリスク資産がのっている。

通貨発行益
日銀券の発行と引き換えに、保有する有利子の資産（国債、貸出金等）で発生する利息収入。

図2－9　量的緩和（リスク資産購入：■部分）

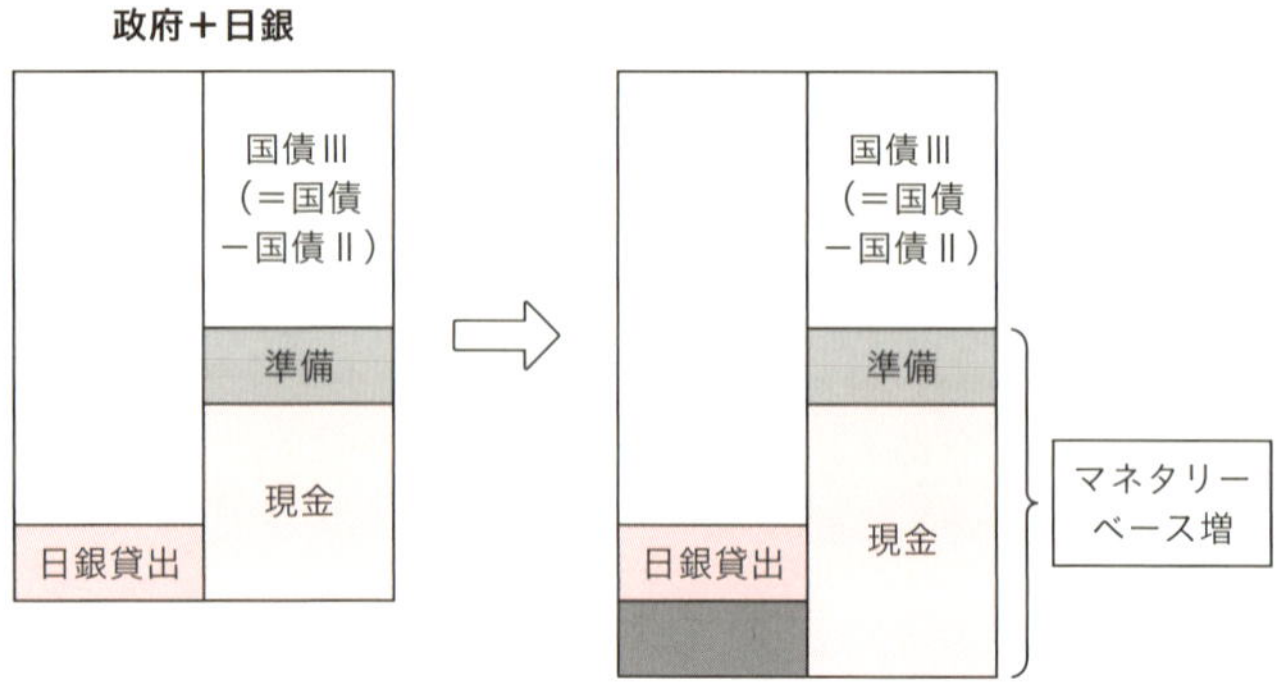

出典：筆者作成

ここで注目すべきは、国債購入による量的緩和の場合とリスク資産購入による量的緩和の場合の比較である。ともに、マネタリーベースは同額増加し、同じ通貨発行益を得ている。

要するに、**注目すべきマネーストックは現金＋預金ではなく、マネタリーベース（準備＋現金）である。なぜならそれが通貨発行益の源泉であるからだ**。このマネタリーベースの増減は、量的緩和で購入対象資産を何にするかとは無関係である。これがバーナンキのケチャップだ。マネーストックとして現金＋預金をみていると、通貨発行益を見落としてしまう。

そして、この通貨発行益の大きさによって、予想インフレ率が高まる。どのような経路であっても、通貨発行益が経済の非マネー財（モノやサービス）の需要を押し上げるからだ。そして、それが実質金利の低下になって設備投資を促し、総需要を押し上げる。

ただし、実際に量的緩和の効果が出て予想インフレ率が上がるまでには、さまざまなタイムラグ（時間の遅れ）があることを考慮しなければいけない。実質金利が下がってもすぐに設備投資は増えず、貸し出しが増え出すのはさらに遅れる。いまの日本企業は内部資金で設備投資をなんとかまかなえるので、外部資金には依存しなくてすむからだ。

以上の原理がわかれば、**マネタリーベースを増加させると統合政府の国債は減少し、インフレにもなる**ことがわかるだろう。そこで、統合政府として、高すぎず低すぎずというインフレ目標が必要になることもわかるはずだ。

中央銀行の独立性は手段の独立性に限られる

政府が日銀に対してインフレ目標を求めることが中央銀行の独立性に反するという批判がさんざんなされたが、間違いである。

前項のように、政治主導で政府が日銀に対して適切なインフレ率の目標を与えることが重要になる。しかし当時、一部マスコミの報道では、政府がインフレ目標を日銀に求めることが、あたかも中央銀行の独立性に反するかのように問題視された。これは「目標の独立性」と「手段の独立性」の違いを知らない不勉強な議論だった。

政府がインフレ目標を与えたあとは一切関与しない、つまり中央銀行が干渉を受けずに適切な金融政策を好きなタイミングで好きなように実施できる「手段の独立性」が、日銀の責任を明確化するためにも重要である。途中で政府が介入すれば日銀に責

任を取らせることができなくなるからだ。

ちなみに金融緩和で日銀が財務省から国債を買い取ることについても、マスコミや一部政治家からの批判が強かった。かなり昔の話になるが、私は大蔵省で国庫関係（政府資金の管理など）の仕事をしていて、国庫と日銀間の取引に関わっていたが、日銀の担当者は日銀が保有する国債を「こんなものは早く大蔵省に返したい」といつも言っていた。

金融緩和のためには日銀のバランスシートの資産を増やさないといけない。一番手っ取り早い資産は国債を買うことだが、国債を買うためにお金を出すと日銀のバランスシートの負債が増えるから、日銀は本能的に嫌がる。国債を買うことは財務省を手助けすることで、日銀の人は財務省への対抗心からそれを「負け」だとみなす風土があった。逆に金融引き締めでお金を減らすことを「勝ち」とみる文化というかDNAがあるのだ。

日銀が引き締めに走ったのは財務省への対抗意識からだった

日銀にとって国債を買うのは財務省に屈服することだが、表立ってはそういえないので、「財金分離に反する」というなんとなくかっこいい言い方をしていた。「財金分離」とは財務省と金融行政を分離するという意味であり、実際に大蔵省は財務省と金融庁に分割された。ところが「金」を金融政策にすりかえて日銀の独立性の必要性を主張するロジックにしたわけだ。

しかし、世界の中央銀行の金融緩和は国債を買うことで行われており、国債を買うことが財金分離に反するなどとはまったくいえない。むしろ「日銀は国債を買うな」と主張するほうが手段の独立性に反してしまう。結局、**財務省への対抗意識から黒田総裁以前の日銀は国債を買わず、お金の量を減らす引き締めに走りデフレを放置した。**

日銀の独立性は、政府目標の範囲内で手段を講じる手段の独立性に限られる。これは、中央銀行が政府の子会社である以上当然の話だ。日銀の活動は日銀法で規定され、日銀予算であっても政府認可という法律の下で行われて、納付金も政府予算の歳入の一部になっている。いずれにしても、法律も政府予算も国会の議決の範囲内におさまっている。ということは、国会統制の下では、「財金分離」のように何が金融政策で何が財政政策かを議論する意味がそもそもないのである。

金融政策は雇用政策である

金融政策の目的はインフレ目標の達成よりも雇用増と失業率の低下だ。異次元緩和の成果もその点で評価されていい。

次に、日銀が掲げるインフレ目標がなぜ2％になるのか、その根拠について解説する。インフレ率が上がると、物価が上がり、失業率は下がることになる。インフレ率と失業率を同時に見ることが経済において非常に重要だ。このことは物価と失業率の関係性を示す「**フィリップス曲線**」としてよく知られている（図2－10参照）。

図でわかる通り、物価が低いとき、つまりインフレ率が低いとき、失業率は高くなる。逆に物価が上がっているとき、つまりインフレ率が高いとき、これは景気がよいということなので、失業率は低くなる。**物価と失業率は反比例の関係性がある**のだ。

フィリップス曲線
物価上昇率と失業率の関係を示す右下がりの曲線。

図2－10　マクロ政策・フィリップス曲線

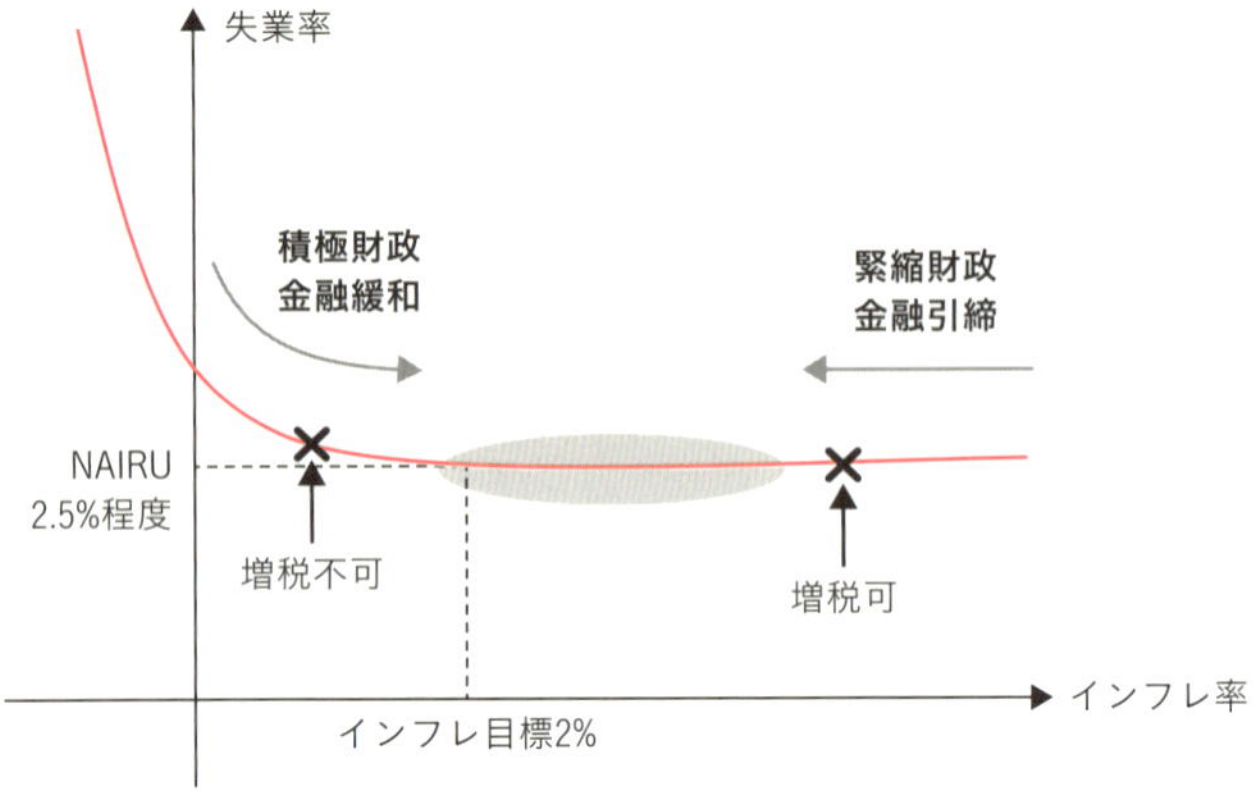

出典：筆者作成

もう一つフィリップス曲線で重要なことは、失業率はゼロにはならないということだ。インフレ率を上げていけば失業率は下がるが、ゼロまでは下がらず、どこまで下げられるかは国による。だが、**ある一定の数値まで下がったらインフレ率がいくら上がろうとも、失業率の数字は下げ止まったまま変わらなくなる**のはどの国においても共通する。

この現象を「**NAIRU**（Non-Accelerating Inflation Rate of Unemployment）＝自然失業率」と呼ぶ。インフレを加速させない最低水準の失業率のことだ。日本の場合、もっとも失業率が低くなるときで2・5％くらいとされている（アメリカでは4％程度とされる）。2・5％で失業率は下げ止まり、景気もそれ以上よくはならない。それなのに物価ばかりが上がるのは問題だから、インフレ率をそれ以上、上げる必要はなくなるのだ。

失業率が2・5％近くまで下がったとき、インフレ率は何％になるのか。これが、2％なのである。「インフレ目標2％」という数字は、ここからきている。失業率が下限に達するときの物価上昇の推計値が2％という意味だ。

NAIRU
自然失業率（インフレを上昇させない失業率）。インフレ率が安定する最低水準の失業率を指す。

インフレ目標は失業率の下限目標と同じ

そこで、金融政策は80ページの図2－10の楕円部分を目指せばいいことになる。**失業率が下限に達するまでは金融緩和を続けるべき**、ということだ。インフレ目標の2％とNAIRUの2・5％が交わる点が目指すべき最適点となるが、ピタリと合わせることはできない。インフレ率が2％を越えても失業率はそれ以上下がらないから、多少の上昇幅は許容されるが、**2％を大幅に超過して景気が過熱してしまうようなら、金融引き締めや増税による緊縮財政が必要になる**。

逆にインフレ率2％を達成したからといってすぐに金融緩和を止めて引き締めに転じてしまうと、失業率が上がってしまう。だからインフレ率が2％を越えても多少の幅は許容され、楕円形になるのである。

したがって、金融政策には失業率を下げて、雇用を確保する政策としての側面がある。図2－10でみたように、インフレ率と失業率は反比例する関係性があり、

NAIRUがあるので、**インフレ目標というのは「下限の失業率目標」ともいえる**のである。

日本では日銀の仕事は物価の安定だと考えられていて、雇用の確保は中央銀行の仕事ではないとされてきたが、米FRB（連邦準備制度理事会）は雇用者数を増やし失業率を下げるために金融政策を行っている。金融政策は雇用政策であり、失業をなくせると正しく理解していた当時唯一の日本の政治家が、安倍晋三首相だったのだ。

2023年4月、10年続いた黒田日銀総裁の任期が終わると、マスコミは「インフレ目標が達成できなかった」と騒いだが、勘違いである。**2%のインフレ目標はプラスマイナス1%が許容範囲といわれ、2%に固定されたものではない。**黒田時代の日銀（2013年4月〜23年3月）と前任者の白川方明総裁時代（2008年4月〜13年3月）を比較すると、消費者物価の平均は白川時代が0・3%の下落であったのに対し、黒田時代の平均は0・8%の上昇だった。特に2014年4月と2019年10月の2度にわたる消費増税とコロナ禍の影響が痛かった。金融緩和に反対するエコノミストの中には日銀による国債の買い受けで**ハイパーインフレ**になると騒いだ者もいたが、現実はその逆だったわけだ。

金融政策の最大の目標である雇用はどうだったか。

失業率の平均は、白川時代が4・6％、黒田時代が2・9％で、就業者数は白川時代に約100万人減少したが、黒田時代に400万人以上増えたことは成果だ。

株価も、1万2000円台だった日経平均が2万8000円台に急騰した。その原動力になったのは円安であり、94円だったドル円相場は136円になった。株価が上がり、雇用が増えたことで黒田日銀は一定の成果をあげたといえる。

ハイパーインフレ
物価が異常な速さで上昇する現象。経済が混乱し、通貨の価値が急落する。

第 3 章

金利の基礎知識
日銀の金利操作による金融政策

長くデフレに苦しんできた日本では、金利がゼロに近い時代が続いたため、金利が動くようになって混乱が発生している。金利が上がる時代に備えるためにも、金融政策における日銀の役割の重要性を理解しておく必要がある。

金利とは何か

金利を上げ下げするとなぜ景気に影響するのか。短期金利と長期金利、日銀当座預金の準備金とあわせて解説しよう。

金利の最もシンプルな定義は、**お金を貸したり借りたり、預けたりしたときに一定の利率で支払われる対価（見返り）**である。

私たちが個別の金融商品を持っている場合、「利息」や「利回り」という用語が使われることが多い。例えば預金があれば「毎年受け取る利息は○円だ」という。これはお金を貸し借りした利息の額を指していて、通常は年単位で発生し、「利子」とも呼ばれる。

株式や債券などの金融商品については、投資した元本の一定期間後の収益率の割合を「利回り」という。投資家にとっての実質的なリターンを表す用語だ。例えば一株あたりの一年間の配当金を現在の株価で割れば「配当利回り」が計算できる。

利息や利子がどれくらいの割合で発生するかの利率が「金利」である。例えば100万円を借りた返済利息が1万円なら、金利は1％という計算になる。利息が元本にのみ発生する場合の計算方法を**単利**、すでに発生している利息を元本に組み入れて計算する場合を**複利**という。

金利は信用リスクを表す場合もある。お金の貸し手が借り手を、返済しないリスクがあり信用度が低いと評価した場合、金利は高くなる。金利が高いと、返済利息が増えるので、住宅ローンを借りたい個人や融資を受けたい企業は金融機関からお金を借りにくくなる。逆に金利が低いと、企業は積極的にお金を借りるようになって、設備投資や新規事業に使うようになるので、経済が活性化する。

だから中央銀行は、金利を上下させながら貨幣の量を調整し、景気対策として政策金利を操作するのである。**政策金利（短期金利）とは資金の貸し借りの期間が1年未満の短期資金に適用される金利であり、日本なら日銀が決めている**。なぜ短期金利を決められるかといえば、お金をどれくらい刷るか決めているのが中央銀行だからだ。

金利が変動するしくみ

民間金融機関は日銀の当座預金に「**法定準備金**」という積立金を預けておくことが義務付けられている。これは何かというと、日銀当座預金には金融機関同士の取引、日銀との取引、政府との取引の決済口座の役割がある。金融機関は企業や個人からお金を預かっているが、その預かり資産の一定比率以上を日銀の当座預金に預け入れて、必要な決済や引き出しに備えた準備金としているわけだ。

この当座預金の残高は、日々の取引のために変動している。ときには法定準備金を割りそうになることもある。すると金融機関は、他の資金豊富な金融機関から瞬間的にお金を借りて補う。ここでよく使われるのが、**金融機関同士で資金を融通しあう「無担保コール翌日物」による調達で、簡単にいうと「今日借りて、明日返す」という、償還期間がたった1日の短期金利である。日銀が決める政策金利とは、この無担保コール物の金利を指す**。

無担保コール
担保を取らずに、銀行同士が短期間お金を貸し借りすること。主に資金の一時的なやりくりに使う。

これに対して、長期金利の水準は基本的に市場が決める。**長期金利とは期間が1年以上の金利であり、代表例としては政府が国民に借金をする債券「10年物国債」の金利で、世の中のお金の動きを実際に動かしていくのはこちら**だ。

なぜなら、銀行の貸出金利や住宅ローン金利はこの長期金利に基づいて決まるからである。設備投資や住宅ローンの金利が下がれば、企業や個人がお金を借りやすくなって、金回りがよくなり経済が活性化する。

長期金利がいくらになるかを決めるのは市場であり、日銀が直接決めることはできない。もちろん短期金利を動かせば長期金利も動くが、実際に長期金利がどのくらいになるかは、将来の物価変動や市場の先行きなど、現在では不確実な要素に大きく左右される。

市場は現在の短期金利をベースに、1年後の金利はどうなっているか、2年後は、3年後は……と予想して**長期国債を取引した結果、10年後の金利をいま市場平均ではどう考えているのか、という数字が長期金利となる**。将来は短期金利が上がるとマーケットが予想すれば、長期金利も上がっていくし、逆にデフレ時代の日本のように、不景気が続いて経済の見通しが暗いままなら、長期金利は最低水準に張りついて上がらない。

日銀は世の中の景気を見て短期金利を決める。景気が悪いと判断して政策金利を下げれば、民間金融機関はより安い利子で資金調達ができるようになる。するると、金融機関は企業や個人に貸し出す際の金利を下げて、融資を増やそうとする。お金を借りたい企業や個人は借りやすくなって、ローンを組んだり設備投資に回したりする。政策金利は景気を動かす大きな推進力となるのである。

金利とお金の量は連動する

金利で一番重要なのは、世の中のお金の量と表裏一体で動くこと。中央銀行は金融政策の2つの手段で経済を動かすことができる。

金利と世の中のお金の量は、つねに表裏一体である。金利が下がればより多くの人がお金を借りるようになってお金の量は増え、金利が上がればお金が借りにくくなってお金の量は減る。お金が増えれば金利は下がるし、お金が減れば金利は上がる。世の中のお金の量と金利は連動して動いているわけだ。

これは第1章の物価のところで見た需要と供給の関係と同じ理屈で、**金利が下がるとより多くの人がお金を借りるようになるから世の中の貨幣需要が増え、貨幣量が増える**。日銀は世の中の貨幣需要に応じてお札を刷る量を決めるから、**金利が下がると**

お金の量は増え、金利を上げればお金を借りる人が減るから、世の中の貨幣需要は減り、貨幣量は減る。

日銀が量的緩和をすると金利が下がる

日銀は世の中の貨幣需要に直接、手を加えることはできないから、左図3－1で示したように需要曲線の上を金利Pが上下するだけとなる。Pを動かすことで貨幣量Qを動かすわけだが、もう一つ、貨幣量を動かすことで金利を動かす方法もある。

それが図3－1の垂直のグラフである「日銀供給」だ。日銀によるお金の供給のことで、右側にシフトすれば金利は下がる。なぜかというと、日銀がお金を増やす（前章の量的緩和）と、民間金融機関の日銀当座預金の残高が増える。お金を潤沢に持つようになったので、金融機関はお金を貸したいと考える。融資の供給が増えるから貸す側の金利は下がる。**日銀が量的緩和をすれば金利が下がる**、と覚えていただきたい。

逆に金融機関の資金が減ると、供給が減るから金利が上がっていく。以上のように日銀は、金利と日銀供給のいずれかを動かすことで、世の中に出回るお金の量を調節で

図3－1　世の中の貨幣の需要曲線

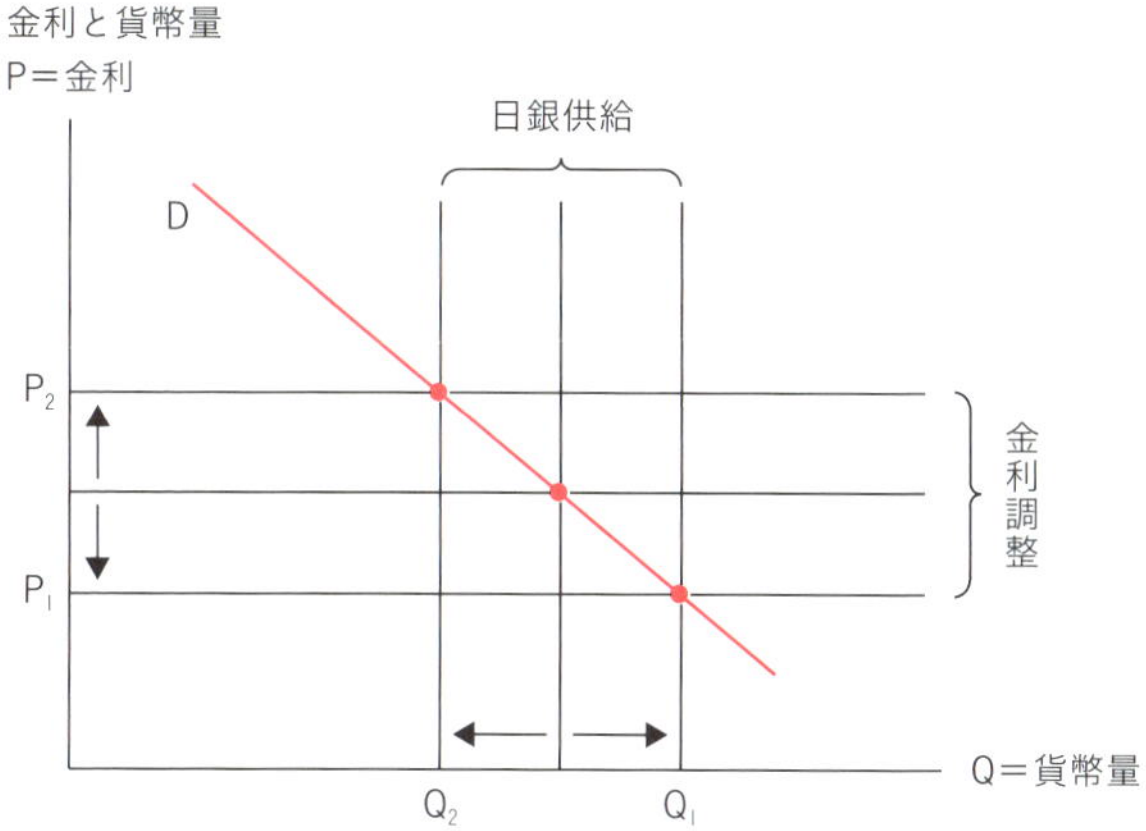
金利と貨幣量
P＝金利
日銀供給
D
P_2
P_1
金利調整
Q＝貨幣量
Q_2
Q_1

出典：筆者作成

きる。図でいえば垂直線を移動させる（日銀供給の調整）か、平行線を移動させる（金利の調整）かの違いだ。

日銀がお金を供給すればするほど(日銀供給が右へシフト)、金融機関にお金が潤沢に回る。
すると金融機関はお金を貸したいと考えるので、金利は下がる。

実質金利と名目金利

金利を下げるとなぜ景気刺激策になるのか。アベノミクス時代の日銀の政策を事例に見てみよう。

中央銀行が決める政策金利は物価変動やインフレの影響を考慮しない**名目金利**で、貨幣価値の変動を正確に反映していない、額面の利子である。

例えば100円に1%の利子がついている場合、100円そのものの価値が変われば利子分の1円の価値も変わる。物価が上がれば、利子の1円で買えたものが買えなくなるかもしれない。額面にすぎない名目金利では、この物価の変動をとらえきれないので、実情を反映するために、名目金利からインフレ率（物価上昇率）を引いた**実質金利**の考え方が登場する。

実質金利は、**名目金利－インフレ率**の計算で求められる。

・名目金利が2％、インフレ率が1％の場合、実質金利は2％－1％＝1％となる。
・名目金利が1％、インフレ率がマイナス0・5％のデフレ状態の場合、実質金利は1％－（－《マイナス》0・5％）＝1・5％となる。
・名目金利が0％、予想インフレ率が2％の場合、実質金利は0％－2％＝マイナス2％となる。

このように、そのときどきの物価の動向次第で、名目金利が2％でも実質的には1％、名目金利が1％でも実質的には1・5％ということも起こるし、3つめのように名目金利はゼロでも実質金利がマイナスになることもある。

なぜ金利を下げることが景気回復につながるのか

金利が下がるとお金を借りる人が多くなり、世の中に出回るお金が増えると先に述べたが、デフレによる不景気のときの政策として、とにかく金利を下げることが景気回復のカギになってくる。そこで重要なのが、実質金利を下げてくれる**予想インフレ率**であり、これを高くすれば実質金利は下がる。

では、どうすれば予想インフレ率は上がるだろうか？　まず日銀が「2年後に、2％のインフレにします」などと宣言する「**インフレターゲット**」が一つ。次に、目標を掲げるだけでは「口だけ」になってしまうので、日銀は金融機関の日銀当座預金の残高を増やし、この目標を達成する「量的緩和」を実行するのである（前章でみたように、量的緩和とは日銀が市場に供給する資金の量を増やすこと。この「量」とは日銀当座預金と世の中に出回っている貨幣をあわせた総額のことで、マネタリーベースとも呼ばれる）。

量的緩和で資金が潤沢になった金融機関は金利を下げ、企業や個人にお金を貸そうとする。世の中に出回るお金が増えれば、モノに対するお金の量が増えるため、物価が上がる、つまりインフレになるという「予想」が世の中に広がる。これが「予想インフレ率」だ。量的緩和は日銀当座預金を増やすことで、「これからインフレになる」という期待を世の中に作り出し、結果的に実質金利を引き下げる政策なのである。

よく「金融緩和には限界がある」と主張する専門家がいる。その根拠は、名目金利はゼロ以下には下げられないから、ゼロに下がった時点でそれ以上の緩和効果は出ない、という理屈だが、ここまで述べてきた通り、**名目金利はゼロ以下にできなくても、量的緩和によって日銀が供給するお金の量を増やし、予想インフレ率を高くすることは可能**だ。

政策金利（名目金利）を日銀が決め、予想インフレ率も日銀が操作できるので、実質金利もある程度、日銀が決めていくことができる。それほど日銀の景気を動かす役割は大きい。

金融緩和の結果、お金を借りる人が増えれば、長期金利は高くなる。長期金利が上がっていくことは景気がよくなっている証拠で、逆に景気が悪くなると金利は下がっていく。国債の金利がどう推移するかを長期的に見れば、その国の成長率とあまり変わらなくなる。

そこで、国債の金利が上がるのを抑えておくと、経済は成長する。いま金利が低いうちにお金を借りておけば設備投資に使えて、さらに稼げると多くの人が考えるからだ。2016年1月に、黒田東彦氏が総裁だった日銀はマイナス金利の導入を決め、金融機関が日銀に預ける当座預金の一部にマイナス0・1%の金利を適用した（後の節で解説する）。

さらに同年9月、日銀は長期金利目標と組み合わせた、長短金利操作を導入した。10年物国債の長期金利がおおむねゼロ%程度で推移するように買い入れを行うことで、短期と長期の金利全体の動きをコントロールする政策であり、**イールドカーブコントロール**と呼ばれる。

これはどういうことかというと、日銀が指定した利回りで金融機関から国債を無制限に買い入れることで、仮に国債を売る動きがあっても日銀がすべて決まった金利で買い取るため、金利上昇をブロックできるはずだった。国債を売却した金融機関は現金を受け取り、市場に国債の供給量が増えるため、長期金利は理論的には下落傾向となる。また、この買い入れで長期金利が下落すると、円の利回りも低下するため、為替相場が円安傾向となり、16年9月の101円台が同12月には116円台に急激に変動した（円安のメリットについては第4章で詳しく論じる）。

イールドカーブコントロール（YCC）
中央銀行が特定の年限の国債利回り（通常は10年）の金利を目標とし、その水準に維持する政策のこと。利回りが目標を超えそうなときは国債を買い、低くなりすぎると売ることで、長期金利を安定させ景気や物価をコントロールしやすくする狙いがある。

金融緩和をするとなぜ円安になるのか

金融緩和はお金(円)の供給量を増やすから、ドルに対して円が相対的に多くなり、円安になる。為替介入だけでなく金融緩和でも為替レートを動かすことができる。

金融緩和でなぜ円安になるかについても、シンプルに解説しておこう。為替は次の第4章で詳しく説明するが、**ある通貨と他の通貨との交換比率**で決まる。

例えば日銀が金利を下げたり、お金の量を増やしたりして、世の中に出回るお金の量を増やせば、通貨である円の「量」が増える。以前と比べて、ドルに対して円が多い状態になるということだから、円の価値が下がり、円安となる。円安になれば輸出が伸びる。**金融緩和そのものが円安に振り向ける政策だと考えていい**。

長期的に見れば、為替レートは中央銀行が市場に供給する円の量をドルの量で割り算をした数字で、1ドルが何円くらいになるかはだいたい収斂《しゅうれん》していく。では短期的な為替レートがどう決まるかというと、通貨の需要と供給がポイントとなる。

よく「円に買い注文が集中して円高になった」などとニュースで言っているが、「円が買われる」といっても、誰かがドルの札束を出して、円の札束を「買っている」わけではない。実際にはドルを円に替えて、円建ての資産を買っているのだ。

そこで売買されているのは、ほとんどが国債である。例えば米国債を売って日本国債を買うことを「ドルを売って円を買う」と報じられているのだ。したがって、**日々の為替変動は、どれだけドル建てや円建ての資産が売り買いされたかのバランスで決まる**わけだ。

金融緩和で円安方向に誘導できる

具体的には、ドルに対する円の価値は左の図3－2のように決まる。円の需要と供

図3－2　円とドルの価値はこうして決まる

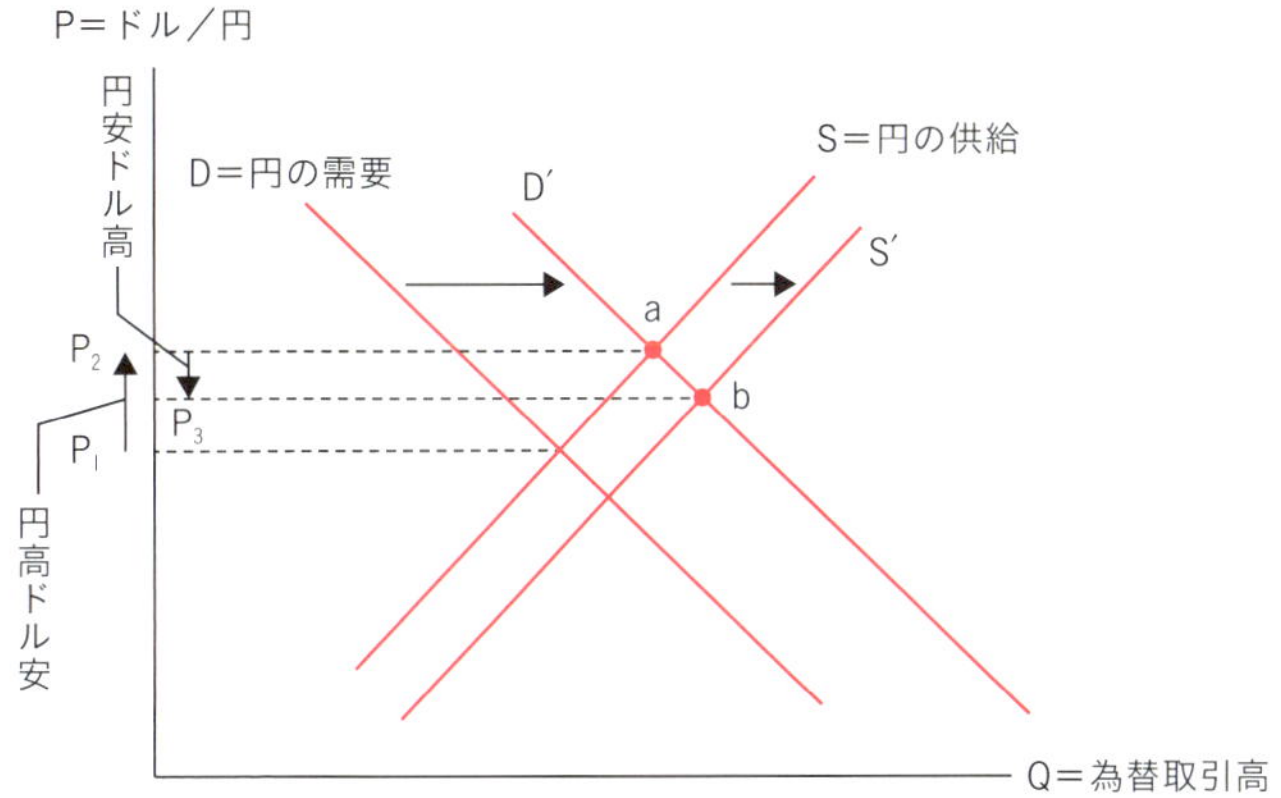

出典：筆者作成

給のバランスによって円の価値が変わるのだ。Pを「ドル／円」、Qを「為替の取引高」とすると、例えばドルがたくさん売られて、円がたくさん買われたとすれば、これは円の需要が上がったということだから、円の需要曲線がDからD'に右へシフトする。相対的に円の価値が高まり、円高ドル安になるわけだ。

逆に円の供給が増えれば、円の供給曲線がSからS'にシフトして円安ドル高になる。

この、供給曲線が動くタイミングこそが、中央銀行が金融政策をしたときなのだ。すでに説明したように、金利引き下げや量的緩和といった金融緩和策がとられると、その国の通貨が増える。例えば日銀が金融緩和をすれば、図の円の供給曲線が右にシフト（S'）する。

また日々円買いが増えて需要曲線がDからD'へと右にシフトし続け、P^1からP^2へと円高ドル安が進んでいるときに、大量に円を売ってドルを買うことをすれば、円の供給が増えるから需要と供給が交わるポイントはaからbへと移動し、P^2からP^3へと円安に戻り、円高に向かうペースを和らげることができる。逆に、アメリカ政府が日本国債をたくさん買えば、円の需要が押し上げられて円高ドル安になる。この、**自国通貨の為替相場をその都度の望ましい方向に向かわせるために国債を大量に売買し、通貨の需要を動かすことを「為替介入」と呼ぶ**。２０２４年５月と７月に行われた円買い・ドル売りの為替介入はまさにこれだった。

金融緩和で円の供給量を増やしても、為替介入で大量の円を売ることでも、どちらの手段を使っても円安に誘導することができるわけだ。ただし、為替介入の効果は一時的である。基本的に為替は、両国の通貨量の比に落ち着くからで、日々の売買による需給の効果は長続きしない。これは１３６ページで詳しく述べる。

マイナス金利とはどういうことか

実質金利と名目金利の差に注目すると、マスコミを騒がせたマイナス金利政策の意味がわかるようになる。

黒田日銀は同じ金融政策決定会合で、金融機関の日銀当座預金の一部の金利をマイナスに設定した。例えば名目金利が３％でインフレ率が２％の場合、実質金利は３％−２％＝１％ということになる。もしデフレ局面なら、名目金利が３％でインフレ率がマイナス２％とすると、実質金利は３％−（−《マイナス》２％）＝５％となる。

名目金利をゼロ％に設定すれば、インフレ率が２％なら、実質金利は０％−２％＝マイナス２％となり、これが**「銀行の日銀当座預金の名目金利がマイナスになった状**

態」のマイナス金利だ。

法定準備金額を超えて当座預金に預けている**「超過準備」**につく金利をマイナスにすると、金融機関は日銀に利子を払わないといけなくなるので、準備金の超過分を投資や融資の資金として当座預金から引き出す。このことによって、市場に流通させる景気刺激効果を狙ったものだ（日銀当座預金の金利の問題点は第4章で別に論じる）。

テレビや新聞で、「マイナス金利は量的緩和と矛盾する」「マイナス金利によって量的緩和の効果が抑制される」といった批判がよくなされる。**マイナス金利になると銀行は日銀の当座預金を減らすから、量的緩和で当座預金を増やす政策とマイナス金利政策は矛盾していて効果を打ち消し合う**ということだ。

マイナス金利になれば、「利子を払う損」を避けるため、金融機関は日銀当座預金から超過準備を引き出す。これこそが日銀の狙いで、民間金融機関の手元資金が増えるほど、世の中にお金が回りやすくなる。金融機関は利益を上げるために、企業などへの貸出に回すが、他よりも金利が高いと誰も借りにきてくれないので、金融機関は揃って金利を下げていき、だいたいどこも同じくらいの低金利に落ち着く。

超過準備
銀行が中央銀行に通常の準備金以上に預けているお金。金融機関の安全対策として使われる。

すると、企業や個人はお金を借りやすい環境になっていく。世の中にお金が回っていくと、経済が活性化し、もっと日銀券（貨幣）が必要になる。その需要に応えて、日銀はお札を刷る。こうした動き全体が貨幣量を増やしていく。

マイナス金利になっても貨幣量は減らない。なぜなら量的緩和で日銀が世の中に直接供給するお金の総額（マネタリーベース）とは、日銀当座預金だけでなく世の中にある日銀券をあわせた額だから、**当座預金をマイナス金利にしてもマネタリーベースの需要は減ることはない**からだ。

お金が減れば金利は上がる。つまり日銀によるマネタリーベース供給が減れば金利は上がってしまうのであり、マイナス金利は達成不可能になる。マイナス金利を維持しようとすればマネタリーベース供給を猛烈に増やすしか手はない。マイナス金利は量的緩和と矛盾しないわけだ。

金融緩和をしながら、一方で引き締めをする矛盾

さらにもう一つ、日銀は同じ2016年の金融政策決定会合で、物価上昇の目標と

する消費者物価指数（除く生鮮食品のコアＣＰＩ）の前年比上昇率２％を一時的に上回ってもすぐに金融緩和政策をやめるのではなく、安定的に２％を超えるまで金融緩和を続けるとの強い姿勢をこのときは示した。インフレ目標については前章までで論じた通りだ。

アベノミクスの政策転換に歩調を合わせるしかなくなって、無策だった日銀もようやく重すぎた腰を上げ、世界標準の金融緩和に本格的に踏み出すようになった。アベノミクスは雇用面では出来すぎといえるほど大きな成果を残したが、残念ながらさほど長続きしなかった。**マイナス金利とイールドカーブコントロールの導入は、日銀が政策の軸足を「量」から「金利」に事実上、移したことを意味した**のである。

それは２０１６年９月のイールドカーブコントロール導入後に、長期金利が若干ではあるが上昇してしまったことに現れていた。表向きの口先とは異なり、事実上の金融引き締め措置だったのだ。さらに２０１８年７月、長期金利の目標値を当初は０％から上下に０・１％程度としていた許容変動幅を、上下０・２％程度に拡大した。これも、長期金利の上昇の余地を与えたという意味では実質的な金融引き締めだった。

さらに2021年3月、長期金利の許容変動幅を上下0・25%程度にまで広げた。この範囲に長期金利が収まっていれば日銀は国債を買う必要がなくなったため、同年末の日銀の国債保有残高は13年ぶりに減少に転じた。金利上昇を容認して国債購入を減らす金融引き締めは、いわゆる金融緩和政策の「出口」を見据えた措置（**出口戦略**）だったと言わざるをえない。

2018年7月と2022年2月と3月、日銀は10年国債の「**指値オペ**」を行った。通常の日銀の買いオペレーション（公開市場操作）は買い入れ対象の国債を示した上で銀行などに希望の売却価格を提示してもらい、安い順に買い入れるが、指し値オペとはあらかじめ決まった利回りで無制限に買い入れる金融緩和措置である。

要するに**日銀は片手で金融緩和を行いながら、もう片方の手で事実上の引き締めをして冷水を浴びせるような矛盾した措置をとってきた**わけだ。

結局「なんちゃって金融緩和」だったのだ。

出口戦略
経済刺激策や金融緩和を終了し、通常の政策に戻すための方針。通常は景気回復後に行われる。

指値オペ
買い入れ金額に制限を設けずに日銀が国債を買い取ることで、長期金利を上昇させない措置。

利上げの時代の到来

これまでも隠れて金融引き締めを画策してきた日銀が、岸田政権の登場とともに利上げと引き締めを好む本性をむき出しにして日本経済に冷や水を浴びせた。

2021年10月に発足した岸田文雄政権は、初めから財務省のいうことをよく聞いていて、金融引き締めに動いた。日本政府が財務省寄りに路線転換したのを見て、その子会社である日銀も、それまでの口先では緩和といいながら隠れて引き締めをするセコい政策をやめ、堂々と利上げに転じた。安倍・菅両政権で続いてきたアベノミクスは、岸田政権の登場とともに実質的に終わりを迎えたのである。

2022年12月の金融政策決定会合で、日銀はそれまでプラスマイナス0・25%程度としてきた長期金利の変動幅を、0・5％に拡大することを決定した。10年物国債金利の誘導目標は0％で変わりはないが、許容する変動幅をプラスマイナス0・5％に拡大したという意味だ。

不必要な利上げに踏み切った日銀

当時の黒田総裁は「イールドカーブコントロールの運用の見直し」という文書を発表し、①国債買い入れ額の大幅増額（月間7・3兆円→9兆円）、②長期金利の変動幅拡大、③各年限における機動的な対応（指値オペを0・5％で毎営業日実施、各年限でさらなる買い入れ増額や指値オペを機動的に実施）の3点を政策として提示した。

このうち①と③はこれまでの金融緩和の延長上の政策であり正しいが、②は事実上の利上げ策であり、日銀はこの時点で利上げに向けて舵を切ったとみなされる。

事実、この発表以降、10年物国債の金利は急上昇したから、利上げ以外の何物でもないことは明らかだ（次ページ図3－3参照）。

日銀はなぜ、不必要な利上げ政策に踏み切ったのか。黒田氏はイールドカーブがや

図3－3　10年物国債の利率の推移

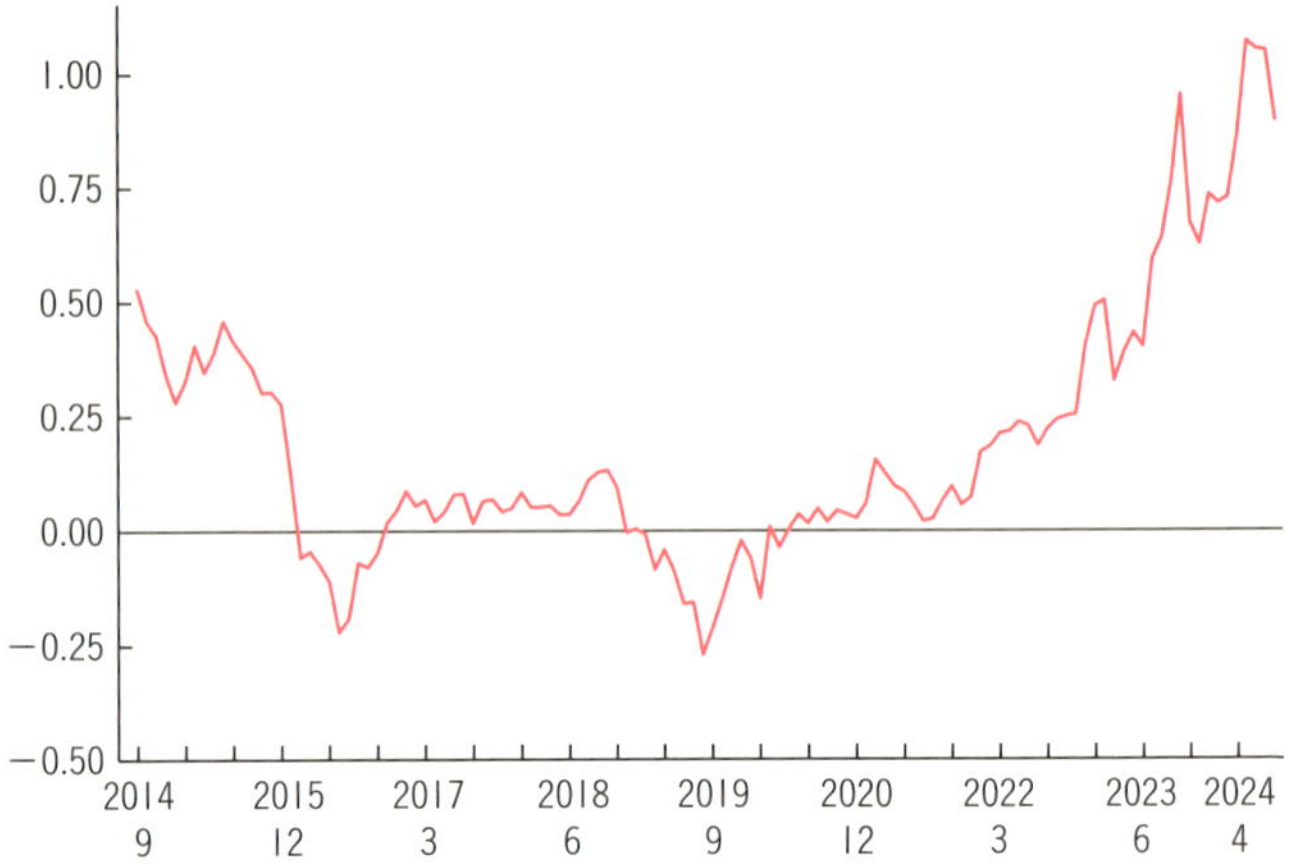

出典：筆者作成

や歪んだ形になったのを直す必要があると言い訳をしていたが、これは明らかなウソだ。イールドカーブとは、ある年数の金利を表したものであり、左ページの図3－4を見ると、この当時に30年の金利は1・4％程度、1年の金利はマイナス0・1％程度になっていたことがわかる。

注目は8年と9年のところで、10年の金利が0・25％なのに、8年と9年の金利は10年よりも少し高くなっていて、ここだけ右肩上がりのカーブが崩れている。これが黒田氏のいう「歪んだ形」の部分だ。

私が大蔵省にいた時代に、イールドカーブの歪みを直すオペレーションをやった経

図3－4　国債のイールドカーブ（12月決定会合前）

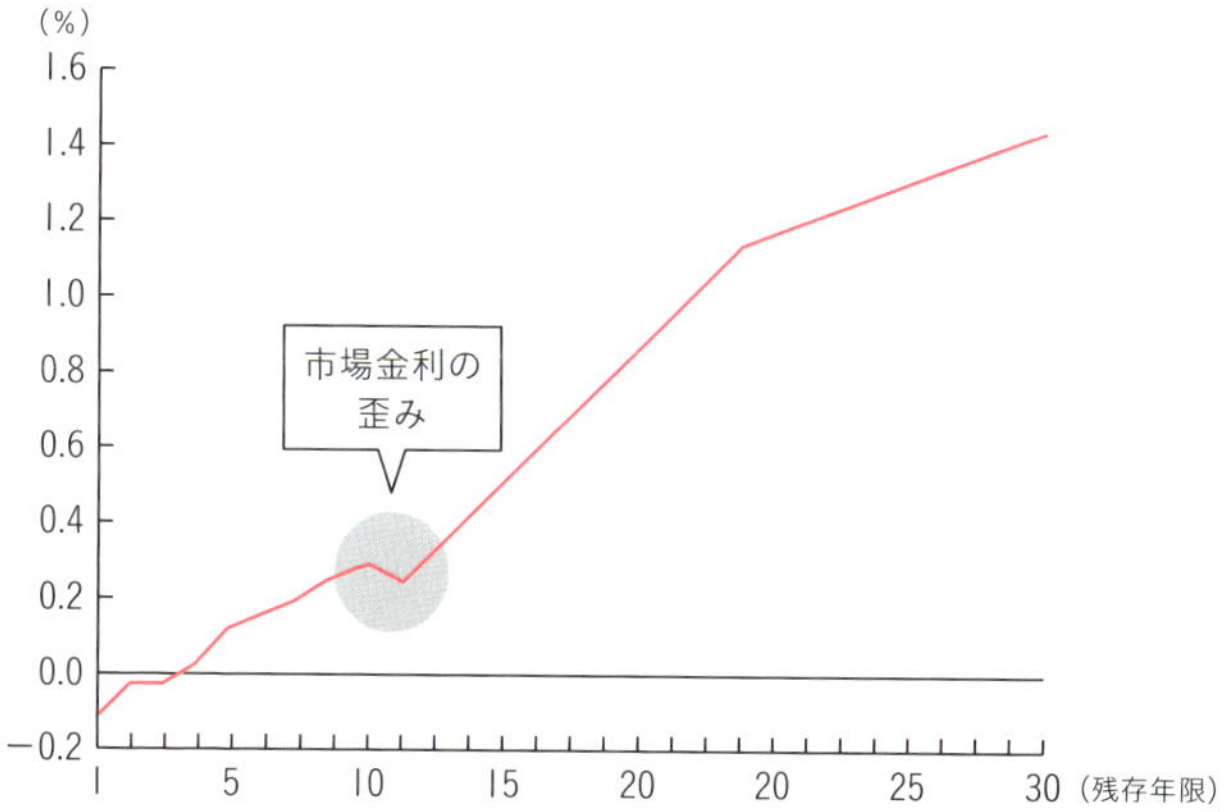

出典：日銀「YCCの運用の見直し」

験があるが、その方法は簡単で、国債を買って金利を下げればいいだけだ。それなのに、日銀はなぜ逆の事実上の利上げに動いたのか。その理由は岸田首相（当時）の意向にあったと私は考える。

岸田首相はなぜ金利を上げたかったのか。2つの理由がある。1つは、2022年2月に日銀が指値オペレーションを実施した後に円相場が下落し、2月の終値114円が10月には148円と急激な円安となり、輸入価格が急騰したことに世論の懸念が高まったこと。もう1つは、金融機関から政府・自民党に対して「金利が低すぎて商売にならない」という苦情が高まっていたことへの対策だ。

金融機関は、政府と日銀の低金利政策が長く続いてきたせいで、貸出で稼げない時期が続いてきたから、利上げはその状況を変える手助けになる。**利上げは日本経済にはマイナスだが、金融機関にはプラスになる**。積極的に金融緩和に協力してきた黒田氏の立場では直接利上げという話はしづらいので、イールドカーブの歪みを正すとごまかしてステルス利上げをやったのが実際のところだろうと、私は推察する。

固定金利と変動金利 住宅ローンのゆくえ

財務省の言いなりだった岸田政権と、日銀の誤った金融引き締め政策の犠牲になるのは、賃金が上がらず増税に苦しむ庶民だ。今後の住宅ローン上昇が追い打ちをかけるおそれがある。

日銀と岸田政権が確実に利上げの方向へ政策の舵を切ったことで、大きな影響を受けるのが一般の個人の住宅ローンや自動車ローンなどの返済負担増だろう。こうしたローンの金利がどう決まるか、簡単に説明しよう。

住宅ローンは**変動金利**と**固定金利**の2種類がある。変動金利はそのときどきの金利情勢によって上がったり下がったりするが、固定金利は約束した期間、20年ローンならその間ずっと変わらない。

固定金利はいったん契約すればずっと同じで、将来のリスクが見通せるため、割高に設定されている。変動金利は将来、金利が大きく上がるリスクがあるため、金利が低い時代は割安に設定されている。

なぜこうなるかというと、銀行のバランスシート上で、預金は負債、貸出は資産に振り分けられるからだ。銀行預金の多くは1年物で、1年ごとに金利の変動にあわせて利子を変えなければならず、金利が上がれば銀行の利払い負担が増える。

ところが、貸出は住宅ローンのように長期で契約している場合が多い。固定金利で契約してしまえば、銀行にとってはその間決まった利払い収入しか入ってこないため、金利が上がっていくときには負債との差額がリスクとなる。しかし、変動金利ならば多くのケースで半年ごとにローンの金利を見直すことができ、金利が上がった分、借り手の利払い負担を増やすことができるので、銀行にとってはリスクが低い。

だから**一般の人には「金利がお得ですよ」とか「みなさん変動金利を選ばれていますよ」などと甘い言葉で、変動金利でローン契約させようとする**わけだ。

固定金利は将来にわたって高くなり、変動金利の変動幅は大きくなる

日本ではデフレで低金利時代が続いたために、多くの人が変動金利で住宅ローンの借り入れを行っていた。事実アベノミクスの時代には、固定金利よりも安い変動金利でローンを支払っていたほうが絶対にお得だった。ところが岸田政権の時代になって、この流れが変わった。

「フラット35」などの長期の固定ローンの金利は、2022年12月の事実上の利上げ以降、すぐに金利が上がった。**固定金利は、いままでが歴史的に一番低かったために、将来にわたって高くなっていく可能性がある。**すると将来の固定金利はいまより高くなり、利払い負担は増える。**変動金利もいずれ短期金利の上昇につれて上がっていく。その変動幅は今までよりずっと大きくなる。**

過去の歴史を見ると、長期金利は名目経済成長率と同程度に推移していくことがわかっている。金利が上がると名目経済成長率もその分上がることが予測されるから、

景気がよくなれば給料が上がりやすい業種の人は、利払い負担が重くなっても増えた分の給料で難なく支払いを続けられるかもしれない。

しかし、**将来の給料アップがあまり見込めないような業種の人は、手数料を払ってでも早めに固定型に借り換えるか、変動型の割合を減らしたほうが安定するだろう**。しかしすでに固定金利は上がっており、人によっては手遅れかもしれない。

日銀は、アベノミクスの時期には「利上げしない」という方向が決まっており、金利が変動する余地があまりなかった。しかし、今後はどんどん利上げが進んでいく未来が見えてきた。これまで金利が安かったからと変動金利で漫然と借りていた人は、思いがけないリスクを抱えることになるかもしれないのである。

第 4 章

為替の仕組み
円安で日本は大丈夫か？

昨今の円安を「日本の国力の低下だ」と騒いだマスコミは、金融政策の結果である円とドルのバランスで円安になっていることを理解していない。国力ではなく円の量の増加で円安になり、デフレ脱却にもつながっていることを説明しよう。

ひろゆきに絡まれた件。「円安上等」を検証する

自国通貨が10%安くなるとGDPは1%前後増えるのは先進国共通の傾向。円安は日本経済の追い風で企業業績も株も税収まで上がるから、止めてはならない。

2024年4月から6月にかけて円相場が1ドル＝160円をつけ、1990年以来34年ぶりの円安水準となると、政府・日銀による円買い・ドル売りの為替介入が行われた。例によって日本のマスコミは、「円安で日本沈没」の大合唱となった。

東日本大震災の後のように円高が進んだときもさんざん騒いでおきながら、今度は円安になっても「日本はもう終わりだ」と騒ぐ。まともな経済知識がないから以前との論調の矛盾も気にならないし、煽るだけ煽って平気でいる神経はおかしい。

私がテレビ番組（ABC大阪朝日放送『正義のミカタ』）で「円安上等」といつもの持論を話したら、SNSでインフルエンサーのひろゆき氏が「燃料費・肥料代、輸送費が2倍になるので農作物・水産物の価格は2倍。輸入品の価格は2倍以上。電気代も上がります。国内向けで働く人・公務員・年金受給者の手取りは変わらないので、実質的に半額で暮らす。ホントに学者？」（6月22日「X」投稿）と絡んできた。

ひろゆき氏は海外在住なので、日本でのメディア出演の報酬は円で支払われるから、それを現地通貨に変えれば当然、円安になった分だけ目減りしてしまう。本人の実感としては円安で稼ぎが半減したと思うのも無理はない。だが経済学の見方となれば話は違ってくる。

つまらないとは思ったが、経済学の基本常識に基づいて反論した（次ページ図表4－1）。

国民の所得を合計した額であるGDP（国内総生産）で考えるなら、円安になるとGDPが増える。

図表4－1　各通貨安が自国、他国のGDPに与える影響（3年以内）

	Japan	US	Euro	Non-OECD	China
円10%安	0.4〜1.2%	▲0.2〜0%	▲0.2〜▲0.1%	▲0.1〜0%	▲0.1〜▲0.2%
ドル10%安	▲0.3〜0%	0.5〜1.1%	▲0.2〜▲0.6%	▲0.1〜0%	▲0.3〜▲0.6%
ユーロ10%安	▲0.2〜0%	▲0.2〜▲0.1%	0.7〜1.7%	0.1〜0.3%	▲0.1〜▲0.2%

出典：The OECD's New Global Model
https://users.ssc.wisc.edu/~mchinn/herve_oecdmodel.pdf

それでも円安のほうがいい理由

ＯＥＣＤのデータによれば、円が10％安くなるとそれから3年目までに日本のＧＤＰは０・４〜１・２％増える（タイムラグがある）。この増え方は輸出依存度に応じて異なり、日本の依存度は15％程度で低いから、自国通貨安のメリットは他国ほどではないが、それでも円安のほうがＧＤＰは増える。

激しい輸出競争にさらされた生産性の高い企業だけしか輸出はできないが、そうした優良企業（**エクセレントカンパニー**）は裾野が広いので、**生産性の高い企業に恩恵を与える円安は、輸入のデメリットを補いＧＤＰを伸ばすというのが国際的な常識**だ。

エクセレントカンパニー
高収益・高成長の企業のこと。多くの経営者が目標にする企業像。

財務省の法人企業統計によれば、全産業（金融・保険を除く）の経常利益は前年同期比で増加中であり、最新の2024年の4～6月期は13・2%増の35兆7680億円と四半期ベースで過去最大額であり、最高値を更新し続けている。基本統計のデータが日本経済の好調を立証しており、だからこそ日経平均株価が円安とともに上がり、2月には34年ぶりの最高値を更新し、さらに7月には終値で初の4万2000円台をつけたのだ。円安と株高のどちらも34年ぶりであることに注意してほしい。

ひろゆき氏が間違っているのは、為替が2倍に変動しても価格は2倍にならないことだ。日本の全経済取引の中で輸入が占める比率は2割くらいなので、仮に輸入価格が全部2倍になったとして（200%×0・2〔2割〕＝40%）、価格は40%くらいしか上がらない。個別にどんなに苦しい人がいても、全体を見ればその程度の話なのだ。

輸出をしていなくても、海外投資をこれまで行ってきた企業ならば、配当収入がある。海外子会社からの配当収入はドルで入るので、日本の本社に持ち込むときは円に換算するわけだから、円安が進めば円換算の金額が大きく膨らむ。投資収益が伸びるのだ。しかも、海外投資の配当は所得不算入でほとんど課税されないので、とても儲かる。

もし、輸出企業が大儲けして輸入企業が大損をしているなら、輸出企業から税金をとって輸入企業に再分配すればいいし、後節で述べる200兆円の外貨準備を使えば、税金を回す必要すらなくなる。

するとひろゆき氏は「数式も根拠も出せない。クルーグマンや国際機関と議論しろという謎の逃亡」と意味不明の反駁をしてきたがお笑いだ。先ほどの図の出典(https://users.ssc.wisc.edu/~mchinn/herve_oecdmodel.pdf)をご覧いただければわかるが、全編マクロ経済モデルの数式の計算が根拠になっている。

私の説明が短くて難しかったのかもしれないが、**自国通貨安が自国有利であることは経済学の常識**と言ったにすぎず、クルーグマンの発言もまったく同じ趣旨だ。「円安は多少の時差を伴って日本の物品・サービス需要に実際には前向きとなる」、つまり円安が日本経済の需要押し上げにつながるのに「日本がなぜ円安をこれほど懸念しているのか当惑させられる」と述べたことである(6月3日ブルームバーグ記事 https://

www.bloomberg.co.jp/news/articles/2024-06-03/SEHEJYT0AFB400)

ひろゆき氏の話は「為替2倍」など言葉尻だけをとらえた表面的な反応（ネットの脊髄反射か）にすぎず、論じるに値するレベルでなかったが、円安を深刻に報じるマスメディアの論調を見て、本当に問題かのように信じてしまった読者もいるかもしれないので、次節でしっかり否定しておきたい。

日経やTBSの記者も同じ間違い

円安が進むと金利が上がりインフレになると騒いだマスコミは、金融政策が為替とは無関係の目標で動いていることを知らないのだろう。

私がいつも「読むとアホになる」と言っている日経新聞は、「円安が試す利上げ耐性」（6月30日）「税収最高もかりそめの改善　昨年度72兆円、物価高が押し上げ」（7月4日）などの記事をくり返し載せた。

これらの記事を読む限り、自国通貨安は自国経済に有利だが他国経済には不利となる「**近隣窮乏化**」を、ひろゆき氏と同じく日経の記者も正しく理解していないようだ。両者とも目の前の現象を記事にして日本経済を語るが、ミクロの現象は必ずしもマクロでも正しいとはかぎらない。円安はマクロでみれば成長率上昇の要因で、国全

近隣窮乏化
自国の利益を優先する政策で、他国に経済的負担をかけること。貿易や為替政策に関する問題が多い。

体ではプラスだが個人ではマイナスであり、円安で苦しむ人はいる。ここだけに着目すると円安を悪としか見ない記事ができあがる。

他国からならともかく
国内から自国通貨安への文句が出るのは意味不明

円安になると日本経済の成長率が高くなることは「近隣窮乏化」という経済用語で説明される。通貨安に誘導した国の輸出品は外貨建てで値段が下がるから、輸出が伸びる。他方で輸入品は高くなるので入りにくくなり、国内の輸入競合産業の売れ行きが伸びる。これは1930年代の世界恐慌期に各国が行っていた政策に由来する言葉だが、古今東西にあてはまる歴史的事実で、先にあげた図表の通り、各国や国際機関のマクロ経済モデルで数量的に確認されている。なので自国通貨安について他国から文句が来るなら対応が必要だが、バイデン政権は文句をつけてこなかった。文句を言われないうちは放置して、国益を追求したほうがいいというのが私の立場だ。

円安になれば企業収益が上向くから、法人税・所得税収が伸びる。72兆761億円と過去最高の税収（2年連続70兆円超、4年連続過去最高）、何より法人税収が9208億円増ともっとも伸びていることは、企業業績の好調を反映している。財務省とマスコミはインフレで税収が伸びたと説明しているが、インフレなら最大の伸び率を示すはずの消費税収が130億円しか増えていないから、この説明がウソであることは明白だ。

財政が改善していることは「かりそめ」などではなく当然の帰結なのだ。「利上げ耐性」という記事も、本来は放置すべき円安を、是正すべきものとして、利上げに固執しているようだ。そもそも今のインフレ率は、まだ利上げを要するレベルにまで達していない。第3章でフィリップス曲線とマクロ政策について詳しく説明した通り、インフレ目標下の金融政策は為替と理論的にまったく関連性がない。為替相場のために利上げするのはセオリーに反する。

日経の記事の中には「利上げにより、政府と日銀合計の利払い費が膨らむ」との記述もあるが、ミスリーディングだ。日銀が国債を買い取ることで、政府の借金について回る利払いは事実上なくなる。これは重要なポイントだ。

国債を発行した政府は国債の所有者に利払いをしなければならない。国債を日銀が所有している場合、政府は日銀に利払いを行う。しかし日銀は政府の子会社だ。日銀は紙幣を刷って民間の金融機関から国債を買う。**国債を買ったことで生じる利払いとの差額はまるまる日銀の収益となり、しかも、政府はその収益を「日銀納付金」として100％受け取ることが日銀法で定められている。政府は結果として日銀に利払いをしていないのと同じ**になる。

ちなみに元金については現金で償還するのが普通だが、国債を持つのは日銀なので現金を使う必要はない。どうするかというと、償還期限がきたら国債を渡す。いわば100％の借り換えをずっと繰り返すわけだ。

新たに国債が発行された場合、それを日銀が買えば保有分に上積みされていくし、買わなければ同じ残高のまま、償還期限がきたら借り換え続ける。政府の利払いは日銀納付金で国庫納付金として受け取る。したがって**日銀が持っている国債は、事実上利払いも償還もない借金**なのだ。

妄想が止まらない！
ハイパーインフレになって政府が庶民の預金を召し上げ？

さらにひどい報道もあった。6月17日のTBS「報道1930」という番組で、「1ドル＝200円で預金がおろせなくなる？」と題し、円安で生活が大変になるから、政府は国民生活を助けるために財政出動をしなければならなくなる、財政出動するために国債を大量に発行するから**ハイパーインフレ**になって、最終的に政府は預金封鎖で庶民から召し上げることにして、われわれの預金が引き出せなくなるというストーリーだ。

円安に苦しむ国民の生活を助けるために、国債を発行する必要はまったくない。財源には後述の**外為特会**で十分に足りるし、過去最高となっている税収から再分配すればいいのだから、ハイパーインフレなどなりようがない。現実のシナリオではなく、「円安になるとこんなにひどいことになる、いずれ預金がおろせなくなるから、その前にこういう金融商品がありますよ」とすすめたい金融機関のシナリオが隠れている

外為特会
日本の外貨準備を管理するための特別会計。為替市場での円高抑制などに使用される。

かのようだ。

金融商品を買わせる商売の一環として、ハイパーインフレ野郎がたくさん出てくるという、これまでもさんざんあったパターンだ。新ＮＩＳＡなどで投資を考えている人ほど、円安で利上げが不可避になり、ハイパーインフレになるという金融機関のポジショントークに騙されないように注意しないといけない。

「利上げ＝金融正常化」論は金融機関のポジショントーク

欧米のようなインフレになっていないのに利上げを急がせるマスコミ論調の裏には、スポンサーである金融機関の丸儲けの構図があるように思えてならない。

銀行などの金融機関は、収益が上がるので「利上げに賛成」である。そのカラクリの一端を本節で説明する。ＣＭのスポンサーをはじめ金融機関相手の取引も多いメディアは、利上げを後押しし、そのための方便として、円安を「悪いもの」だと扱ってきたとも考えられるのだ。

私は標準的な経済理論に基づいて、「**日本経済に円安はプラス、利上げはマイナス**」と主張しているにすぎないが、日銀の植田和男総裁は標準的な経済理論よりも金融機関寄りの、独自の経済理論に基づいて行動しているようだ。

余談だが植田氏が日銀総裁に就任した際、私が「植田さんは国民経済よりどちらかと言うと金融機関に軸足を置いた政策をとりますよ」と講演で話したのを聞いてピンときて、銀行株をたくさん買った読者がいて、おかげで儲かりましたと感謝されたことがある。

国民よりも金融機関のための金融政策

日本の5大メガバンクの2023年4〜9月期の実質業務純益を見ると、三菱UFJが7625億円で46％の増益。三井住友は4138億円、みずほ3524億円、りそな943億円、三井住友トラスト1521億円。合計1兆7754億円で、16％の増益だ。これは過去最高益だという。

こうしたものすごい利益はすべて、金融政策の結果だ。植田氏はいまも金融緩和を続けているとしきりに言いつつ、前章でみたように引き締めに転じたから、金利は少しずつ上がっている。設備投資をしようとする経営者は知っているだろうが、銀行からの借り入れの長期固定の金利は上がっている。その分が収益増をもたらしているわけだ。

とはいえ0・002%が0・2%になっただけだから、銀行から借り入れをしている経営者と違って、一般人には預金金利は全然上がっていないと感じる。預金金利というのは短期の金利で、これはほとんど動かない。けれども長期固定の設備投資資金が上がっているから、それが反映しているわけだ。**植田日銀が庶民より銀行に軸足を置いた金融政策を行うという私の予想は、結果を見れば正しかった**ことになる。

本来なら預金金利も一緒に少し上げておくか、むしろ全然動かさなければ（住宅ローンを抱える）庶民にとってはよかったのだが、そうしない以上、銀行が儲かるようなオペレーションをしたことになる。植田日銀は銀行の利益擁護者の正体をどんどん露わにしてきたようだ。

なぜ銀行が儲かっているのか、利上げの仕組みの一端をバラすと、一般企業や個人事業主は銀行に当座預金を持っているが、これは財布代わりで金利がつかないことは読者も知っているだろう。ところがその**当座預金を、銀行がそのまま日銀に預けると0・1％の金利がつく**（これは白川方明氏が日銀総裁だった時に導入された）。**各銀行の当座預金額を全部合わせると200兆円ぐらいあるから、銀行は金利2000億円をまるまる頂いている計算だ**。

マスコミが報道しない金融機関丸儲けの事実

さすがにこれには批判があって、当座預金額が200兆円を大きく超過するとマイナス0・1％になるよう階層型にした。その最も高い部分を「マイナス金利だ」とマスコミは異常事態のように騒いだが、銀行にとってみればプラス金利分で頂いている金額のほうがはるかに大きいから、ほとんど関係なかった。

マイナスだったのは銀行が日銀に預けている巨額の当座預金のほんの一部（超過準備）だけで、ほとんどの部分はプラス金利で丸儲けだから、銀行の収益は底堅いわけだ。

しかも2024年3月に、植田日銀はこのマイナス0・1％の金利を0・2ポイント引き上げてプラス0・1％とし、マイナス金利政策を解除した。マスコミはこれを「マイナス金利解除で日銀が17年ぶりの利上げ」と金利正常化への第一歩のように大きく報じたが、ウソである。階層型の日銀当座預金制度の廃止によって、銀行が日銀当座預金から得られる利子所得は、年間2500億円程度増加する計算だ。つまり丸儲けの額が2倍以上に増えたのである。

そもそも白川日銀以前は銀行の日銀当座預金の金利はゼロだった。それが当たり前の姿で、私は当座預金への金利付与にずっと反対してきた。日経新聞やテレビではよく「金融正常化せよ」ともっともらしいことを言う。**本当の正常化とはこの金利をゼロにして、白川日銀の前に戻すのが正常化なのに、当座預金のプラス金利でボロ儲けしている銀行に忖度して、マスコミはそう書かない。財務省から与えられたネタに食いついて、金融機関の丸儲けに加担しているの**だ。本当のことを書けば金融機関からの広告収入がなくなるから、特に日経新聞は絶対に書けない。ここでも「報道しない自由」を駆使しているのである。

当座預金では金利がつかない普通の企業から見れば、金融機関が平然と丸儲けの額を増やしているのは腹立たしいことだろう。

利上げは日本経済にマイナスだが、銀行にとっては目先の儲けが増えるから、マスコミは利上げが金融正常化の一歩で、避けられない流れであるかのように書く。こうして日本社会の「空気」が醸成されていく。

円安も利上げやむなし、という理屈を補強する方便として使われているのだが、円安と利上げはその文脈では無関係であることを、次に説明しよう。

為替とは何か 一番簡単な解説

為替レートは通貨の量の比で決まる。ランダムウォークなので短期的な予測は不可能だ。

為替とはある国の通貨を他の国の通貨と交換する際のレートで、「**交換比率**」と呼ぶ。ドルと円の交換比率は、1ドルを何円と交換するかということだ。交換比率がどのくらいで落ち着くかについては、ちゃんとした理論がある。ごく簡単な理屈だ。

例えば円とドルの交換比率は、それぞれがどのくらい供給されているかの総量（**マネタリーベース**）の比率で決まり、円の総量をドルの総量で割り算すると、だいたいの理論値が出てくる。マネタリーベースは「資金供給量」と訳され、**世の中に流通して**

いるその通貨の紙幣と貨幣、そして各金融機関が中央銀行に持っている当座預金残高を合計した額が総量となる。

例えば米ドルのマネタリーベースが1兆ドルで、日本円が100兆円だと仮定すると、基軸通貨のドルを分母に、円を分子に置いて割れば1ドル100円という交換比率が出てくる。もし金融引き締めでドルの総量が半分の0・5兆ドルに減少したとすると、円が多くなりドルは少なくなるから、1ドルは200円になる。これが円安ドル高だ。

日銀が量的緩和を行えば円が増え、ドルに対して円の総額が多くなるから円安となる。**為替は国家間の通貨の総量比率で決まるから、為替がどうなるか予測するには、円のマネタリーベースに対するドルのマネタリーベースの変動を予測すればいい**ことになる。

ドル円は理論値に沿ってしかるべき相場に戻る

次ページの図4-2を見てほしい。ドルと円の為替レートと、日米のマネタリー

図4－2　日米マネタリーベース（MB）比とドル円為替の推移

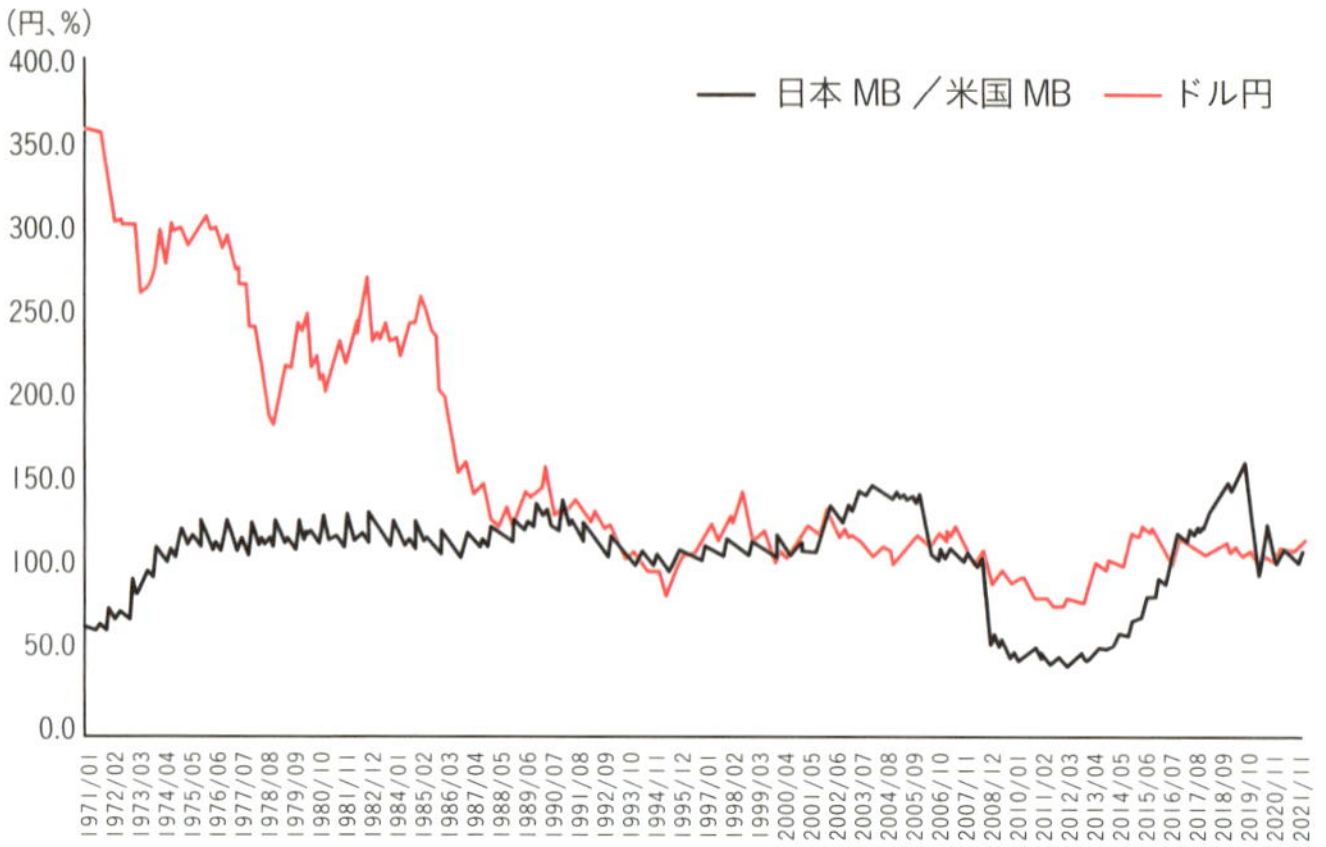

出典：日本銀行、FRB webサイトより筆者作成

ベース比の推移を重ねたものだ。1985年の**プラザ合意**以前は日本が株式の発行や増資・減資、社債の発行や償還などの資本取引をすごく制限していて、為替がかなり円安になるよう操作していた。なので理論値よりも相当円安になっていて、その分日本経済には有利だったのだ。高度成長の真の要因がこの為替操作にあったことは第5章で説明する。

プラザ合意以降はこの操作ができなくなって、資本取引も自由になってしまうと、理論値と実際の為替レートがほとんど同じ動きをするようになったことがわかる。

それでも数年単位で上下にずれること

プラザ合意
1985年、主要国が為替相場を調整し、ドル高是正を図った協定。日本経済に大きな影響を与えた。

が時折起きる理由は、金融政策でマネタリーベースが一気に動いても、為替がついていけないことがあり、タイムラグが生じて追いつくまでに時間がかかるからだ。例えば2001年から2006年にかけて日本が金融緩和をすると、円の総量が増えたために理論値のグラフは上振れし、為替レートはしばらく追いつかなかった。逆に2008年から2014年までアメリカが金融緩和をすると、今度はドルの総量が増えて円の総量が相対的に小さくなるので、理論値は下に振れて為替が追いつかなくなった。ただ、いつかは追いついてくる。

たとえてみると、サイコロを1万2000回振ると、ある目が出る回数は2000回くらいに収束していく。理論値というのはこういうもので、マネーの総量比に収束していくために長期的な動きは正しく予測できるのだが、目先の為替相場はランダムに動く（**ランダムウォーク**という）ので、次のサイコロの目を予測するのと同じように難しい。予測できるという人は超能力者と変わりがない。

誰も予測できないことに乗じて口八丁で稼いでいるのが、為替ディーラーを生業にしている人と金融機関なのである。アメリカの金融引き締めと日本の緩和継続で、現在また為替が理論値を大きく超えて円安に振れているため、あれこれ大騒ぎしている。混乱に乗じて金融商品を買わせる好機だからだ。専門家のような顔をしていても、実はすべて金融機関のポジショントークなので、信じてはいけない。

例えば、日米の金利差が広がったから円安は避けられない、円安は止まらないなどと専門家は言っていた。ところが金利差がどうなれば為替が具体的にいくらになるか、説明できる人は誰もいなかった。しかし**マネタリーベース比で計算すると、現在のドル円の理論値は110円から120円の間くらいになる**ので、円安に振れすぎていることは間違いない。だから長期的には110円から120円の間に相場はいずれ戻る。為替介入など無意味で、放っておけばいい。

トランプはドルが対円で34年ぶりの高値をつけたことを、米国の製造業にとって「大惨事だ」と発言した（24年4月23日）。トランプは近隣窮乏化を正しく理解しているから、7月の暗殺未遂事件で大統領選でのトランプ優位が報じられると、円は大きく値上がりした。4月末から政府が為替介入を繰り返してもまったく効果がなかったことと対照的である。日米の金利差はそのままなのに円高になったわけだが、円安で大騒ぎした金融機関の人々は平然と次のトレンドについてあれこれしゃべっている。厚顔無恥としか言いようがない。

第7章で触れるように、日本のインフレは他国と比べれば全然進んでいないし、今は金融引き締めをする時期ではない。まだまだ金融緩和を続けないといけないし、金利を上げるなどもってのほかだ。ところがマスコミと専門家は、円安が止まらない、インフレが止まらないと大騒ぎして政府日銀に金利を上げさせようと騒ぎまくる。

くり返すが為替レートは通貨の総量の比で決まる。日米の金利差で為替の動向を説明する人はまやかしなのだ。円安対策と称して金利を上げるのは、金融機関を儲けさせるだけで、せっかく好調な日本経済の腰を折ることになる。

為替介入は無意味、外貨準備を国民に還元せよ

円安／円高の是正には為替介入しかない、と国民は財務省とマスコミに思い込まされてしまっている。

どの国にとっても為替は安定しているほうが望ましい。変動相場制は為替市場のマーケットで刻々と通貨の交換レートが変化する。かつては日本も1ドル360円の固定相場制だった。

途上国なら固定相場制にして自由な資本移動と自由な金融政策をとることがベストなのだが、経済大国になると円滑な商取引のために資本移動の自由は欠かせず、金融緩和や引き締めによるデフレ・インフレ対策を行うため自由な金融政策が必要で、自由な資本移動のためには為替レートに常に実体経済が反映されなければならない。

外貨準備
日本や他国が持っている外貨の蓄え。輸入の支払いや為替介入に使用する。

図4－3　国際金融で3者並立できないトリレンマ

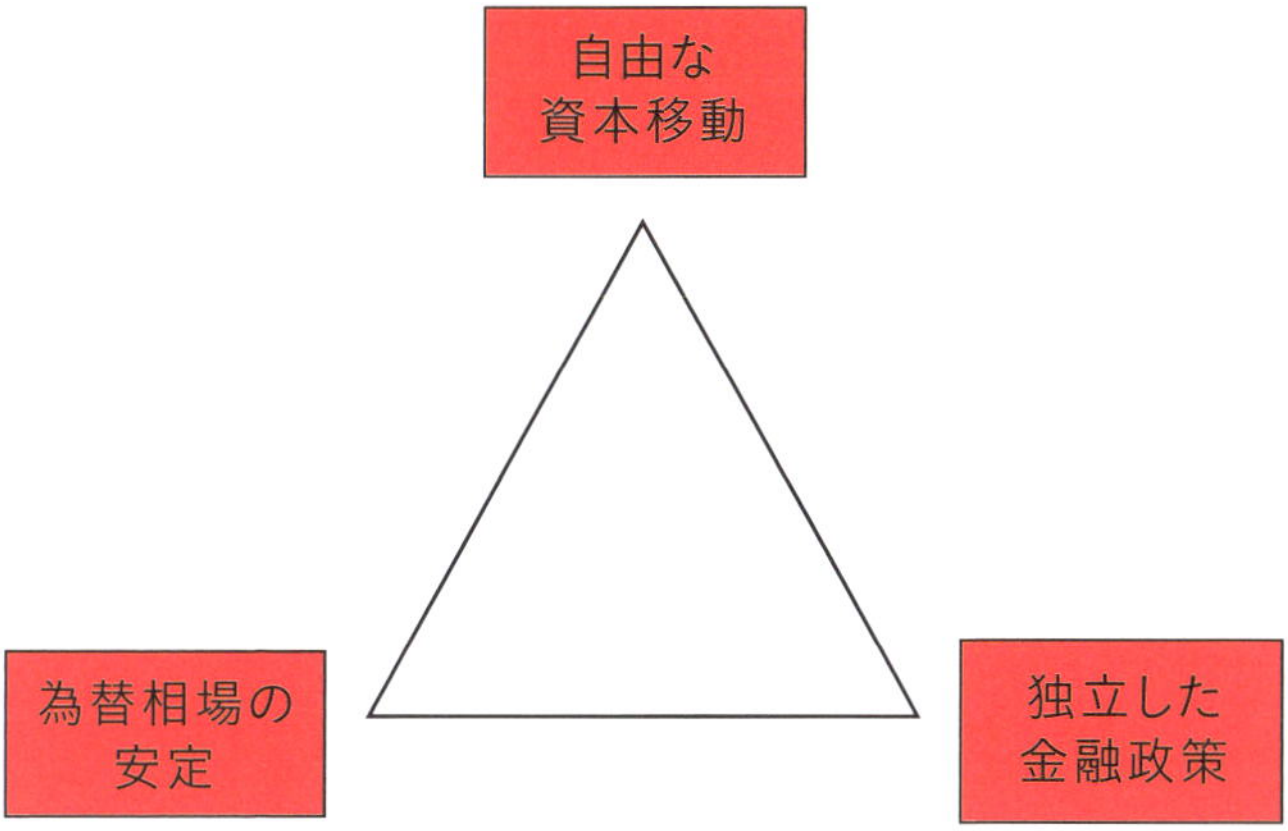

出典：筆者作成

このように、**①固定相場制と②自由な資本移動と③自由な金融政策が同時には実現しないことを、「国際金融のトリレンマ」といい、GDPが世界有数の日本のような国は変動相場制をとらざるを得ない**のだ。

変動相場制を採用しながら、政府が巨額の外貨準備を持ち、為替市場に介入するのでは、本来の市場機能を損なうことになり、本当の意味の変動相場制にならない。事実、日本は不公正な為替操作国として欧米からたびたび非難されてきた。

にもかかわらず、日本は外貨準備を

トリレンマ
経済で3つの目標を同時に達成できないという理論。例：固定為替、自由な資本移動、独立した金融政策。

200兆円も持っている。私はずっと外貨準備のスリム化を主張してきた。変動相場制でGDP比の30％近い外貨準備を持っている国はない。**不公正な為替介入のために過剰な外貨準備を持つことは、自由経済の建て前からいってもやめるべき**なのだ。

しかも、今回の円安局面でも十分に証明されたように、政府による為替介入にはほとんど実質的な効果がない。これについてよく言われるのは、実効性はなくても「日本政府の意思を示すことができる」というものだ。行き過ぎた円安や円高に対して、政府が是正する手段として、為替介入をちらつかせることが重要だと思われているわけだ。

だが、過度の円安や円高の是正は、金融政策で行うのが本筋であり、無策のツケを為替介入で是正するのは間違いである。マスコミが為替介入で大騒ぎすること自体、国民を騙す目くらましと考えたほうがよい。つまり「円安や円高を是正する手段は為替介入しかない」と多くの日本人は財務省とマスコミによって思い込まされているのだ。騙されたあげくに、200兆円もの不要な外貨準備が私たちの税金から抜き取られているのである。

財務省は外貨準備を持ちすぎていることをずっと隠しおおせてきたし、マスコミも目くらましに加担してきた。日本は変動相場制を受容することで、金融政策の自由を手に入れている。**日本企業や国民が不利益を被らないように、世界標準の金融政策を実行することが、まずは最良の為替変動対策**になる。

円安の恩恵を最も受けたのは日本政府

次にやるべきことは為替介入ではなく、円安で苦しむ輸入企業や中小企業、生活苦の家計に対し、日本政府の利益を移転する政策だろう。過去最高に膨れ上がった税収に加え、為替介入のために積んである外国為替資金特別会計（外為特会）の含み益もあるので、再分配は容易に実現できる。

財務省のデータによると、2024年3月末の外貨準備高は、米国債など1兆2906億ドル（約200兆円）に上った。この大部分の1兆ドル近くが米国債などの証券、残りがドル現預金である。これは為替介入のために積んである。例えば円安進行を防ぐ介入を行う際、外為特会にためてある外貨建て資産を売り、円を買う取引をするわけだ。

日本全体で海外に投資している額から、海外から日本に受け入れている投資の額を差し引きすると、400兆円くらいの純資産のプラスになる。そのうち200兆円はこの政府が持っている資産なのだ。**円安によって国内で最も儲けたのは、実は日本政府なのである**。


ところがマスコミは絶対にこういうことを言わず、円安がヤバいとか、為替介入や利上げの話ばかりをする。財務省が本当に嫌がることは報じず、国民が真実に気づかないよう目をそらすことしかしていない。財務省とマスコミは積極的に国民を騙しているわけだ。

外貨準備を減らすことは簡単にできる。外貨建て資産は主に米国債であり、保有している米国債はどんどん満期を迎えていく。購入時に比べて円安が進んだ結果、この満期時の償還金に円換算で年間約6兆円の評価益が生じている。この6兆円はただちに、円安に苦しむ輸入企業や家計への補助といった措置の財源になるのだ。

5年償還の米国債を5年間新たに買わないでおくだけで、外貨準備は自動的に減る。さらにいえば200兆円のうち150兆円をいま売って、他国並みのGDP比10%以下＝50兆円に外貨準備を減らせば、現在の円安水準だと50兆円くらいの為替差益が得られ、さらに大儲けすることができる。50兆円あれば円安で大変なことになっている輸入業者や庶民に向けて、数年かけて十分な支援ができるだろう。

外貨準備のスリム化も、円安対策も、政府がやろうと思えば、すぐに実行できる。足りないのは真実を知る国民による、マスコミ・政治家を使った財務省への圧力だけである。

第 5 章

金融からみた
戦後日本経済史

日本が高度成長できた円安の力、円高は国力の強さのあらわれという誤解がなぜ生まれたか、大蔵省が裏で続けていた為替介入が通用しなくなった経緯、日銀によるバブル処理の失敗など、戦後成長神話で刷り込まれてきた通説をすべて覆し、正しい見方を提示する。

円高と高度成長の神話

高度成長は日本に有利すぎる為替レートのおかげで可能になった。はかせてもらったゲタをアメリカが取り払い、実力で勝負するようになると高度成長は終わった。

前章でみたように、円安は国力や円の実力の低下とは無関係であり、国際金融の理論では2つの通貨のマネタリーベースを割り算すれば交換比率が出る。例えばアメリカが金融緩和をすればドルの総額が増え、日本が金融引き締めをすれば円の総額は減る。要は2国間の金融政策の差で為替レートが決まる、シンプルなものだ。

ところが日本では円高こそ日本の正常な姿で、円高の痛みを克服してこそ国力が上がるという間違った理解が、信仰のレベルまで国民とマスコミに染みついているようだ。なぜ円高を良いものと信じたかといえば「輝かしい高度成長の時代」と円高への流れが重なったからだ。

「経済成長して日本が強くなったから円の価値が高くなった」という誰もが信じ込みやすいストーリーは、残念ながら誤りで神話にすぎない。日本は戦後、固定相場制が敷かれていて1ドル＝360円という日本に有利すぎる為替レートだった偶然が大きい。ちなみに、なぜ360円だったかというと、「（図形としての）円の中心角が360度だから」というふざけた説がまことしやかに語られるくらい、適当に決められたといわれている。要はアメリカが敗戦国日本を舐めきっていたわけだ。

日本はものすごく高い「ゲタ」をはかせてもらった。私はゲタどころではなく「竹馬」だと形容しているが、それくらいとんでもない円安だったからこそ、日本の輸出産業は価格競争で圧倒的に優位に立てた。加えて朝鮮戦争という偶然もあり、離陸できた経済は大いに儲かって、経済成長も順調に実現できたのである。

ゲタを外されて実力勝負に直面すると高度成長は終わった

円の総量／ドルの総量で計算した均衡レートは、1971年までさかのぼって計算することができ、70年代の均衡レートは1ドル＝140円〜150円くらいだった。世界史的にも特筆されるような高度成長を達成できたのは、140円のところを360円で取引できる楽勝の「竹馬レート」が原因、というのが私の見方だ。円安だから成長できたのであり、成長したから円高になったのではない。つまり360円から140円へと、経済成長によって少しずつ円が強くなっていったのではなく、**最初に設定されたのが、竹馬級のゲタをはかせてもらった現実離れした為替レートだったために、次第に本来の現実的な1ドル＝140円に収斂していった結果、円高になったように見えている**のだ。

ここで円高と輝かしい成長がセットで進行したので、円高＝喜ぶべき状態というイメージが根強く浸透してしまった。

図5－1 円ドルと日米マネタリーベース比の推移

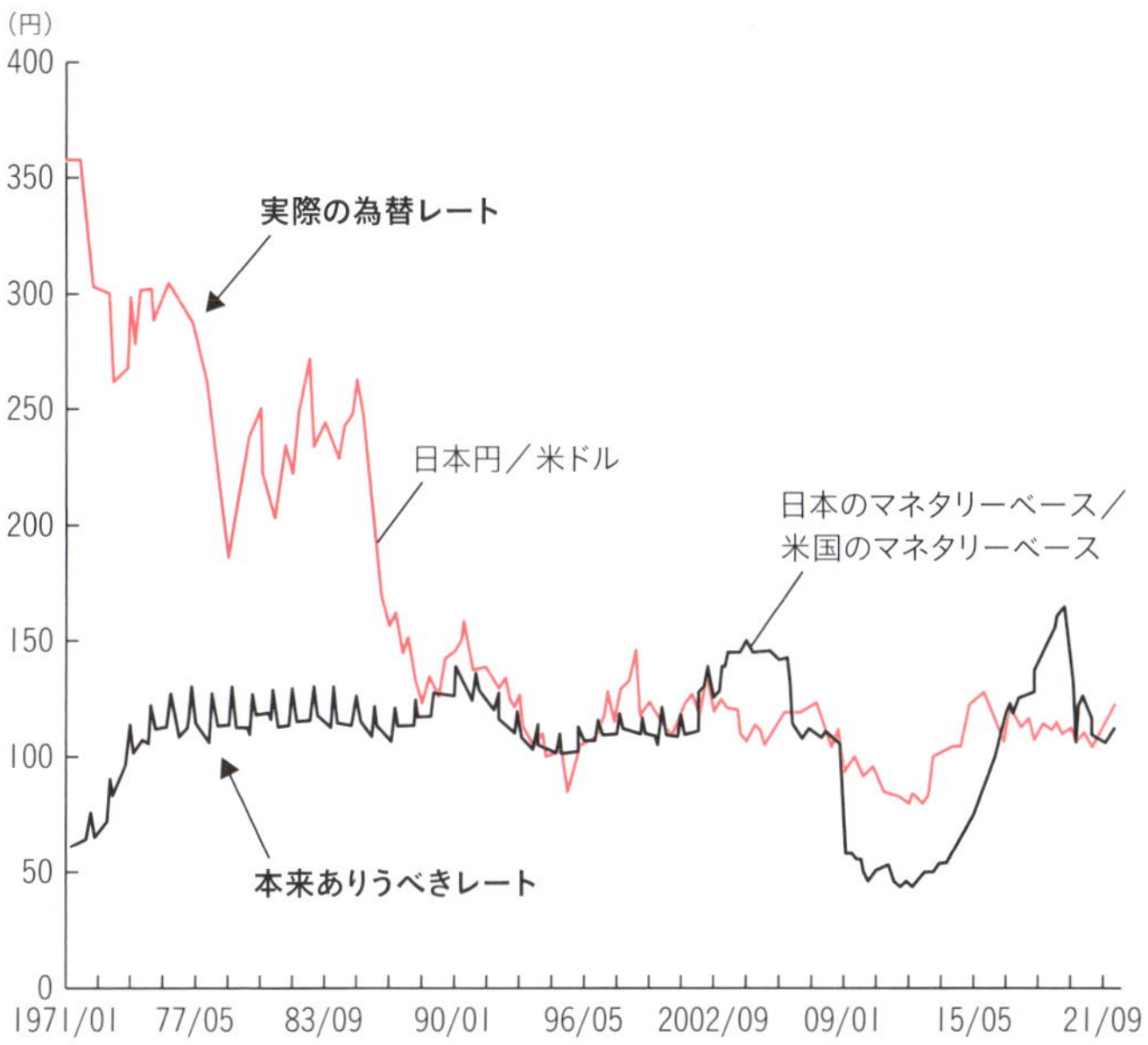

出典：日銀、FRBwebサイトより筆者作成

前章でも掲載した、日米の為替レートの推移（黒色の線）と同時期の日米マネタリーベース比の推移（赤色の線）を並べた図をみれば一目瞭然だ。当初、実線と破線は大きく乖離《かいり》している。1ドル＝360円というレートが現実と大きくかけ離れていたが、2つの線は次第に近づいていき、1988年以降はほとんど同じになっている。

これは1985年9月に先進5か国蔵相・中央銀行総裁会議で発表されたプラザ合意の結果だ。ドルの信認が揺らぎかねないと怒ったアメリカが各国にドル高修正の市場介入を促し、ゲタをはいたアンフェアなレートの円はこれを期に急速な円高となり、景気が悪化していく。

しかし私に言わせれば、**プラザ合意以降が本来の為替レートに是正された姿で、日本がそれまではかせてもらったゲタを脱いで、実力で勝負するようになったに過ぎない。実力勝負が始まったから、高度成長は終わったのである。**

これが正しい見方であり、円高が円の実力や日本の国力の指標だったわけではない。

日本はプラザ合意まで実質的な固定為替相場だった

日本の高度成長は1971年のニクソン・ショックで終わり、73年に変動相場制に移行したとされるが、実はその後も85年まで、実質的な固定相場制を続けていた。

高度成長期の日本は、国内でインフレになる犠牲を払っても、1ドル＝360円という圧倒的に有利な為替レートで輸出産業が稼ぎまくり、そのお金で賃金を上げて国内を回していた。前章でみた**「国際金融のトリレンマ」（143ページ）における、自由な資本移動と固定為替相場の2つを選択していた**ことになる。

固定為替相場の下では為替レートに左右されずに貿易ができるため、輸出企業には恩恵がある。そのため固定相場を続けていると「輸出産業だけに恩恵を与えている」という批判が国内で必ず出てくるし、貿易相手国からは「貿易で不公正に儲けすぎて

ニクソンショック
1971年、アメリカがドルと金の交換を停止した出来事。これにより変動為替相場へ移行。

いる」という批判が持ち上がる。

日米間でまさに貿易摩擦問題（**日米貿易摩擦**）が起きたのは、繊維分野などで「不公正な貿易障壁がある」とアメリカの産業界が不満を持ったことだった。日米繊維交渉当時は障壁の原因がよくわからず、双方がかなりエキサイトしたが、「為替に問題がある」ことをアメリカが認識してから、変動相場制への移行圧力がかかるようになった。

固定相場維持のため為替介入を続けた大蔵省と日銀

固定相場制について最大の誤解は、相場を決めれば自動的にそのレートが維持されると思っている人が多いことだ。**固定相場とは「為替介入をしない制度」ではなく「常に為替介入をし続ける制度」である。** 1ドル＝360円を維持するために猛烈な介入が必要になる。円安になりそうなら円を買い込んで、円高に振れそうならドルを買いまくるのだ。

介入をし続けて相場を維持する責任を負っていたのは大蔵省（当時）だった。大蔵

日米貿易摩擦
1980年代、日本の貿易黒字が拡大し、アメリカと日本の間で貿易のバランスに対する対立が生じた。

省は特別会計で外貨を買うため、**為券**（外国為替資金証券）という政府短期証券（42ページ）を発行して資金を調達し、その資金で外貨を買って、為替相場を維持していた。

為券は大蔵省発行の国債だから、市中に為券を出して資金調達すると、国債増発と同じで金利が高くなってしまう。そのため、実体経済に影響が出ないよう、為券は日銀がすべて大蔵省から買いとっていた。**日銀は固定相場維持のため、大蔵省から指示されるがままに円を発行し続けた。日銀からお金が出ていく形になるので、その分だけインフレ気味になっていたわけだ。**高度成長期の日本がインフレ基調だったのはこのためである。

そこには「日銀の独立性」などまったくなく、固定相場を維持するために独立した金融政策が犠牲になっていた。為替政策と金融政策を別ものと考えてしまう人が多いが、実際にはこのように表裏一体の政策なのだ。

1950年代から70年代初めまで続いた日本の高度成長は、71年のニクソンショックと73年の第一次**石油ショック**で終わったとされる。当時のリチャード・ニクソン大統領がドルを防衛するためにすでに形骸化していた金《ゴールド》との交換停止を発表した目的

石油ショック
1973年、原油価格が急騰し、世界的なインフレと不況を招いた出来事。

は、アメリカに不利なドル高レートの是正である。
戦後、アメリカは西ドイツとも1ドル＝4・2マルクの固定レートで取引していた。ドイツも日本同様、圧倒的に有利なレートを利用して稼ぎまくり、国際収支が黒字になった。西ドイツに対しては2度ほど切り上げ要求をし、さらに71年に変動相場制に移行した。非常に不利なレートで取引してきたのが持ちこたえられなくなり、不均衡を是正するしかなくなったのだ。

日本は変動相場制への移行に抵抗した。ドイツマルクはじめ西欧通貨の上昇に伴い、日本円も1ドル＝320円台まで上昇し、多額のドル買いを繰り返したが、71年12月の**スミソニアン協定**で1ドル＝308円への切り上げを受け入れざるを得なかった。そして73年2月に、変動相場制へ移行したと教科書には書いてある。しかし、国民には知らされていない裏があった。

制度上は73年に変動相場制になったのだが、実際には猛烈な為替介入が続いていたのである。**国民にはわかりにくい形で「ダーティ・フロート」という裏の介入を続けていた**。大蔵省は相変わらず為替を発行して外債を買っていたのだ。1ドル＝360

スミソニアン協定
1971年に行われた為替レートの調整協定。ニクソンショック後のドルの価値安定を図った。

円時代は360円から上下への変動をまったく許さない為替介入をし、73年2月から1985年9月のプラザ合意までは、上下への変動をある程度許す為替介入をしていた。「ダーティ・フロート」を完全にやめて真の変動相場制に移行したのが85年のプラザ合意だったのだ。

153ページのグラフを見れば、2つの折れ線が急激に近づいていくのは1985年以降で、それまでは両者に開きがあることがわかる。これは介入を続けていたことを意味し、73年から85年までは実質的に固定相場だったと言える。国際金融のトリレンマに即してみれば、1985年までは固定相場制だったために独立した金融政策をとることができなかったことになる。

マンデル・フレミング効果と石油ショック後の急激なインフレ

1973年の石油ショックで急激なインフレが起きたというのは間違い。裏の介入でマネーの過剰流動性が生まれ、狂乱物価を起こしてしまったのだ。

マクロ経済学で有名な「**マンデル・フレミング効果**」は、1999年にノーベル経済学賞を受賞したコロンビア大学のロバート・マンデル教授と経済学者のジョン・マーカス・フレミング氏（IMF）による理論で、単純化すると左図のようになる。

マクロ経済政策には2つの政策しかない。1つは税金をとって公共投資をする「財政政策」、もう1つが「金融政策」である。この金融政策とは、本書で解説してきた「**マネタリーポリシー（Monetary Policy）**」のことだ。「固定相場制のときには財政政策が効いて、金融政策は効かない。変動相場制のときには財政政策はあまり効かず、金

図5－2 マンデル・フレミング効果

	fiscal 財政政策	monetary 金融政策
（プラザ合意以前）固定相場制	○	×
（プラザ合意以降）変動相場制	×	○

出典：筆者作成

融政策が効く」というのがマンデル・フレミング効果だ（ただし変動相場制でも十分に金融緩和されていれば、財政政策も効くことがある）。

プラザ合意までの日本は実質的に固定相場制だったから、金融政策は効かず、財政政策が効く状態だった。つまり、田中角栄政権（1972年7月～74年12月）の**「日本列島改造論」**による公共投資は、固定相場制下の財政政策だから、有効であり効き目があった。ただ、為替相場を円安に維持するために、前述のように大量のマネーが市場に出回っている状態だったので、インフレ基調だったところに財政政策の効き目が加わり、インフレに追い打ちをかけてしまい、結果的に急激な物価上昇を生んでしまった。

戦後経済の解説で日本人が一番誤解している点は、「石油ショックで急激なインフレが起きた」というもので、これは

日本列島改造論
1970年代の日本で、地方の開発やインフラ整備を進め、経済の地域格差を是正しようとする方針。

事実とまったく違っている。第一次石油ショックとは1973年10月に中東のアラブ諸国とイスラエルの間で第四次中東戦争が起き、アラブの産油国が原油価格を段階的に4倍に引き上げたことで、日本経済に大きな打撃を与えた。

しかし、**インフレの真の原因は石油ショックではなくマネーの過剰な流動性**で、第四次中東戦争以前からインフレは始まっていた。マネーが過剰になったのは為替相場への介入のせいである。1973年2月に制度上は変動相場制に移行したため、市場に為替相場を完全にゆだねてしまうと、急激に円高に振れるリスクを抱えていた。

前々項のグラフ（153ページ）をみればわかるように、1973年ごろの均衡レートは140円前後だった。308円の事実上の固定相場から一挙に140円に近づいてしまったら、日本の輸出産業はバタバタと倒産してしまう。これを防ぐために、大蔵省は裏の「ダーティ・フロート」で猛烈な為替介入をしていた。

前述のように外債を買うために為券を発行して日銀に引き取らせる手法で、市場に大量のマネーが供給されていた。マネタリーベースが大きく増えたためにインフレが生じていたのだ。

円安を維持するための裏の介入がインフレを引き起こした

当時の消費者物価指数（総合、前年同月比の推移）をみると、1972年12月時点での物価上昇率は5・7％だったのが、翌73年1月に6・7％となり、変動相場制に移行した同年2月には7・0％になっている。さらに物価はどんどん上昇して、3月に8・7％、4月に9・4％、5月に10・8％、6月に11・0％、7月に11・7％、8月に11・9％、9月に14・2％を記録していた。石油ショックが起きる10月より以前に、すでに物価は急激に上がり始めていたのだ。

マネーが増えていたところに、石油ショックが起きて追い打ちをかけたため、翌74年には各月の物価上昇率がいずれも20％を超えるインフレ状態となった。もし石油ショックが主たる要因なら、それ以前に物価が急上昇した理由の説明がつかない。前述のように為替を円安に誘導するため、裏の介入をしないといけなかったことが、結果的に日銀がマネーを大量に刷ることになり、金融緩和をしたのと同じことになっていたのだ。

大蔵省が事実上の固定相場制を続けようとしたために、マネーをコントロールできなくなり、意図しないインフレが起こったと考えればわかりやすいだろう。１９７３年以降の物価高騰は、通説のような石油ショックという外的要因ではなく、為替操作と財政政策でマネーがあふれているところに火に油を注いだという、貨幣的な現象で起きたのである。

バブル経済の真因を見誤った日銀

プラザ合意は、真の変動相場制への移行で金融政策が効く新時代の到来を意味したが、当時の日銀はそれを理解できず、失策で経済停滞に突入した。

１９８５年９月のプラザ合意（先進５か国蔵相・中央銀行総裁会議）で為替レートは１ドル＝２３５円前後から１年後には１５０円前後へと、劇的な円高に向かった。当時のことを**双子の赤字**（貿易赤字と財政赤字）に苦しみ、１９８５年に世界最大の債務国に転落してドルの信認が低下したアメリカが、貿易赤字が特に大きかった日本を狙い撃ちして無理やり円高を呑ませ、日本企業は苦境に陥ったと説明されることがある。

実はプラザ合意のときに、政府関係者から「円高容認」という言葉が使われた。変

双子の赤字
アメリカでよく使われる言葉で、財政赤字と貿易赤字の両方が増えている状態。

動相場制で本当に市場にまかせていたのなら、「容認」という言葉を使うのはおかしい。要は、日本政府はずっと「ダーティ・フロート」で介入し続けてきたのだが、1973年の変動相場制移行以後は、建て前上は為替相場に介入していないことになっていた。だからプラザ合意のときに「裏のダーティな介入はやめます」とはいえずに、「円高容認」という言葉を使ったわけだ。

ここを理解しない人が「アメリカの圧力で円高誘導されたおかげで日本企業は苦しむようになった」という間違った陰謀論を広め、多くの日本人の目を曇らせた。くり返すが、日本企業は政府の裏の介入でゲタをはかせ続けてもらっていたのが、プラザ合意以後は実力で勝負しなければならなくなり、それまでのような儲け方は不可能になった、というのが真相だ。

金融政策が主役の時代を見誤った日銀

日本政府が裏で為替介入して円安誘導するのを止めて、プラザ合意以降は市場にそのままゆだねる形になった。真の変動相場制に移行したために、金融政策が効くようになり、マネタリーポリシーがかつてなく重要な役割を果たす時代が到来したのである。

ところがその重要な金融政策を担う日銀は、バブル経済の処理で資産価格と一般物価を勘違いして不必要な金融引き締めをするミスを犯してしまう。

ミスを認めず、日銀官僚の無謬性《むびゅうせい》（誤ったことをしない、いつでも正しい）神話を保つために、各国が金融緩和をさかんに進めているにもかかわらず、日本だけが緩和せず金融引き締めに走った結果、さらに「失われた20年」で苦しむことになった。とりわけ**リーマンショック以後、欧米が大きく金融緩和に踏み込んだのに、日銀が緩和政策を無視したため、経済危機の悪影響から最も遠かったはずの日本経済が塗炭《とたん》の苦しみに叩き落とされることになった**のだ。

バブルの後始末に失敗し「失われた20年」をもたらした主犯は、日銀による金融政策の誤りだ。事実、バブル期に一般物価はそれほど上がっていなかった。バブル当時は経済成長率も非常に高かったという認識も誤りで、先進国水準ではごく平均的なものだった。実際の数字をみてみよう（次ページ図5－3）。

図5－3　マクロ経済指標

	1987年	1988年	1989年	1990年
名目GDP成長率	4.3%	6.9%	7.0%	7.5%
実質GDP成長率	4.2%	6.2%	4.8%	5.1%
失業率	2.8%	2.5%	2.3%	2.1%
物価上昇率	0.1%	0.7%	2.3%	3.1%

出典：筆者作成

1987年から90年までの実質成長率は4・2%～6・2%であり、それほど高いわけではない。毎年のように10%を超えていた1960年代の高度成長期とは比べものにならない。物価上昇率も0・1～3・1%だから、健全な範囲に収まっている。1974年の狂乱物価のときには年平均23・2%の物価上昇率だったから、こちらも比べものにならない。

今から振り返れば「普通の経済」の範囲内だった。一般物価をみる限り、狂乱物価でもバブルでもなく、マクロ経済指標では異常な要素はなかった。では何がバブルだったのかというと、**異常に高騰していたのは株価と不動産価格**である。

日経平均株価は、1986年には1万5000円程度だった。翌87年10月には**ブラックマンデー**があり株価を下げた

ブラックマンデー
1987年10月に起こった株価の大暴落。世界中の株式市場に衝撃を与えた。

が、その後急騰していく。89年12月の大納会には3万8957円の史上最高値となった。土地の価格も異常に上がった。株価より1～2年遅れて91年ごろに地価はピークを迎え、都心では地上げや土地転がしが横行した。小さな土地が高値で取引され、転売されて値を上げ、その土地を担保に金融機関がどんどん融資をして、その資金が不動産市場にさらに流れ込むというスパイラル状態だった。

株と不動産ははっきり異常な状態で、GDP成長率、物価上昇率、失業率などマクロ経済のほうは健全だった状況を、当時の日銀は正しく分析できず、両者を分けずにまとめて1つの経済状態と捉えてしまった。そのため、インフレではないにもかかわらず不要な引き締めをすることになり、以後、それを正当化するための施策が続くことになった。

バブル経済を導いた証券会社と民間金融機関

違法な証券会社の営業と異常な不動産や財テクへの融資が、バブルを引き起こした。大蔵省証券局でその渦中にいた経験を証言しよう。

ＦＲＢのアラン・グリーンスパン元議長は「**バブルは、崩壊して初めてバブルとわかる**」と述べた。まさにその通りで、崩壊してからでないと気づけないものなのだ。当時、大蔵省証券局にいた私もそのことを実感した。なぜバブルが発生し、崩壊したか、核心について述べておきたい。

私は当時、証券局の業務課で証券会社の指導監督をする部署にいた。そこで目の当たりにしたのは、ほぼ違法といえる証券会社の営業の実態だった。証券会社の営業担当事者は、顧客に対して事実上の損失補塡を約束しながら株式の購入を勧めていたのだ。しかも株式の購入資金を銀行が融資するパターンも横行していた。

株価急騰の原因を調べた私は、営業特金（企業が証券会社に資産運用を一任する特定金銭信託）やファンドトラスト（信託銀行が預かった資金で株式や債券を運用する）といった、証券会社や信託銀行に運用を委託する金融商品の株式売買回転率が異常に高いことに気がついた。なぜ財テクに走る企業顧客からの注文がこれらに集まっていたかというと、税制上の不備に起因する「抜け道」があったからだ。企業が保有する有価証券に含み益が発生しても、特金に移管しておくと帳簿上、その含み益を顕在化させずに運用ができたのだ。

証券会社への売買一任は禁止されていたが、法令の不備があって営業特金は野放し状態。しかも法令上、事前の**損失補塡**は禁止されていたものの、事後の補塡を禁止する明文上の規定がなかった。その点でも不備があった。証券会社はまた、**時価発行増資**（エクイティファイナンス：企業が株式を発行して資金調達すること）も顧客企業に勧めていた。すると、その裏では他社の営業特金のファンドを使い、その会社の株式を買い上げる。

損失補塡
金融機関が投資家の損失を補う行為。本来は禁止されている。

株価が釣り上がって、時価発行増資をするときに莫大な資本がタダ同然で手に入る。
時価発行増資で多額の資本を得られる上に、財テクでも大きな利益を得られた。この財テクは事実上の利回り保証と損失補填を約束してもらっていてノーリスク、しかも資金は銀行（やその系列の**ノンバンク**）が融資してくれた。元手なし、リスクなしで多額の利益が入ってくる仕組みで、次から次へと注文が証券会社に入っていたのだ。

株価が急騰していたのは、マネーがあふれていたからではなく、異常な回転率の高さからだった。それにつられて一般投資家も「もっと値上がりする」と思って株に手を出していたのである。この財テクの仕組みは事実上の法令違反であり、対処が必要だった。

証券会社は営業特金をクロスさせてわからないようにして、A社の資金でB社の株を買って値を上げ、B社の資金でA社の株を買って値を上げていた。株価が上がったA社とB社は、時価発行増資で多額の資本を得られる。実態としてはそれぞれの会社が自社株を買って値を釣り上げているのと同じ、打ち出の小槌《こづち》のような資金調達法だった。

ノンバンク
銀行以外でお金を貸す金融機関のこと。ローン会社や消費者金融などが含まれる。

行政指導でようやく収まった資産インフレ

そこで私たちは営業特金に一定の規制をかけ、事後的な損失補填を禁止して法令の不備に対処しなければならなかった。しかしこれを法改正でやっていては間に合わない。実は時間との闘いで、株価が下がり始めたら本当に損失を保証せざるを得なくなった証券会社が一気にクラッシュしかねない。株価が上昇しているうちにやめさせないといけなかったために、通達の形式をとった。

かくして「証券会社の営業姿勢の適正化及び証券事故の未然防止について」という通達が、1989年12月26日に出され、証券会社が損失補填する財テクが事実上禁止された。その3日後の大納会の日に日経平均株価が最高値をつけたタイミングだった。株価は翌1月から下がり始めた。

不動産取引については大蔵省銀行局が問題意識を持っており、土地融資規制が弱かったため、融資を絞る方向で、1990年3月に**不動産総量規制**の通達が出され、

不動産総量規制
総量規制とはお金の貸出量に上限を設ける規制のこと。不動産総量規制は、金融機関が不動産向けに融資できる総額に制限をかける規制。不動産バブルの抑制を目的に導入された。

同年4月から実施された。これは不動産向け融資の伸び率を総貸出の伸び率以下に抑えるという通達である。不動産価格は反応するまでに少し時間がかかり、通達が出されて1年後くらいに大幅に下がり始めた。

人災だった「失われた20年」

株価と不動産の資産インフレを一般物価のインフレと取り違えた日銀は、過度の金融引き締めに走った。そのミスを認めないことで、日本経済はどん底に叩き落とされたのだ。

１９８０年代のバブルは株価と不動産の価格が過熱した資産インフレであり、その主因は法律や規制の不備という穴だった。のちに法律を改正したが、まずは通達を出すことで穴をふさぎ、株と不動産バブルの資産インフレは収まっていった。

前述したように一般物価のほうは問題がなかった。振り返ってみると、１９８６年６月から１９８９年３月までの消費者物価指数は、ほぼ０～１％の上昇率（対前年同月比。以下同）だった。１９８９年４月からは消費税３％が加わったが、それでも１９９３年10月までの物価上昇率はほぼ１～３％であった。

バブルといわれていた当時の物価は、むしろ安定していたといえる。にもかかわらず日銀は、そこで金融引き締めを行ってしまった。

当時の日銀総裁は三重野康氏（1989年12月〜94年12月在任）で、バブル退治をしたとしてマスコミから「平成の鬼平」ともてはやされた。このとき、不必要な金融引き締め政策をマスコミが高く評価してしまったことで、それ以降の日本経済は日銀によってどん底に叩きこまれることになる。

金融政策の本質ではなく意地の張り合いがもたらした低迷

日銀には当時の政策金利である**公定歩合**（日銀が民間金融機関に資金を貸し出す際の基準金利）の上げは「勝ち」、下げは「負け」と呼ぶ風土があり、私も何度か耳にしている。これは当時、日銀総裁には大蔵省出身者と日銀出身者が交互に就任する不文律のせいでもあったが、大蔵省と日銀の微妙な関係を反映したもので、大蔵省には財政支出を抑え税収を増やすため金利引き下げの景気刺激策を求める傾向がある。これに対抗意識を持つ日銀は、公定歩合の上げを「勝ち」と見る雰囲気があった。金融政策の本質から逸脱した、つまらない意地の張り合いである。

公定歩合は1980年8月に9・00％から8・25％に引き下げて以来、1987年2月の3・00％から2・50％への引き下げまで10回連続で引き下げたので、日銀にとっては「10連敗」だった。1989年5月に2・50％から3・25％に引き上げて、ようやく日銀は11連敗を食い止めた。そのとき、三重野氏は日銀副総裁だった。

同年12月に三重野氏が総裁に就任してからは3連勝して、1990年8月には公定歩合は6・00％に達した。三重野氏が「平成の鬼平」と呼ばれるようになったのはこの頃である。しかし、1989年に最高値をつけた株価は、1990年に入ってからどんどん下落していき、8月時点ではバブル崩壊は誰の目にも明らかだった。

1990年1月からの株価急落で、マーケットの過熱感はもうなくなっていた。1989年10月、12月、1990年3月、8月の4回の利上げは、まったく不要だったのだ。しかしそれ以降も、最後の利上げの90年8月から91年7月の利下げまでに11か月もかかってしまった。

不要な利上げと利下げのタイミング遅れで、その後の引き下げは完全に後手に回り、景気回復ができなくなってしまう。ここからまさに、悲劇というべき「失われた20年」が始まるのである。

バブル当時、さかんに「カネ余り」だといわれたが、私は証券行政を担当しながら、何かが違うと感じていた。通貨供給量が多すぎるのなら物価は上がるはずだ。しかし一般物価は安定していた。その状況下で、日銀はインフレになっていないのに金融引き締めをくり返したのだ。

もっとも、私も日銀のこの行動が明らかな間違いだったことを明確に知ったのは、1998年にプリンストン大学に留学して、前述のバーナンキ教授に「インフレ目標」について教わってからだ。バーナンキ先生に「資産価格が上がったときにインフレ目標をやるのか」と聞くと、「いや、資産価格はインフレ目標の定義に入っていない。関係ない」という。**金融政策は一般物価だけをみて判断すればよい**（**資産価格がいずれ一般物価にも波及する場合はこの限りでない**）**というのがセオリー**だと知った。

資産価格はマネーがあふれていなくても、回転率の高さで上昇することがある。資産価格が上昇すると担保価値が増加して資金調達や融資を受けられる余地が拡大するため、その資金の一部が再び資産市場に投入されて資産価格はさらに上昇するというスパイラルが発生する。

このような過熱を抑えるために資産市場には一定の規制が必要で、そこで規制に穴があったりすると異常な回転率となってバブルが生じる。**1980年代日本のバブルは、まさにこの規制の穴に踊った証券会社と銀行によって引き起こされたものだった**。

しかし、日銀はバブルの原因が異常な回転率にあったことを見抜くことができず、マネーが原因だと考えたため、金融引き締めで市場からマネーを引きあげてしまった。それが、のちの「失われた20年」の不況やデフレに大きな影響を与えることになる。

ところが日銀の官僚たちは金融引き締めが間違いだったことを決して認めない。官僚の無謬性で、引き締めによるバブル退治は正しかったという考え方が受け継がれていった。「平成の鬼平」ともてはやされたのが成功体験としてしみついたわけだ。

日銀はセオリーに反して、引き締めてはいけないところで引き締めたにもかかわらず、自分たちのしたことを正当化しようとして、その後もずっと間違ったことをやり続けるはめになった。つまり**過去の間違いを正当化するために、その後もずっと誤ったタイミングでの引き締めを続け、デフレを引き起こし、放置し、悪化させた。犠牲になったのは一般の日本人である**。

バブル後の20年を振り返ると、日本のマネーの伸び率はずっと先進国最低だった。最下位を20年続けたのはどう考えても正常な姿ではない。誤ったプライドで間違いを認められないために、同じ誤りがくり返されたわけだ。次章で詳しくみてみよう。

第 6 章

金融政策の失敗で読む
平成経済史

バブル崩壊後からアベノミクスまで、日本経済がデフレに苦しんだ原因を探り、国民が塗炭の苦しみを味わった理由が金融政策の失敗という「人災」にあったことを明らかにする。迷走した日銀と、特に量的緩和政策の成果をいまだに否定しつづけるマスコミと専門家の罪は重い。

「失われた20年」の原因を考える

金融自由化で財政政策の時代が終わり、金融政策の時代になったのに、日銀はその重要な役割を果たそうとせず、デフレを放置していた。

前章でみたように、日銀が「資産価格」と「一般物価」を分けて考えず、一般物価は問題のない水準だったのに金融引き締めに走り、しかもそれが間違いだったことを認めず引き締めに固執したため、「失われた20年」のデフレの泥沼にはまってしまった。

１９８０年からバブル崩壊の91年までの平均経済成長率は、名目で６・３％、実質で４・３％だったのに対し、92年から２０１１年までの平均経済成長率は名目でマイナス０・１％、実質で０・８％と、大幅に落ち込んだ。日本がゼロ成長にあえいでいた期間、アメリカ、イギリス、ドイツ、フランスなど欧米各国は年3〜4%の成長率であり、日本だけが「一人負け」で成長しなかったのだ。

その理由は金融引き締めにある。1994年から2013年の統計数字を見ると、世界171か国でマネーの伸び率が低いほうから数えて1番目、成長も低いほうから数えて1番目で、マネーの伸びでも成長でも世界ビリだったのだ。

デフレにより国際競争力も低下

バブル崩壊後の不良債権処理に追われていたこの当時、不良債権を抱えた金融機関が貸しはがし（返済期限前に資金回収を図ること）に熱心で融資を抑制したからとか、企業が債務超過で収益を借金返済にあてたために設備投資や消費が抑えられて景気が悪化した「バランスシート不況」が原因だとかいわれたが、いずれも個別企業の経営の「ミクロ」の問題であり、それがマクロの原因になることはない。

実際、失われた20年の期間、日本の投資額は諸外国に比べて低くなった。必然的に生産性も低くなり、国際競争力で勝てないから経済は悪化する。設備投資をしなかった理由は単純で、将来の成長が見込めないのに投資が増えるはずはない。収益を得られる見通し次第で投資額の多寡《たか》が決まるからだ。

民間投資が増えるかどうかは、第3章でみた「実質金利（＝名目金利－予想インフレ率）」で決まる。**予想インフレ率が上がれば実質金利は下がり、反対にどれほど名目金利が低くても、デフレの影響で予想インフレ率が大きく下がっていれば、実質金利は上がる**ことになる。

このデフレによって予想インフレ率が下がり、実質金利が上がる状態になると、経済にとんでもないマイナス圧力がかかる。諸外国と比べて実質金利が上がれば設備投資がしづらくなり、円高になる。すると輸出競争力も下がり、輸出企業を中心に打撃を受ける。デフレで予想インフレ率が下がり、投資金額は減る一方、消費停滞に加えて賃金削減の負のスパイラルが発生してしまう。

バブル崩壊後も続いた金融引き締めという誤った政策によって、このように何から何までマイナスになった状態で、大きなイノベーションにつながるデジタル・IT分野での投資拡大、生産性の向上、岩盤規制の打破、産業構造の転換など起きるはずもなく、民間の設備投資はひたすら低迷し続けた。根本的な原因はデフレにあり、投資の縮小はその結果だったのだ。

時代の流れは財政政策から金融政策へ

日銀は1991年7月から93年9月まで7度にわたって公定歩合を1・75％に、さらに阪神淡路大震災後の95年4月と9月に0・5％まで下げたが、すでに遅かった。この時期に進んだのが金融の自由化である。1994年に普通預金などの流動性預金の金利が自由化され、いわゆる護送船団方式から脱した。96年11月には橋本龍太郎政権下でいわゆる「**金融ビッグバン**」が始まり、2001年にかけて金融制度改革が進められた。

各国は1980年代から90年代に金融自由化を進めていたが、日本もその流れに従ったわけだ。これに対し「外資系金融が日本に進出しやすくなり、ハゲタカに日本経済が食い荒らされた」などと陰謀論めいた批判があったが、実際は違う。

金融ビッグバン
日本の金融制度改革。1990年代後半に市場の自由化や競争力の向上を目指した。

金融の自由化は貿易の自由化と切っても切れないものである。日本では貿易の自由化はかなり早い時期に進み、１９６４年の東京オリンピックの頃にすでに自由化率は90％を超えていた。実物経済の裏には金融があるから、金融の自由化も進めないと貿易がうまく回らなくなる。

アメリカやイギリスも、貿易自由化のあとから遅れて金融の自由化に進んでいった。「国際金融のトリレンマ」でみたように、資本主義国にとって「資本移動の自由」は必須の命題である。資本移動の自由とは資本を各国間で融通するという話であり、資本がどこかの国に偏在してしまうと、実物経済の貿易の自由化を担保できなくなる。貿易の自由化を進めるには資本移動の自由が不可欠で、資本移動の自由を推進していくには各国の金融市場の自由化が必要になる。

各国の国内金融市場が自由化されていないのに、他国と自由な資本の融通などできるはずがないからだ。**貿易の自由化が進み、それを支えるための資本移動の自由化をいっそう進めないといけなくなり、各国が金融市場を自由化する必要に迫られる、というのが経済の必然的な流れ**なのである。

日銀が金融政策の誤りを認めず、政策が正されることがなぜなかったのかといえば、その裏に大蔵省スキャンダルと日銀法改正問題とのつながりがあったせいだ。

小渕恵三政権（1998年7月〜2000年4月）は前の橋本政権が1997年4月に行った消費税増税（3％→5％）で落ち込んだ経済を回復させるため、大規模な財政政策を打ち出した。小渕首相が「日本一の借金王」と自嘲《じちょう》したほどの積極財政だった。私は当時プリンストン大学に留学中だったので、外からみていて「財政政策はあまり効かないだろう」と思っていた。

その根拠は160ページで紹介したマンデル・フレミング効果だ。変動相場制の下では財政政策の効果が現れにくく、金融政策の効果が大きく現れる。金融が自由化され、1998年4月には改正日銀法が施行されて日銀の独立性が高まったのだから、時代の流れで財政政策から金融政策にウェイトを移すべきだと私は考えていた。しかし、そうはならなかった。新日銀法はきわめて不純な動機で改正されたからだ。

史上最高レベルの独立性を勝ち取った日銀法改正

大蔵省スキャンダルの余波で、日銀が史上最高の独立性を勝ちとってしまったことが、政策の誤りを認めず、正そうとしない日銀マンのプライドを形成した。

１９９５年春以降に、大蔵省幹部への過剰接待事件や巨額の不良債権を抱えて公的資金が注入された**住専問題**など、大蔵省の不祥事が続き、大蔵官僚への批判が噴出した。この流れで１９９６年３月ごろ、与党三党（自民・社会・新党さきがけの連立政権）の「大蔵省改革問題プロジェクトチーム」で日銀法改正の議論が浮上した。

そこでの大蔵省改革の方向性は、財政政策と金融行政の両方を一つの役所で担当するとあまりに権限が強大になってよくないとされ、大蔵省の金融行政部分（俗にいう「大蔵省の４階」でやっていた金融機関監督）を切り離すのがいいとされた。マスコミはこれ

住専問題
１９９０年代、日本の住宅金融専門会社が不良債権を抱え、多額の税金で救済された問題。

を、財政と金融行政の分離という意味で「**財金分離**」といった。

実は「財金分離」というのは学術的な言葉で、財政政策と金融政策を分離することである。これに目をつけた大蔵省は、マスコミが言い出した「財金分離」という言葉の意味を巧妙にすり替え、「わかりました、私たちは皆さんがおっしゃるように財金分離します」といいつつ、「財政政策と金融行政を分離する方向」に持っていったのだ。

しかし、日銀法改正でしのげると見込んでいた大蔵省は世論の怒りをバックにした与党に押し切られてしまい、財政と金融行政を分離した金融庁が設置されただけでなく、金融政策を担う日銀も独立させることになってしまった。問題はここで、日銀の独立性の内容について中央銀行の専門家も入れず、きちんと議論しなかったことだ。

大蔵省が法改正するときは、必ず他国の制度を調査してからするのが鉄則だったが、このときにはやらなかった。ちょうどその頃、イギリスの中央銀行であるイングランド銀行が独立性の議論をしていた。中央銀行の独立性には、「手段の独立性」と

「目標の独立性」の2つがある。イングランド銀行は法改正で「手段の独立性」を高めたが、「目標」のほうを政府が与えるというのがイギリスのやり方だった。

つまり物価上昇率2%などという金融政策の「目標」は政府が与えて、それをいかに実現するかという「手段」については中央銀行が独立性をもって決定する。日本の場合は大蔵省スキャンダルの余波で他国の例を調べず、議論もなく法改正されてしまったので、手段と目標の区別があいまいなまま進んでしまった。法律にも何も書き込んでいないので、曖昧模糊《あいまいもこ》としている。

日銀はそこをついて、手段の独立性も目標の独立性も自分たちにあると主張し、目標の独立性を既得権のようにしていった。そのせいで「インフレ目標を政府が示したら、日銀の独立性が失われる」などという、世界の非常識ともいえる意見が大手を振ってまかり通る事態になったのだ。

これは世界標準から見ればきわめて異常だ。**「目標の独立性」まで中央銀行に与えるということは、総裁と副総裁のわずか3人によって金融政策が決められるという意味だ。選挙民に選ばれた政治家がまったく金融政策に関係することができないので**

は、民主主義の否定にもなりかねない。

定義が曖昧だった「史上最高」の日銀の独立性

日銀はこうして、民主主義国ではあり得ないほどの独立性を獲得した。それまでトップに大蔵省からの天下りを受け入れ、事実上大蔵省からの指示で金利を決定していたのが、日銀政策決定会合で名実ともに決められるようになり、日銀が目標を設定して政府には連絡だけすればいいことになったのだ。

大蔵省に勝利した日銀の高揚感は、当時の議事録によく表れているが、史上最高の独立性を与えられたにもかかわらず、明確な金融政策目標を自ら設定しなかったため、政策は迷走した。

例えば速水優総裁時代（1998年3月〜2003年3月）の1999年2月に、日銀はゼロ金利政策を導入したが、翌2000年8月にすぐに解除して引き締めに回ってしまった。日本のメディアが「効果がない」とか「市場に資金がジャブジャブになる」

とか批判を浴びせたからだ。

当時私が留学していたプリンストン大学の経済学者たちは、**金融緩和で緩やかなインフレにしない限り日本経済は立ち直れない。それもせずにゼロ金利を解除したら失敗する**という見方だった。

その後の日本経済をみれば、彼らの見解が正しかった。日銀はこのあと2001年3月に量的緩和政策に踏み切るが、これも「量」が不十分なまま、「副作用が強すぎてハイパーインフレになる」などの批判を浴びると、途中で解除してしまった（次項で詳述）。2％などの明確なインフレ目標が当時あれば、時期尚早の解除決定をすることもなかったはずで、痛恨の極みである。

このように、日銀は金融引き締めに固執する愚策を続けた。独立性の定義を明確にしないまま法改正したツケが、国民全体を犠牲にする形で回ってきたのだ。

小泉政権がデフレ脱却できなかったわけ

経済財政政策担当大臣だった竹中氏は、インフレ目標を伴う金融政策を日銀に求めたが拒否された。政府が金融政策に関与できるのは実質的に日銀総裁人事だけだったのだ。

小泉純一郎政権（２００１年４月〜２００６年９月）で経済財政政策担当大臣を務めた竹中平蔵氏は金融政策によるデフレ脱却を目指していた。私は部下として近くにいたのでよく知っている。

竹中氏は経財相に就任するや、日銀の金融政策決定会合に出席してインフレ目標の話を何度もしたが、日銀からはまったく相手にされなかった。

政府からの出席者はあくまでオブザーバーという立場であり、会合の最後に発言を求められるだけで、誰もまともに聞いてくれず、議論にも採決にも加われない。2001年には毎月のように政策決定会合に出ていたが、担当大臣が金融緩和をやろうと主張したのに日銀は拒否した。いいかげんな日銀法改正のせいで、政策目標を決めるのは自分たちの権利だと信じた日銀に阻まれ、はね返されてしまったのである。時間の無駄を悟った竹中氏はその後、会合に出席しなくなった。

くり返しになるが、マンデル・フレミング効果は、変動相場制の下では財政政策は効果が現れにくく、金融政策の効果が大きく現れるというもので、言い方を変えると、**変動相場制の下では金融政策を間違えてしまった場合、マイナスの影響が大きく出てしまう**ということになる。

脱却しかけたところで量的緩和を解除してデフレに逆戻り

結局、政府が日銀に影響を及ぼすには、次の日銀総裁の選任時にしか、事実上チャンスがないのである。竹中氏は、2003年3月の日銀総裁交代時に誰を選任するかが最も重要であることを理解していた。日銀出身の福井俊彦氏が候補者だったが、デフレ脱却をする意志があるかどうかが問題だった。

福井氏は小泉首相の前でデフレ脱却を約束したと私は聞いている。それで小泉首相は福井氏を日銀総裁にした。福井氏は就任すると約束を守り、すぐに量的緩和の規模を拡大した。2001年に日銀は操作目標を金利から当座預金残高の量に変更したが、福井新総裁はこの当座預金残高の目標を15兆～20兆円から段階的に35兆円程度にまで引き上げた。

また2003年10月に「CPI（消費者物価指数）を、単月でゼロ％以上となるだけでなく、基調的な動きとしてゼロ％以上であると判断できること、先行きマイナスになると見込まれないこと」の条件を新たに提示し、緩和政策を強化した。

このため、小泉政権時代には一時デフレを脱却できそうになったが、福井総裁は2006年3月の任期途中で量的緩和を解除してしまう。CPIの上昇率で0・5％くらいが続いたのを「安定的にゼロ％以上」だと解釈してしまったのだが、実際のところはその年の9月に小泉首相が退任予定だったことを見越したのかもしれない。

このときに内閣で解除に反対したのは、竹中氏だけだった。「いま量的緩和解除をすると半年から1年先に景気は落ちる」と主張したが、ここでも相手にされなかった。日銀は解除に踏み切り、9か月ほど経つとデフレに逆戻りし初め、経済は再び低迷した。

このいきさつを冷静に見ていたのが、当時官房長官だった安倍晋三氏で、竹中氏や私のいうことを「本当かな」と思いながら聞いていたという。しかし実際にデフレが再び深刻化するのを目の当たりにして、量的緩和解除の失敗に気づいた。2012年の自民党総裁選に再び出馬したとき、デフレ対策としての金融政策と消費増税への懸念をただ一人、明確に主張して当選し、黒田東彦氏を総裁に選んだのだった。安倍氏が当選しなかったら日銀はその後も金融緩和をしていなかっただろう。

デフレ勝者が金融機関を支配し、日銀に影響を与えた

白川方明日銀総裁が金融緩和をかたくなに拒んだ結果、リーマンショック後の日本は「ひとり負け」状態に陥った。

長く続いたデフレの結果、金融機関の経営者もデフレ志向になった。デフレは物の価値が下がることで、金利も下がっていく。金融機関の中で金利が下がって儲かる部署は債券部門であり、金利が下がると債券価格が上がるから評価益が出る一方、貸出部門は低金利で儲からなくなる。回収もうまくいかなくなり、利益がなかなか出せない。

20年もデフレが続いたせいで債券部門の人々が出世し、金融機関の経営者に債券部門出身者が増えた。彼らはいわば「デフレ勝者」であり、デフレが続くことを望み、

金融緩和を望まない。彼らの意向が日銀に影響を与えたと、私は考えている。

白川方明総裁時代（2008年4月〜2013年3月）の日銀は、デフレ克服のための金融緩和をかたくなに拒んだが、その理由の1つに、「こんなことをしたら金利が上がって金融機関が大変だ」という経営サイドの意見を真に受けてしまったことがあるというのが私の意見だ。事実、白川総裁は金融機関の経営について当時言及している。

だが、金融機関の経営は「ミクロ」の話である。日銀の仕事は個別企業の経営の心配ではなく、マクロ金融政策である。個別の経営監督は金融庁の仕事と割り切って、まさに「独立した金融政策」をしなければならないのだ。

預金金利が上がっても貸出金利も上がるから、金融機関はそちらで利益を出せるようになる。金利が上がると国債の利払いが増えて国家財政が大変になるという人は多いが、**マクロ経済でみれば金利と経済成長率はほぼ一致するので、金利が上がれば経済成長率も上がり、税収は自然に増える。経済成長率が上がると税収の上がりのほう**

が大きくなるので、国債の利払い費が増えても財政は健全化するのだ。

デフレ目標をかたくなに守ってリーマンショック対応で後れを取る

経済を考えるとき、一部分しか見ない人が本当にたくさんいる。個々の事象だけではなく、反対側や全体を見て考えることが、正しい判断をするために必要になる。

2008年9月のリーマンショックの際に、当時経済財政担当大臣だった与謝野馨氏は「日本経済にはハチが刺した程度の影響」と述べた。これが日本の政策担当者の発想であり、日銀も何もしなくていいと思っていたようだ。

他国はすぐに対応した。アメリカFRBは同年11月からQE（量的緩和政策）第1弾を開始した（〜2010年6月）。米国債や住宅ローン担保証券（MBS）などの金融資産を直接買い入れ、市中への資金供給を増やす景気刺激策である。

FRBのバーナンキ議長は恐慌後の対応策がわかっていたので、すぐに大胆な金融緩和を実行した。需要が急激に落ちているから需要を作るために金融緩和をしたわけ

QE
量的緩和政策。中央銀行がお金を大量に供給し、景気を刺激する政策。

MBS
モーゲージ担保証券。住宅ローンをまとめて証券化したもので、投資対象となる。

図6－1　各国中央銀行のB／Sの推移（2,006.5＝1）（再掲）

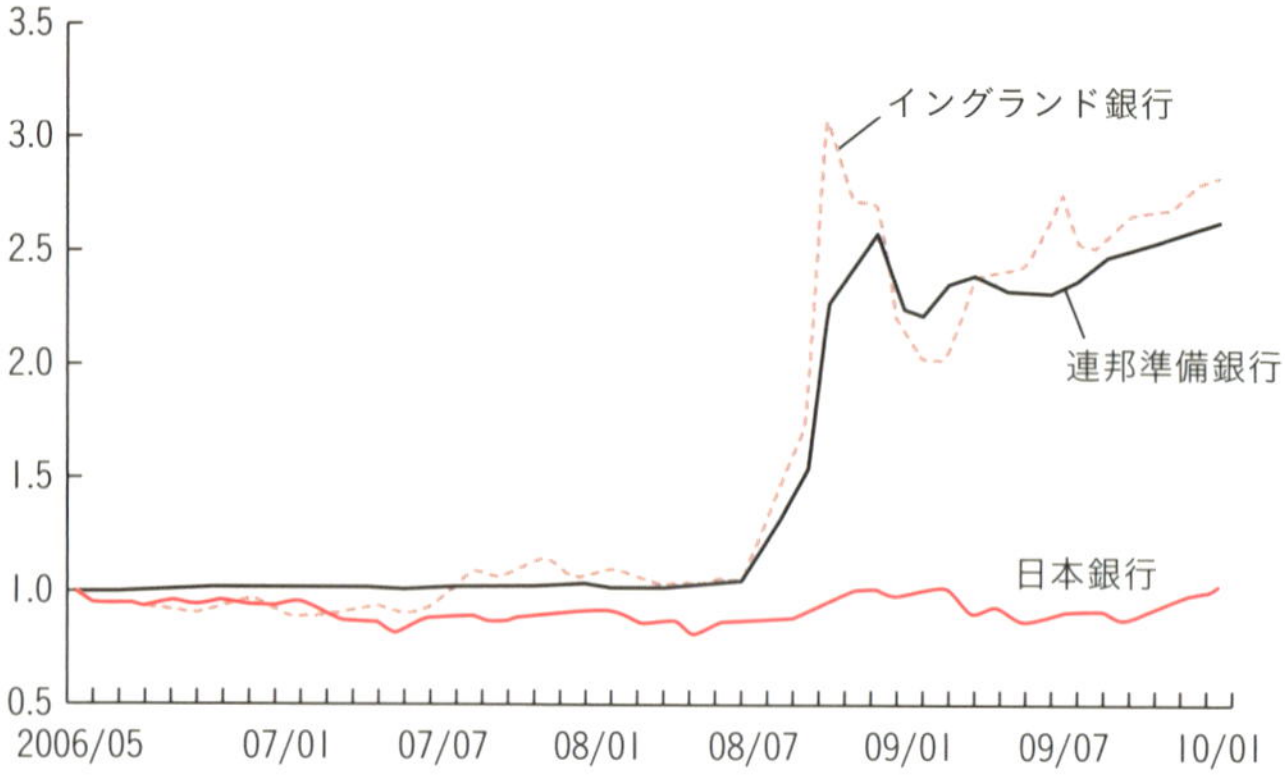

出典：筆者作成

だ。「ハイパーインフレになる」などと批判されたが、イギリスの金融当局も同じことをした。もちろん、結果はハイパーインフレになどならなかったし、何よりもデフレにさせない効果があった。欧米の中央銀行がすぐにバランスシートを拡大したのに、日銀は何もしなかったのだ（図6－1）。

ＦＲＢは続いて２０１０年11月から２０１１年６月にかけてＱＥ第２弾を行い（ＱＥ２）、１か月あたり約７５０億ドル、合計６０００億ドル分の米国債の追加購入を行った。さらに、２０１２年９月にＱＥ３でＭＢＳを月額４００億ドル購入、毎月４５０億ドルの国債の買い入れと合わせて月８５０億ドル規

図6－2　2000年代の消費者物価指数の推移

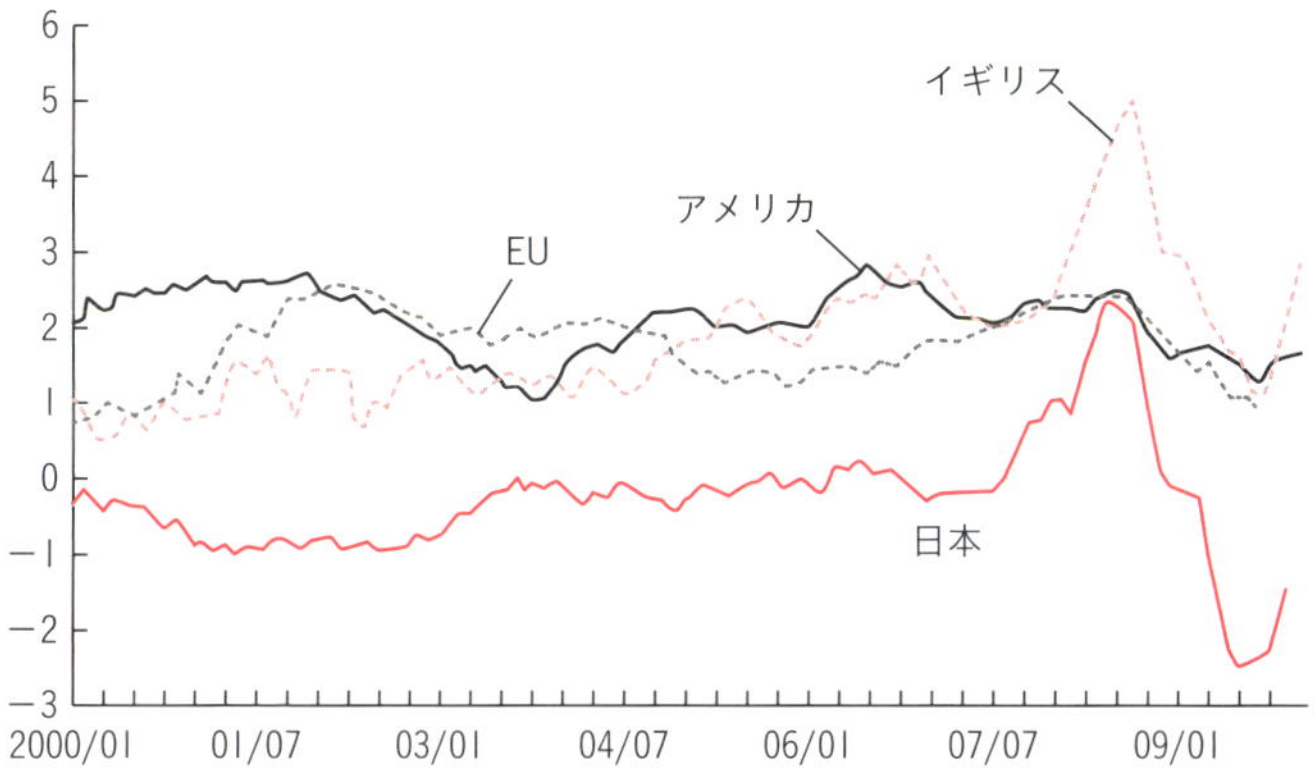

出典：筆者作成

模の大量の資金を供給した。

２０１０年２月、当時民主党政権の副総理兼財務大臣だった菅直人氏が衆院予算委員会で「１％程度の物価上昇を政策目標にすべきだ」とインフレ目標の導入を促したが、白川総裁は現状の枠組みが最適との考えを示し、導入を拒否した。

２０００年代の10年間、１２０か月の消費者物価指数を比較して、各国の中央銀行の成績表をつけてみたのが上図６－２だ。

日本は日銀の主張通り、消費者物価（除く生鮮食品のコアＣＰＩ）の対前年同月比で０％より大きく、２％より小さければ目標達成とする。他の国では２％プラスマイナス１％を達成とする。日本だけ甘くしてみても、達成できたのはわずか2~3か月しかない。打率にして1割9分、アメリカは打率10割、イギリスは7割3分、EUは9割1分だから、**日銀だけが事実上の「デフレ目標」をかたくなに守っていた**ことが一目瞭然だ。バブルにならないことだけを気にして、政府からのインフレ目標導入の要請を拒否したのだ。

先進国中、経済成長率が最低に

リーマンショック後に米英が異次元レベルの金融緩和を行い、お金を大量に刷ったのに対して、日本だけは現状維持で金融緩和をしなかったため、相対的に日本円の量が少なくなる。そうなれば円高になるのは当たり前だ。ドル円レートは70円台まで進み、日経平均株価は7054円まで下がった。

その結果、震源地のアメリカや他の国がほどなく回復していったのに、日本だけが後遺症をいつまでも引きずり、一人負け状態になってしまった。**先進国でデフレなのは日本だけで、しかも経済成長率も先進国中で最低となった結果、どれほど多くの一**

般の人々が失業や就職できずに苦しんだことか。これは経済失政による「人災」といったほうがいい。

ある日銀職員が経済雑誌に「日銀は長期国債を大量に買うべき」という論文を発表したところ、貨幣を洗浄する部署に異動させられたという、内部では有名な話がある。日銀が国債を買うことは財政を支援し、財務省の手先になることだという内輪の論理に反旗を翻したため、見せしめにあったのである。

間違った政策に固執し、デフレを放置した愚策の罪はあまりに重い。二度とその悲劇をくり返してはならない。

黒田日銀の検証と功績

2822日という歴代最長の安倍政権を支えたアベノミクスの立役者、黒田日銀の異次元緩和を採点してみよう。

白川氏のあとを継いだ黒田東彦新総裁は、就任直後の2013年4月の決定会合で2%の物価目標を掲げ、その手段として「量的・質的金融緩和」を導入する「**異次元の金融緩和**」を行った。黒田総裁が2023年4月に退任するまでの在任中に大胆な金融緩和策がとられ、失業率の低下と有効求人倍率が上昇したことは日本経済に大きなプラスとなった。

10年に及ぶ黒田日銀を私が採点するとしたら、及第点越えの70点はあげられる。そ

異次元の金融緩和
従来の枠を超えた規模や手法で行われる金融緩和政策のこと。日本銀行が2013年に導入し、大規模な国債やETFの買い入れで市場に大量の資金を供給、インフレ目標の達成や景気刺激を図った。

の金融政策を振り返ってみよう。**異次元緩和のポイントは、金融市場操作目標を「金利」から「資金供給量」に変更したこと**だ。

具体的には、①長期国債買い入れの拡大と年限長期化、②ETF（上場投資信託）、**J－REIT**（不動産投資信託）などのリスク性資産の買い入れの拡大だ。①が量的金融緩和であり②が質的金融緩和となる。

これによって2年間で2倍のペースで資金供給量を拡大させ、さらに2014年10月には①の国債購入ペースを年80兆円に倍増。そして2016年1月には日銀当座預金の一部の金利をマイナス0・1％に引き下げるマイナス金利政策を導入。同年7月には②のETF購入ペースを年6兆円にアップした。さらに同年9月には「長短金利操作（イールドカーブコントロール）」を導入し、これで政策の軸足をふたたび「資金供給量」から「金利」に戻した。

これらのうちマイナス金利は、すでに本書で触れたように対象となる部分がわずかであるため、金融政策としては大した話ではない。それよりも問題だったのはイール

J－REIT
不動産投資信託の日本版。不動産の収益を分配する投資信託で、株式のように取引できる。

ドカーブコントロールで、これは利上げであり事実上の金融引き締め措置だからである。

本来、この政策は短期金利を操作することで長期金利を調節する従来型の金融政策から、**長期国債の買い入れで直接、中央銀行が長期金利を目標値に誘導するもの**だ。しかし現実にはマイナス0・2％だった10年物金利を0％に引き上げる、金融引き締め措置になってしまった。

2018年7月、当初は目標値を0％から上下に0・1％程度としていた長期金利の許容変動幅を、上下0・2％程度に拡大した。これも長期金利の上昇の余地を与えたという意味では実質的な金融引き締めとなった。

さらに2021年3月、長期金利の許容変動幅を上下0・25％程度にまで広げた。この範囲に長期金利が収まっている限り、日銀は国債を買う必要がないため、同年末の日銀の国債保有残高は13年ぶりに減少に転じた。この枠組みを取っ払わない限り、インフレ目標は達成できない。これが日本経済の大きな足かせになっており、70点と採点する理由だ。

ただし、黒田日銀が二度にわたる消費増税という大失敗の「（前政権の三党合意による）もらい事故」の悪影響を受けたのは事実であり、不運だった。２０１４年４月に５％から８％に、19年10月に10％に引き上げた件である。これが日本経済を大きく冷え込ませることになった。

２０１２年の年末以降、日本のＧＤＰは順調に成長していた。安倍政権発足時に約５１７兆円だったのが２０１４年３月には約５３５兆円に増加したのだ。それが同年４月の消費増税により、その直後の第２四半期（7月～9月）までに約14兆円も急減した。これがなければ、日本経済をデフレから救った日銀総裁として歴史に残ったかもしれない。

アベノミクスは雇用増という点では満点だった

アベノミクス自体の評価はどうか。私は安倍氏と話す機会が多かったので、その都

図6－3　黒田日銀と白川日銀の比較

	黒田日銀 (2013.4－2023.4)	白川日銀 (2008.4－2013.3)
インフレ率（総合）	0.8%	▲ 0.3%
失業率	3.0%	4.6%
就業者数	＋419万人	▲ 117万人
自殺者数（年間）	2万人～2.7万人程度	2.7万人～3.3万人程度

出典：総務省、厚労省資料より筆者作成

度、マクロ経済政策について、最低ラインは雇用の確保、そのうえで所得が上がればいいと説明していた。したがって私の評価基準は、雇用確保できれば60点、所得向上があれば40点追加で100点満点となる。

安倍氏が雇用の重要性を理解していたことはくり返し述べた。雇用は失業率低下と就業者数の増減で測れる。安倍政権の雇用はすでに述べたように歴代政権で最高レベルであり、400万人以上の就業者増と1・6ポイントの失業率低下だったから、雇用は満点だった（上図）。

もう一つの所得の向上はどうだったか。所得はGDP成長率で測ることができる。と同時に、インフレ率も見るべきだ。

安倍政権では実質GDPは0・4%、インフレ率は0・7%であった。高度成長期の歴代政権と比べれば見劣りする。戦後GDP統計のある鳩山一郎政権以降の31政権において、第2次安倍政権の実質GDP成長率は25位で、インフレ率は目標値2%からの乖離で測ると7位となる。

戦後の歴代政権と比べて、安倍政権のGDPパフォーマンスは中位であり、採点は40点満点中の20点となる。雇用60点、所得20点で、合計80点というのが私の採点だ。ただし、日本がデフレに陥った1995年以降の13の政権に限ってみれば、安倍政権は実質GDP成長率で8番目、インフレ率では1位（安倍政権以外はすべてマイナス）となる。

安倍政権は、**デフレ経済にあって唯一、本当にデフレから脱却しかけた政権だった**のだ。このことは特筆されていい。いまも残された日本経済の課題は、やはり完全にデフレから脱却できるかどうかということになる。

第 7 章

「金利のある世界への転換」には要注意

コロナ禍の非常事態を経て世界がインフレになると、増税が命の財務省、金融引き締めを善とする強烈なDNAを持つ日銀、利上げで儲けたい金融機関が政治家・マスコミと結託して「金利が上がり負担増の流れはもはや避けられない、時代は貯蓄より投資だ」という大宣伝が始まった。

日銀と金融機関が金利を上げようとしている

海外と違って日本はまだデフレからの完全脱却が課題なのに、日銀はまたもや間違った金融引き締めで、国民を苦しめている。

2023年末から2024年現在、日銀の金融緩和政策の修正を視野に入れて**「金利のある世界」**という表現が目につくようになった。もちろん通常の世界なら金利はあって当然だが、しかし現在の経済状況で日銀が金利を上げればGDPは減り、日本はデフレに逆戻りしてしまう。

2024年の経済状況を、潜在GDPと実際のGDPの差である**「GDPギャップ」**でみてみよう。一国の経済全体の総需要と供給力の差をGDP（需給）ギャップ

「金利のある世界」日銀が長く続けてきた超低金利政策を見直し、金利を上げる可能性がでてきたというメッセージである。

といい、**実質ＧＤＰ（総需要）－《マイナス》潜在ＧＤＰ（総供給＝現在の経済構造で資本や労働の稼働率が100％、失業率が2％前半と、物的資本と人的資本を最大限利用した場合に得られるＧＤＰ）の式で表す**。

これがプラスの場合、需要が多いということで「**インフレギャップ**」となり、現在のアメリカがそうなっている。反対にマイナスになる場合、供給が多いということで「**デフレギャップ**」となり、現在の日本はまだこちらなのだ。

この状況で利上げすればＧＤＰギャップはさらに拡大する

内閣府が公表しているＧＤＰギャップはマイナス3兆円だが、これは潜在成長率の天井を私の推計よりも10兆～15兆円ほど低く見積もっているので、2024年4～6月期のＧＤＰギャップはマイナス10兆円程度となる（次ページ図7－1参照）。

私の推計では失業率が最低水準になるまでに必要な有効需要を算出しているので、内閣府のものよりＧＤＰでいうと2％程度厳しめになる。

図7－1　潜在GDPとGDPの推移

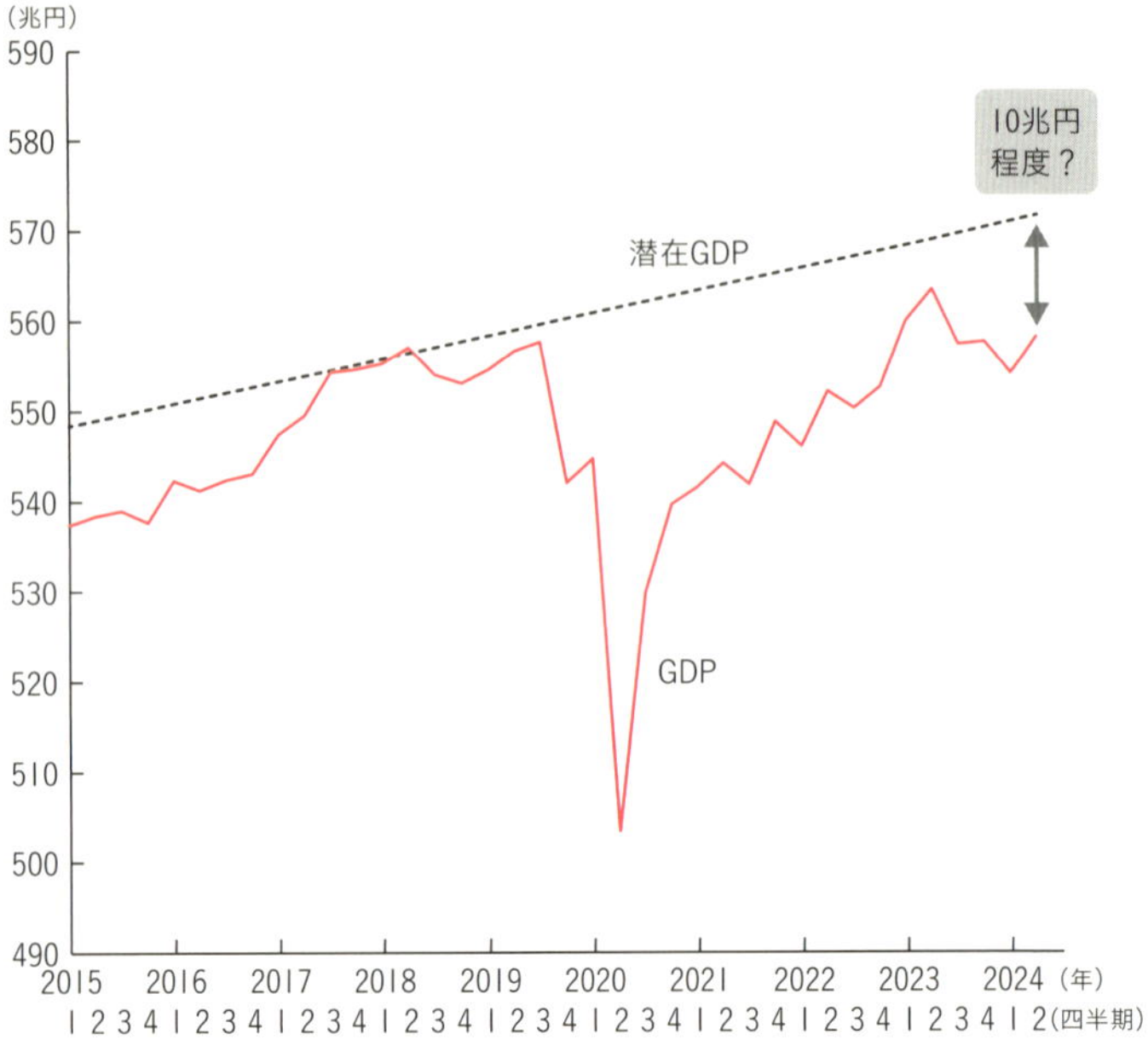

出典：内閣府より筆者作成。ただし、潜在GDPは筆者試算による

これはまだまだ需要不足の業界があることを意味する。原材料やエネルギー価格の上昇を十分に転嫁できないし、インフレ率が高騰するような状況ではない。それは、日本のインフレ率がアメリカと違い、インフレ目標を大きく越えて上がっていない（2%台後半）ことからもわかる。

この状況で利上げすれば、設備投資など需要は落ち込み、GDPギャップはさらに拡大する。すると半年後くらいに失業率が高くなるだろう。同時にインフレ率は下がり、デフレに逆戻りする。また利上げは円高要因となり、GDPを減少させ雇用を失わせる。

これはOECDの計量モデルでも確認できる。**日本が金利を1%上げると1〜3年間でGDPが0・2%低下、インフレ率も0・1%程度低下する。**日本の内閣府の計量モデル（2018年度版）では、短期金利を1%上昇させると1〜3年間でGDPが0・12〜0・23%低下、消費者物価は0・02〜0・06%低下、失業率は0・01〜0・03%上昇、GDPギャップは0・11〜0・17%拡大する。日本はまだ金融緩和が必要な状況なのだ。

OECD
経済協力開発機構。加盟国の経済成長や貿易促進を目指している国際機関。

「金利のある世界」というのは、金融機関の収益確保のための言葉だ。すでに触れた2022年12月の黒田日銀の事実上の利上げ（長期金利操作の許容変動幅をプラスマイナス0・25％からプラスマイナス0・5％にした）の際、株価は600〜700円ほど値下がりし、為替も3〜4円ほど円高になった。しかし、金融業界の株価だけは上がった。

安倍政権のとき、「年中、銀行から陳情がある」と私は安倍氏から聞いていたが、「日本経済のためには何よりも雇用が重要」と考えていた安倍氏は決して金融業界に媚《こ》びなかった。しかし2021年10月に岸田文雄政権が誕生すると、金融業界に有利に物事が運び始める。先述した政府による新NISAの過剰な推進を筆頭に、これまで金利で稼げなかった金融機関に恩恵を与える施策ばかりが打ち出された。

岸田政権が財務省の言いなりだったことは有名だが、財務省は金融業界に非常に近い。日銀も同じだ。彼らにとって金融業界は、大切な天下り先だ。彼らにとり日本経済が悪化することより自分の行き先を確保するほうが重要なのだ。「金利のある世界」が必然の流れであるかのように世論を誘導し、国民を騙しているのである。

タイミングを誤った金利引き上げ

岸田政権下で財務省と日銀、その言いなりの政治家による反アベノミクスの「巻き戻し」経済政策が始まった。

日銀は２０２４年３月にマイナス金利を解除し、長短金利操作（イールドカーブコントロール）も撤廃した。日銀が公表した「金融政策の枠組みの見直しについて」をみると、冒頭に「２％の『物価安定の目標』が持続的・安定的に実現していくことが見通せる状況に至ったと判断した」「これまでの『長短金利操作付き量的・質的金融緩和』の枠組みおよびマイナス金利政策は、その役割を果たした」とし、今後は「短期金利の操作を主たる政策手段」にするという。

具体的には、短期金利を「マイナス０・１～０％」から、「０～０・１％」へと利上げし、長期金利は上限1%の目途を撤廃するという。長期金利が上がれば、民間設備投資は抑制され、経済成長にはマイナスだ。民間設備投資は成長の原動力なので、その悪化は先行きの見通しにとって良くないシグナルとなる。

これは「利上げ、金融引き締め」であり、ダメだと私は思った。物価が目標の2%を大きく超えるおそれがあるから利上げするのなら理解できる。しかし2%を超えたらすぐに引き締めるのは大きな間違いだ。

植田総裁の日銀は金融引き締めに前のめり過ぎる

2023年の日本の物価上昇率（コアCPI）は平均で2・8%、最新の2024年11月の数値も2・7%だった。

これに対して、例えばアメリカが金融引き締めを開始した2022年3月の指数（コア個人消費支出価格対前年同月比）は5・4%だった。**金融引き締めはインフレ目標値を超えてもすぐには実施せず、遅れて行うのがセオリーであって、各種データが出そろうまで見極めて正しい選択を行うことを「ビハインド・ザ・カーブ」という。**

ビハインド・ザ・カーブ
物価の動きに遅れて金融政策を行っていく鉄則のこと。

日本ではこれを「後手に回る」と考えているようだが、金融政策はインフレ率と失業率の関係で動かすことでしか意味がなく、金融正常化というスローガンで行うのはセオリーに反する。

ちなみに1月24日、日銀が公表した「経済・物価情勢の展望」では、コアCPIの消費者物価指数（除く生鮮食品）の対前年度比について、政策委員の見通しは、2023年度が2・8〜2・9％、24年度が2・2〜2・5％、そして25年度が1・6〜1・9％と、インフレ目標の範囲内といって差し支えない。

コアコアCPIの消費者物価指数（除く生鮮食品・エネルギー）も、23年度が3・7〜3・9％、24年度が1・6〜2・1％、25年度が1・8〜2・0％に落ち着く見通しで、物価高騰の問題は見えてこない。こうした状況でなぜ金融引き締めを行うのか、インフレ目標の観点からはまったく理解できない。白川日銀時代にインフレ率が0％を超えた時点で金融引き締めを行ったデフレターゲットの再来であり、今回は2％を超えたらすぐ引き締めたわけだ。

金融政策の影響は広範に及ぶ。短期金利の引き上げは、企業の運転資金の金利、個人の変動住宅ローン金利に影響が及ぶ。直ちに変動住宅ローン金利には影響が出ないように工夫もされているが、いずれ上がるだろう。長期金利も上昇すれば、企業の設備投資資金の金利に影響が出る。

それまで日銀当座預金のマイナス金利は三層構造になっていて、2023年末の残高518兆円のうち、0・1%のプラス金利が適用されているのは206兆円、ゼロ金利は284兆円、マイナス0・1%の適用が28兆円だった。**マイナス金利解除で三層構造は二層となり、この28兆円が金融機関へのギフトとなった**わけだ。

日銀はさらに6月の金融政策決定会合で、現在月6兆円ペースの国債買い入れの減額方針を決め、7月の同会合で長期国債の買い入れ予定額を四半期ごとに4000億円ずつ減額することにした。26年1~3月期には月3兆円程度にするという。

長期国債の買い入れ額の減少はマネタリーベースの減少になり、目先の長期金利の上昇要因になるばかりか、マネー量と金利の関係から、近い将来の短期金利の上昇要因にもなる。やはり植田総裁の日銀は、金融引き締めに前のめりすぎることが明白になった。**インフレ率が2%を大きく逸脱して、少なくとも4%程度になるまで金融引き締めをするべきではない。**そうでないとGDPギャップがさらに拡大し、景気の腰を折ってしまうだろう。

日銀の政策ミスによる大暴落

利上げに前のめりな植田日銀の誤った判断のせいで、２０２４年７月の利上げは１９８７年のブラックマンデー時を超える過去最大級の株価の暴落につながった。

２０２４年７月30、31日の日銀の政策決定会合を見て、怒りがわいてきた。金融機関同士の短期資金貸借の金利である無担保コールレートを０・15％上げて、０・25％に利上げすることを決めた会合である。

日本経済がまだ回復しきっていない中で、本当は金利を上げてはいけない局面だったし、金融理論上も間違っているが、景気や雇用よりも金融機関を重視する植田総裁の人物像を考えて、間違っていても上げてしまうだろうと講演で私が言っていた通りになった。

図7－2 2024年～2026年度の政策委員の大勢見通し

	実質GDP	消費者物価指数（除く生鮮食品）	（参考）消費者物価指数（除く生鮮食品・エネルギー）
2024年度	＋0.5～＋0.7 〈＋0.6〉	＋2.5～＋2.6 〈＋2.5〉	＋1.8～＋2.0 〈＋1.9〉
4月時点の見通し	＋0.7～＋1.0 〈＋0.8〉	＋2.6～＋3.0 〈＋2.8〉	＋1.7～＋2.1 〈＋1.9〉
2025年度	＋0.9～＋1.1 〈＋1.0〉	＋2.0～＋2.3 〈＋2.1〉	＋1.8～＋2.0 〈＋1.9〉
4月時点の見通し	＋0.8～＋1.1 〈＋1.0〉	＋1.7～＋2.1 〈＋1.9〉	＋1.8～＋2.0 〈＋1.9〉
2026年度	＋0.8～＋1.0 〈＋1.0〉	＋1.8～＋2.0 〈＋1.9〉	＋1.9～＋2.2 〈＋2.1〉
4月時点の見通し	＋0.8～＋1.0 〈＋1.0〉	＋1.6～＋2.0 〈＋1.9〉	＋1.9～＋2.1 〈＋2.1〉

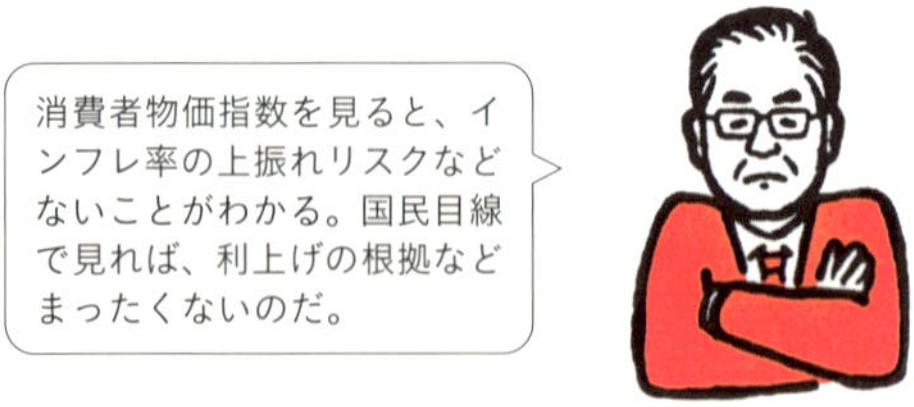
消費者物価指数を見ると、インフレ率の上振れリスクなどないことがわかる。国民目線で見れば、利上げの根拠などまったくないのだ。

（注1）「大勢見通し」は、各政策委員が最も蓋然性の高いと考える見通しの数値について、最大値と最小値を1個ずつ除いて、幅で示したものであり、その幅は、予測誤差などを踏まえた見通しの上限下限を意味しない。

（注2）各政策委員は、既に決定した政策を前提として、また先行きの政策運営については市場の織り込みを参考にして、上記の見通しを作成している。

出典：日本銀行「経済・物価情勢の展望」（2024年7月）

事実、0・15％の利上げを決めたあとの8月4日、5日と日経平均株価が大暴落し、中でも5日の下げ幅は1987年のブラックマンデーを越えて過去最大となった。

総裁記者会見では、利上げの理由にインフレ率の**上振れリスク**をあげたが、そんなものは存在しないことが、日銀がこのとき出してきた資料で説明できる。

図7－2は日銀の政策委員会メンバー（日銀審議委員＋総裁、副総裁）の物価見通しで、特に2024年度を見ると、実質GDPの値は4月時点の見通し（＋0・8）よりも7月時点で下がっている（＋0・6）。つまりインフレ圧力は高くないことを日銀審議委員自身が認めてしまっているのだ。

その証拠に、その右の消費者物価指数の見通しを、4月時点の数字（＋2・8）から下方修正している（＋2・5）。日銀自身の数字を見れば上振れリスクなどないことがわかる。次の2025年の見通しもインフレ目標の数値に収まっている（＋2・0〜＋2・3）ので問題はない。

上振れリスク
経済成長やインフレが予想を上回るリスク。政策や投資に影響を与える可能性がある。

本当に上振れリスクがあるのなら、インフレ率は4月時点での見通しよりも高くなるはずで、25年度の数字は3％を大きく超えるものになっていなければならない。しかし日銀の見通しでは何の問題もない数字を出しており、総裁の「上振れリスク」発言と矛盾する。

金融機関だけがボロ儲けできるしくみ

こういう矛盾した資料を出して、記者会見でも誰も質問しないのだから、舐めきっている。結局、利上げすれば金融機関を儲けさせることができるから、出来レースでやっているだけなのだ。

その証拠に、7月の金融政策決定会合では上述した0・15％の利上げとともに「保管当座預金の適用利率については、0・25％とする」と、各金融機関が日銀に持っている当座預金につく金利を上げている。

通常の企業は当座預金に金利はつかないのに、金融機関だけは日銀の当座預金の残高に金利がつく。これまで+0・1%だった金利を+0・25%に上げたのであり、こんなに高い金利水準はいままでになかった。最近では金融機関の日銀当座預金残高は520兆円に達しており、0・25%に金利が上がることで金融機関の利子所得は年率で8000億円も増えることになった。これまで0・1%で5000億円だったからあわせて1・3兆円に増える計算になる。**日銀当座預金に資金を預けるだけでボロ儲けというおいしい図式**なのだ。

今回の利上げで銀行は民間企業への貸出金利を上げて儲かるだけでなく、ノーリスクの当座預金の金利も上がって二重に儲かる仕組みだ。

そもそも当座預金に金利がつくこと自体がおかしいが、今回の利上げがインフレ対策などではなく、金融機関を儲けさせるための決定で、日本経済にとって実に悪いものだったことをマスコミは報じようとしない。こんなでたらめな理由で利上げしたから、景気は間違いなく悪くなる。

インフレ率が4%、5%になるような景気が過熱した局面なら利上げは当然だが、実体経済は回復しきっておらず、実質GDPは2024年1~3月期がマイナス0・5%、4~6月期が速報値の3・1%から下方修正された2・5%と、あまり伸びていないし、インフレの上振れリスクもないのに利上げしたのはとんでもなかった。**31日の決定会合のあと、8月5日までに日経平均株価は7600円も下落し、過去最大の下げ幅になったが、完全に日銀の失策**である。

植田総裁は利上げの際の会見で「強いブレーキにならない」と言い訳していたが、弱いブレーキでもかければ経済はしっかり減速する。今回の暴落が「**植田ショック**」といわれるゆえんだ。

なぜ、賃金が上がらないのか

通常の経済ならインフレは賃上げをもたらすが、長くデフレに苦しんだ日本では、なかなか安定した賃金上昇に結びつかない。その理由を説明しよう。

日本では過去30年近く、賃金が上がらなかった。逆に世界の国々ではだいたい10年くらいで賃金が2倍近くに上がっている。日本だけ上がらなかった要因について理解するには、ＧＤＰについて正しく押さえておく必要がある。

繰り返しになるが、ＧＤＰとは国内で生産されたモノやサービスの付加価値を表す国内総生産のことで、「名目ＧＤＰ」はその生産数量に市場価格をかけて生産されたものの価値をすべて合計して算出する。ここから物価の変動による影響を取り除いたものを「実質ＧＤＰ」という。

そもそも、名目賃金は一人あたり名目ＧＤＰと同じ概念なので、名目賃金が低いのは、名目ＧＤＰの伸びが低いからということになる。**日本では名目ＧＤＰがそれほど成長していないので、その反映である賃金が伸びないのは、ある意味で当然といえる**。

ＯＥＣＤ加盟国の平均賃金データを確認してみると、たしかに過去の日本の賃金は愕然《がくぜん》とするほど低かった。１９９０年当時のＯＥＣＤ加盟国で、この30年間の名目賃金（労働者が実際に受け取った給与額）の伸びを見てみると、１９９１年から２０２０年にかけて、名目賃金については、アメリカは2・79倍、イギリスは2・66倍の上昇に対し、日本は1・11倍。90年に20万円もらっていたのが、２０２０年でも22万２０００円にしかなっていない（次ページ図7－3参照）。

物価変動分を加味した実質賃金（名目賃金÷物価上昇率）はアメリカ1・47倍、イギリス1・44倍の上昇に対し、日本は1・03倍。ひどい状況だ。

図7－3　OECD加盟国の平均賃金の推移

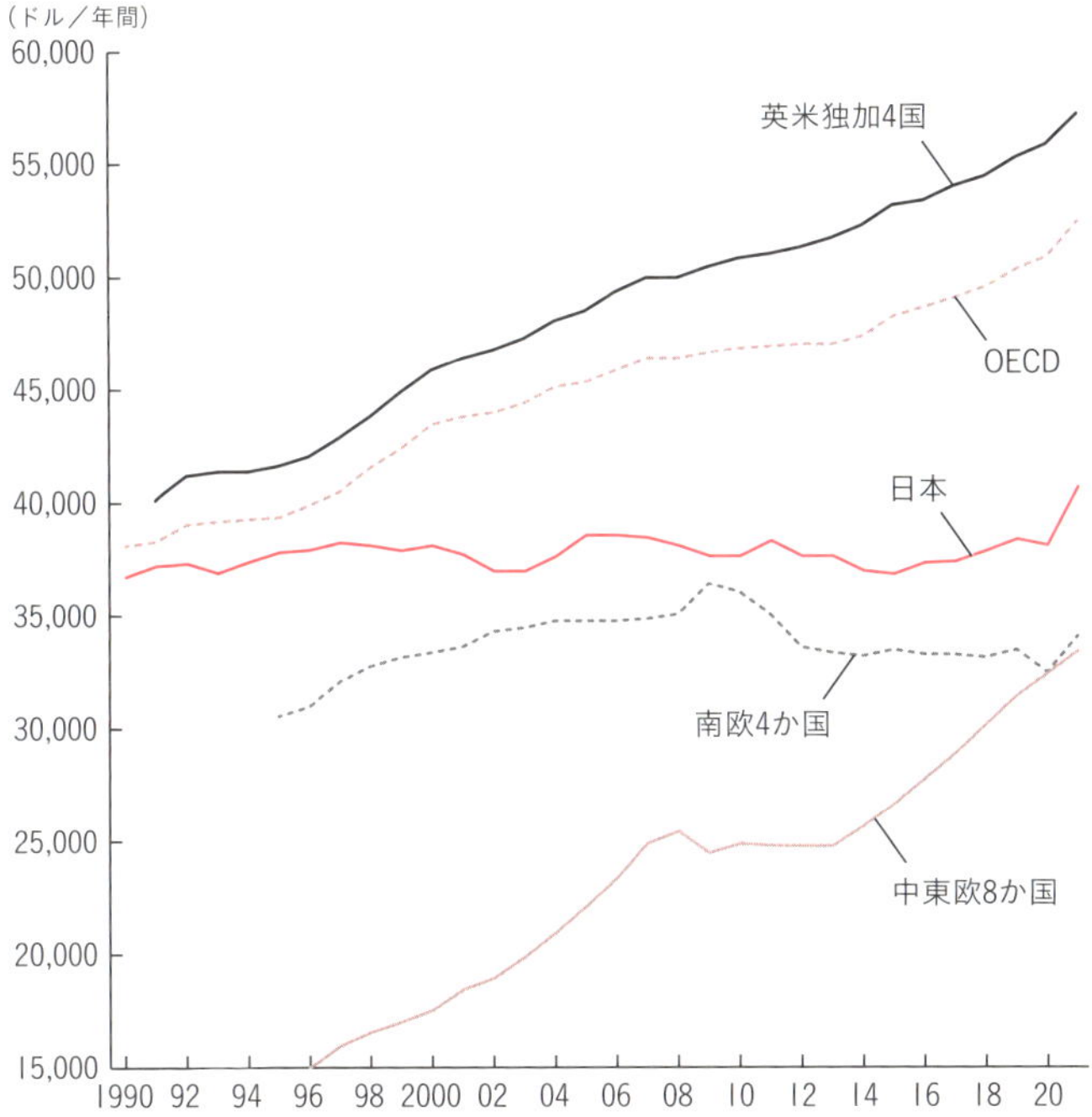

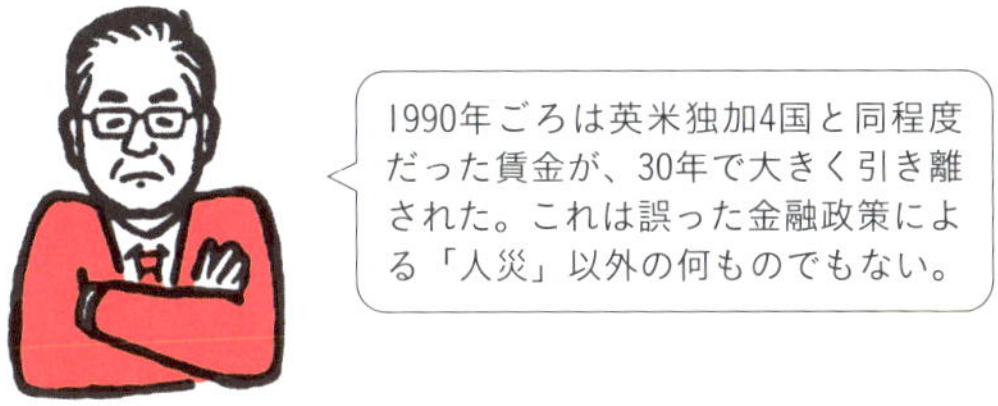

南欧4か国＝イタリア、スペイン、ポルトガル、ギリシャ
中東欧8か国＝リトアニア、スロバキア、ハンガリー、チェコ、ラトビア、スロベニア、エストニア、ポーランド

出所：OECDより筆者作成

金融政策でコントロールできるマネー伸び率

経済が伸びなければ賃金も伸びない。「90年代以降の30年間」と、「90年より前の30年間」を比較すると、名目GDPの伸び率とマネーの伸び率は一貫して相関があることがわかる。筆者の推計では、名目GDPともっとも相関が高いのが**マネー伸び率**だ。各国のデータでみても相関係数は0・7〜0・8程度もある。

名目GDPの伸び率は、マネーの伸び率で決まる。具体的にいうと「90年の前の30年間」では、日本のマネーの伸び率は、データが入手できる113か国中46位と平均的な位置にあった。一方「90年以降の30年間」では、日本のマネーの伸び率は148か国中、なんと最下位。結果、名目GDPの伸び率も最下位だ。マネーの伸び率は、日銀が金融政策でマネタリーベースを増やすことでコントロールできるのに、それをしなかった日銀の罪は重いことは前章で述べた。

マネー伸び率
経済全体でお金の量がどれくらい増えているかの割合。お金が増えれば経済が活発になりやすく、減ると景気が鈍くなる傾向がある。

しかしコロナ後には2022年度の名目GDP566・5兆円が、2023年には前年比で4・41%増の591兆4820億円となり、2024年は600兆円を超える見通しとなった。名目賃金も上がったが、それ以上に物価が上がると、実質賃金は下がる。

実質賃金とは、労働者が実際に受け取った給与（名目賃金）から物価上昇分を除いたもので、実質的な購買力を表す。現状では、物価の上昇率に賃金の上昇率が追いついていない。

失業率が2%前半の最低ラインまで下がると、そこから名目賃金が上がって、物価を追い抜くが、まだそうなっていないので経営者は人を安く雇える余地があり、物価が強く雇用が弱い状況になる。**名目賃金がインフレ率を追い越さなければ実質賃金は上がらない**のだ。

失業率を最も下げたのは安倍政権のときだ。失業率は2・3%まで下がり（2019年5月）、私は「あと半年くらい経てば、賃金が上がりだしますよ」と安倍氏に言った。それなのにコロナ禍になってしまい、結果的にすべて飛んでしまった。民主党政権時代の三党合意のせいである二度の消費増税に加えて、コロナ禍まで喰らってしまったのは不運だった。

失業率はコロナ後に3・0%まで上がり、その後は横ばいとなった。2024年7月時点で2・7%と、実質的に3%近い。これでは賃金は本格的に上がりにくい。報道で紹介される実質賃金は厚労省が**毎月勤労統計**で公表しているもので、統計上、日銀の数値と比べて0・5%程度高い数値となる（詳しくは割愛するが、帰属家賃を除いて計算しているため）。

賃金上昇率との関係でいえば、日銀のインフレ目標2%が達成された場合、厚労省の毎月勤労統計での「インフレ率」は2・5%程度になり、**実質賃金がプラスになるには、名目賃金上昇率が2・5%以上になる必要がある。** しかし、岸田文雄政権では、名目賃金上昇率が2・5%以上となったのは、発足後31か月で2回しかなく、結局、岸田政権下で実質賃金は26か月連続で下落した。こうして日本人が貧しくなったのも「人災」なのである。

日銀の「インフレ率」が1・5%まで下がれば、名目賃金上昇率は2%以上でよ

毎月勤労統計
日本で毎月発表される、賃金や雇用の動向を示す統計。景気判断に使われる。

く、これなら現状でも達成可能だ。アメリカ、イギリス、ドイツのいずれも、2023年の実質賃金の上昇率のプラス化を見ると、消費者物価上昇率の鈍化が先行する形で実現している。この「インフレ率」が下がっての実質賃金プラスは、再びデフレに戻る危険もあり、安定した賃金上昇にはなりにくい。

実際、物価上昇が多少落ち着き、賞与の効果が出た2024年6、7月でプラスになった実質賃金は、8月になると前年同月から0・6％減少し、3か月ぶりにマイナスに転じた。日本の現状はまだ失業率が底まで届いていないので、賃金が上がりにくいのだ。**失業率が十分に下がっていない現状を認識すれば、日銀が行うべき金融政策は明白で、緩和を続けなければならない。それしか選択肢はない**のである。

アメリカでは、インフレが高じて引き締めが必要になっている。そこで日本もアメリカに続いて利上げをすべきだという論調がマスコミで「金融正常化」と称して語られるが、**（総需要が総供給より大きい）インフレギャップを抑えなければいけないアメリカと異なり、デフレギャップの日本は利上げをしてはならない**。植田総裁の日銀は再び誤った金融政策にひた走ってしまっているのだ。

図7－4　マクロ政策・フィリップス曲線（再掲）

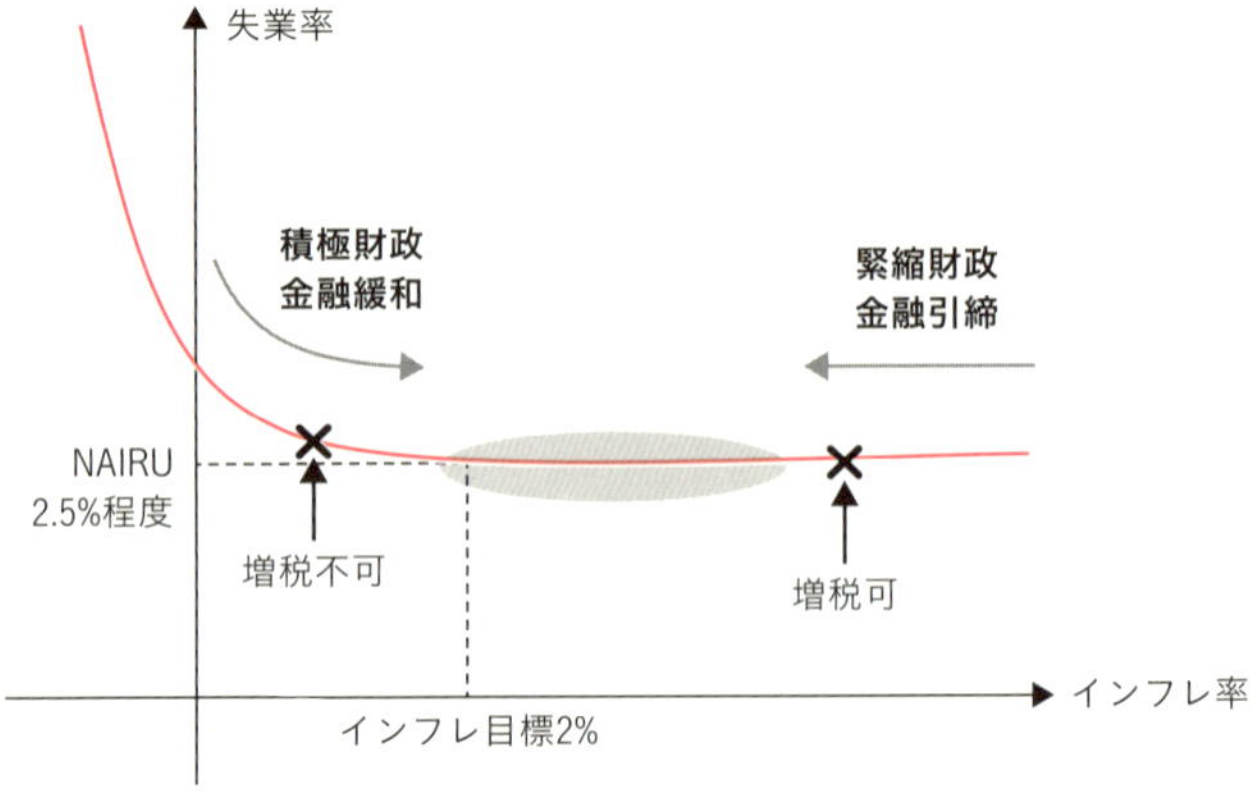

出典：筆者作成

名目賃金上昇率が3％程度になれば、実質賃金も安定的に上がる。そのためには失業率が2％台前半まで低下することが必要で（フィリップス曲線で説明したNAIRU）、10兆円あるGDPギャップの解消が少なくとも必要になる。

賃金上昇を容易にするためにも、前述のビハインド・ザ・カーブの原則（物価の動きに遅れて金融政策を行う鉄則）で、インフレ率が2％を超えても、すぐ金融引き締めをせずに、4％程度まで我慢したほうがいいのだ（上図7－4）。

「増税も避けられない」は本当なのか

金利のある世界と同じく、マスコミが「もはや避けられない必然的な流れ」のように喧伝する増税路線。洗脳されると財務省の狙い通り、負担増で搾り取られる。

日本がデフレに苦しみ、GDPギャップを埋められなかったのは、政治の責任である。2008年9月のリーマンショックに端を発した危機で、各国は成長の落ち込みによるGDPギャップを、金融緩和と財政政策で埋めたが、何もしなかった日本では二番底どころか奈落の底に叩きこまれた。

2011年3月の東日本大震災の復興予算のとき、財務省はチャンスとばかりに民主党政権と当時の谷垣禎一総裁の自民党を転がし、増税（**復興特別税**）で不要な国民負担を増やした。増税こそ命と信じてやまない彼らは、あらゆる機会を狙って庶民から

復興特別税
東日本大震災の復興資金のために、一定期間徴収される特別な税。

税をむしり取ろうとする。

安倍氏は財務省の本質をよくわかっていた。第二次安倍内閣の末期、コロナ禍が日本を襲った際に、当時の安倍首相から私に「インフレにせず、増税もせずに対策を考えてほしい」という針の穴を通すようなご下問があった。

私はGDPギャップの推計などから、結果的に**100兆円の対策予算、財源は発行した国債を日銀が買い受けするという提案をした。これが安倍・菅政権で実施されて、日本は他国のようなコロナ増税をせずに済んだ。**これは大いに誇るべきだ。

財務省や日銀となぜか方向が一致するマスコミの論調と「報道しない自由」の行使

しかし2022年7月、安倍氏が志半ばで凶弾に倒れると、財務省の露骨な巻き返しが始まった。同年2月のロシアによるウクライナ侵攻を受けて、安倍氏は「防衛費をGDPの2%を目標に増額すべき」という考えを示した。このとき安倍氏は、この話が増税に発展することを見越して「防衛国債によって財源は確保すべき」という方針を同時に示して釘を刺した。

投票日の2日前の選挙演説中に安倍氏が不幸に見舞われた参院選では、自民党公約に防衛予算をGDPの2％にすると明記されていた。しかし安倍氏が亡くなった後、政府の有識者会議は財務省の意向に従い「恒久的財源（＝増税のこと）が必要」との提言を発表。この機を増税につなげたい財務省の思惑通りに防衛国債の道は封じられ、防衛増税路線が始まった。

財務省の言いなりの岸田首相（当時）はそれに乗った。岸田政権は防衛増税だけでなく、少子化対策の子ども・子育て支援金の財源を社会保険料から徴収する**「ステルス増税」**も企図した。ちなみに、ロシアのウクライナ侵攻で国防費をGDPの2％超に上げたドイツは、財源確保のために特別防衛基金（1千億ユーロ＝約14兆円）を設けたが、特別基金という制度はカモフラージュで、その財源は国債である。**日本も国債で防衛費を確保して何の問題もない**のだ。

国債の日銀引き受けによる財政政策（今回の防衛予算増は5年間で43兆円）と金融緩和を同時に行うこと、これはアベノミクスが目指して、あと一歩で腰を折られてしまった

ステルス増税
表向きには目立たないが、実質的に税負担が増えること。控除の廃止などが例。

施策に他ならない。

マスコミに登場する識者たちは口を開けば「日本の財政難は世界で最も深刻なレベル」「1人あたりの借金がこんなにある」「いつか国債は暴落する」「財政再建のために増税は不可避」「庶民直撃の悪いインフレ」「円安は悪」などの嘘をまき散らし、存在しない危機を煽って増税や利上げを後押しし、為替介入と巨大な外為特会を正当化する。マスコミの論調がなぜか財務省や日銀のやりたい方向性とピタリと一致していて、国民はどんどん洗脳されてしまう図式だ。

他方で、円安で全産業の経常利益が過去最大を記録し続けていることや、円安がGDPを押し上げ、税収を上げる効果があることは言わないし、中央銀行がお金の量を増やすと名目GDP成長率が伸びる関係性についても、それを利用してアベノミクスと異次元緩和でマネーの伸びの世界ビリを脱して、ようやく世界標準の金融政策になったことも、積極財政と金融政策の合わせ技でデフレギャップを解消し、失業率さえ下げれば、インフレが賃上げにつながることもマスコミは言わない。

インフレ目標や通貨供給によるデフレ克服に反対する意見がマスコミではほとんどだ。その理由ははっきりしないが、通貨を人為的に増加させるという「安易」な方法だけでデフレが解消してしまうことが倫理的に許せないのかもしれない。

日銀が金融緩和でお金を刷るたびに「このままではハイパーインフレになる」とマスコミで条件反射のように騒ぎたてる人々は、デフレ脱却の最中にハイパーインフレを心配するちぐはぐな論理のおかしさに気づいていない。**賃上げが必要だといいながら物価が上がるのは許せない人々も同様で、彼らが騒ぐほど、結果的に日本は貧しくなっていく**。

伝統的に日銀は長期金利はコントロールできないという考え方で「長期金利は市場に任せる」というスタンスを取るが、このほうが日本的には自然に見えるのかもしれないし、「安易」な方法を政治家が乱用するような事態が起きて、過度なインフレになることを心配しているのだろう。

実際、故意かどうかは知らないが、自称専門家はインフレ目標を、インフレを使って政府の債務負担を軽くする**「調整インフレ」**と、しばしば混同する。**インフレ目標は目標値を上回るインフレになれば引き締めるが、調整インフレでは引き締めない**。

債務負担を軽くすることを目的に、インフレ目標なしで通貨を刷りまくれば、本当にひどいインフレになるだろう。また税金を減らすために、経済がノーマルな状態で国債を無限に大量発行すれば市中に出回るお金が増えすぎて、やはり何十%というインフレ率になる。

だからまともな専門家は通貨の供給量とインフレ目標を同時に主張するのであり、グリーンスパン元FRB議長も「**インフレと同じくデフレも回避すべし**」と述べていたのだ。これがバランスのとれた考え方である。

前述のバーナンキ教授は自著の中で「日本でデフレを止められていないということは、日本の全体的な経済問題にどう対応するのが最善なのかをめぐる政治的論争が長引いていることによって生み出された副産物」だと指摘している（『リフレが正しい。FRB議長ベン・バーナンキの言葉』）。

要は、**日本のデフレ脱却は他国のように経済問題ではなく、ずっと政治問題**なのである。

調整インフレ
政府の債務負担を減らす目的で、人為的に高めのインフレを引き起こす政策。インフレ目標と混同されてはならない。

金利が上がっても国債は暴落しないし、財政破綻やハイパーインフレにもならない

日本破綻論者やハイパーインフレ論者の新たな宣伝材料に、金利上昇が加わった。なぜ財務省や日銀と一致する考え方しかマスコミに登場しないのか、疑うべきである。

日本は１３００兆円以上の国の借金があり、金利が上がれば利払いが増えて財政破綻するという話をよく聞く。日本政府の国債発行額が１３００兆円以上になっているのは事実だが、だからといって日本経済の破綻が近いというのは間違いだ。

１３００兆円のうち約半分弱、つまり５８１兆円ほどは日銀が保有している。そして政府の子会社である日銀の収益は、前述した通り法律ですべて日本政府に納付され

ると定められている。**政府がどれだけ日銀に利払いをしようと、日銀納付金でまるまる戻ってくるから、結果として政府は日銀が持つ国債についてはまったく利払いする必要がない**ことになる。

では元金はどうなるのか。国債は満期になれば償還され、元金が戻ってくる。個人で国債を保有した人には現金で返ってくるが、日銀に対しては、政府は国債で償還するのである。**国債の償還を国債で行うのだから、言ってしまえば借り換えをしているようなもの**だ。つまり、1300兆円以上の国の借金のうち約581兆円ある日銀の持ち分は、利払いも現金での償還も必要ない。大騒ぎする必要はない。

それでも、残りの700兆円以上が大変だという人もいる。たしかに民間からの借金であり、その分の利息も払わないといけない。しかし財政状況は借金の数字だけで判断できず、同時に資産の数字を見る必要があることはバランスシートのところで説明したとおりだ。

そこで見たように、日本政府は740兆円規模の資産を持っている。この資産額は、700兆円以上の借金とネットでだいたい見合う額となる。

日銀が引き受ける国債を買い増ししていけば国際的な信用がなくなり、円や株式が暴落するという人もいる。バーナンキ教授は過去の来日時に日銀関係者などから「日銀の評価損は問題ではないか」と問われて、次のように答えていた。「（そうなれば）財政再建なんてなくなってしまうよ」と。ローレンス・サマーズ元財務長官も来日時に同様の質問をされて「だから、何？」と応えていた。

要は統合政府バランスシートで考えるのが当たり前の彼らにとり、**日銀が国債を全部持っているなら、政府がその分を利払いしてもすべて子会社からの日銀納付金の形で政府に返ってくるので、財政問題などなくなってしまう**わけだ。財政問題がなくなれば、国際的な信用は高まることはあっても、下がることはない。

ただし、そうなれば国債市場がなくなってしまうのは事実で、そこで売り買いをしている金融機関の人々は困るだろうが、たいていの人には無関係だ。

「ハイパーインフレ」や「財政破綻」は本当に起こるのか検証する

もう一つよくある批判として、インフレ目標はコントロール不能になってハイパーインフレになるとか、名目金利が上昇して金融機関や日銀のバランスシートを毀損《きそん》させ、財政破綻するという人がいる。

前述した**スウェーデンや米英、ニュージーランドやカナダなど、インフレ目標を実際に導入した国でハイパーインフレになった国は一つもない**。ちなみにハイパーインフレとは、物価が急激に上昇して自国通貨が紙切れ同然になることで、インフレ率が毎月50％を超えること（＝年率で1万3000％）を指す。

インフレ目標ではインフレ率が目標を恒常的に、あるいは大幅に超える状況になれば、その時点で量的緩和を減少させたりして終了する。引き締めに転じればハイパーインフレなど起こりようがない。ハイパーインフレ論者がバカバカしいのは、マイナス1％のインフレ率（つまりデフレ状態）を引き上げようとすると、2％や3％ではとどまらずに、すぐに30％以上になると主張することだ。数字をあげて考えれば、誰でもおかしいと気づくだろう。

それと関連して金利上昇がバランスシートの毀損や財政破綻をもたらすという主張がある。インフレ期待が生じた場合、名目金利が上がる。名目金利とは文字通り額面の利子のことで、それに対して物価上昇率（インフレ率）を考慮した実質金利がある。

例えば「100円に対して1%の利子」といった場合、1%が名目利子であるが、物価によって100円の価値も変わっている可能性がある。つまり100円で買えていたものが101円払わないと買えなかったり、逆に99円で買えるようになっていたりする場合もある。

このときは当然、100円の利子1%＝1円の価値も変わっている。つまり額面の名目金利だけでは、こうした価値の変動がとらえきれない。

そこで出てきたのが「**実質金利（名目金利－インフレ率（予想インフレ率））**」だ。名目金利と実質金利は次の3パターンのように変わる。

実質金利＝名目金利－予想インフレ率、これを**フィッシャー方程式**と呼ぶ。例えば

フィッシャー方程式
金利と物価の関係式で、名目金利、実質金利、インフレ率の関係を把握できる。

名目金利が２％、インフレ率が１％の場合、実質金利＝２－１＝１％だ。

あるいは名目金利が１％、インフレ率がマイナス０・５％（デフレ状態）なら、**実質金利＝１－（－《マイナス》０・５）＝１・５％**。

また名目金利がゼロ％、予想インフレ率が２％の場合、**実質金利＝０－２＝マイナス２％**となる。

特に３つ目の例のように名目金利がゼロでも、予想インフレ率が高ければ、実質金利はマイナスになる。ということは、名目金利がゼロになったとしても、実質金利をゼロに下げる金融政策が可能だということだ。

これを踏まえて金利上昇批判に反論しよう。まず、実質金利の式を名目金利の式に変えると「**名目金利＝実質金利＋予想インフレ率**」となる。予想インフレ率の上昇分だけ名目金利が上昇するためには、金利と失業率の関係から、失業率が完全雇用でなければならず（日本なら２％半ば）、予想インフレ率がマイナスのデフレ状況では、インフレ目標が採用されると名目長期金利が上昇して保有する債券に評価損が生じるとする、いわゆる**フィッシャー効果**は実現しない。

要するに、現金需要がきわめて旺盛な「**流動性の罠**」＝名目金利ゼロ」の状態であれば現金がジャブジャブ状態だから、インフレ期待が生じてもそれらの一部が債券購入資金に回り、債券価格の下支えになるため名目金利はなかなか上昇しない。名目金利を上昇させるためには、需要が減る＝債券などの買い手が少なくならなければならないからだ。したがってバランスシートは毀損しない。

財政破綻の可能性はどうか。債務残高そのものを減少させるには財政赤字を黒字化させる必要があるが、しかし、よく叫ばれる「財政破綻」を回避するだけならその必要はなく、債務残高対GDP比が継続的に上昇していかなければそれでいい。

そのためには、いわゆる**基礎的財政収支**（プライマリーバランス、一般会計で歳入総額から国債等の発行による収入を差し引いた金額と、歳出総額から国債費等を差し引いた金額のバランス）が改善すればいいことが知られている。

プライマリーバランスには国債の利払い費は含まれていないので、この意味でも利

フィッシャー効果
金利がインフレ率に影響される現象。期待インフレ率が高くなると名目金利も上昇する。

流動性の罠
金利が低すぎて、金融政策で経済を刺激できなくなる状態。

払い費増加はバランスシート上ではさほど気にする必要はない。

　しかも私がさんざん指摘したように、**財務省のバランスシートには資産側に日銀が入っていない**。日銀は政府の子会社なので、それを含めた統合政府で考えるべきなのだ。前述の通りスティグリッツ氏は来日時、経済財政諮問会議に出席し「国債残高と日銀が保有する国債を相殺することで、政府の債務は瞬時に減少する」との趣旨の発言をした。

　財務省や財政学者が増税論を主張する際の「巨額の国の借金」という大前提は、統合政府の考え方で崩れてしまう。しかも、**財務省のバランスシートには徴税権、つまり税収も載っていない。毎年、確実に一定額が入る税金も政府のお金であることは言うまでもない。この税収を資産に組み込めば、現状の借金など何の問題もない**ことがよくわかる。

　数年以内に日本は破綻すると主張してきた人は数多い。私はそういった人と20年近く論争してきたが、いまだに日本が財政破綻する気配はない。

財務省、日銀と一体になったマスコミの言い分に乗せられ、負担増を受け入れてしまえば、残念ながら一般の国民はとことん搾り取られる。本書でみてきた通り、庶民にとって悪夢のような経済政策が着々と進められているからこそ、自分のお金を自分で守る金融リテラシーを身につけるしかない。次章で説明しよう。

第 8 章

自分のお金を守るための金融リテラシー

いま金利が上がって得をするのは金融機関だけであり、「資産所得倍増」や新NISAなど、政府がマスコミを使って進める壮大な騙しに引っかかるのは愚の骨頂だ。緊縮財政と増税で国民負担ばかりが増す中、堅実な手段で自分のお金を守る正しい知識がきわめて重要になっている。

金融機関おススメの投資商品に手を出してはいけない

「貯蓄から投資へ」に乗せられて、おかしな金融商品に手を出す人があとを絶たない。あくどい金融機関の口車に乗ってはいけない。

最近、「金利の低い銀行に預けるより、投資したほうがいい」とか「これからはＮＩＳＡがお得」といった話を耳にする機会が多いのではないだろうか。銀行や郵便局、証券会社などでＮＩＳＡや**投資信託**をすすめられた人も多いだろう。

投資は、リスクとリターンのバランスで判断する。株式や社債はリターンは高いが、その分ハイリスクだ。「ちょっと手を出してみたい」という投資の素人は、まず手を出さないほうがいい。

一番ダメなのが「投資のプロ」にお金を預ける投資信託で、これは論外である。

投資信託
投資家から集めた資金をまとめて、運用会社が運用する金融商品。

はっきり言えば「投資のプロのヤマ勘」に手数料を払うシステムであり、「これだけ利益が出た」といっても、けっこうな額の手数料をとられていることが多いので、喜べる話ではない。

投資をするなら金融機関のおすすめではなく自分が関わる事業に

投資信託を買うのは金融機関の職員を食べさせているのと同じようなもので、貯金のほうがよほどマシかもしれない。投資信託を運用する人々は、そのうちＡＩにとって代わられるだろうと私は考えている。

もし投資したいのなら、自分の仕事まわりのことに投資するほうがいい。これまで自分の仕事で培ってきたことに関わる事業に投資するほうが賢明だし、理解しやすい。金融機関職員のような赤の他人からおいしい話があると投資をすすめられたら、その話は眉唾《まゆつば》だからよくよく気をつけるべきである。

金融機関の「おすすめ商品」は商売の手段として売り込んでいるわけだから、鵜呑みにしてはいけない。彼らの言うことを信じて買っても、結果がどうなろうと彼らは関知しない。買った瞬間からすべては自己責任になる。

少し前、2000年以降に金融機関が「老後は不安だから、今のうちに保険に入っておくのがおすすめですよ」と不安を煽りつつすすめてくる保険のほとんどは、「変額保険」だった。

変額保険とは、支払われた保険金を金融機関が投資信託などで運用するものだ。**運用次第で支払われる保険料などの額が変わってくるもので、厳密にいえばこれは保険ではない。保険といいながら、投資のリスクそのものは保険契約者が負うことになる。**投資信託には当然上がり下がりもあって、損をすることも珍しくない。変額保険はあくどい投資信託と大して変わらないものだった。

それなら、自分の銀行口座で地道に積み立てていったほうが、リスクを負わずに済んだだろう。

株式投資には知識が必要
企業の財務状況を読むには

企業の財務状況をつかみ、将来の収益予測を見通すには知識が必要で、それがない人は株に手を出さないほうが身のためだ。

老後の生活資金が不安で、株式投資で配当金を得て生活費に充てようと考える人もいるだろうが、それは簡単なことではない。株価の予測は非常に難しく、予測が外れた場合に損失が生じる可能性があるからだ。

株式投資は、将来を見通せる人が利益を得るしくみになっている。そうした能力のない人は負ける確率が高い。株価の動向を予測するためには、数学や経済の知識を使いながら、社会の動きをかなり先まで見通さないといけない。

勝ち組と負け組ではっきり差が出るシビアな世界で、金融商品をすすめる証券外務員でもどれほど数学や経済の知識を持っているのか、はなはだ疑問だ。彼らの金融リテラシーが低いが故に、顧客に誤った情報を提供したり、顧客の無知につけこんだひどい金融商品を売りつけたりするケースがあとを絶たないのだろう。

現時点ではどんな経済学のツールを使っても、株価を確実に予測することはできないが、株価の傾向くらいなら読むことができる。逆にいえば、まったく勉強していない人には傾向すらつかめない。そうした人は、いくら資金に余裕があっても、株式には手を出さないほうが身のためだ。

株式投資を真剣に学ぶなら基本的な算数や数学の知識が必要

株価がどうやって決まるのかというと、基本的には企業の将来の収益予測を金利で割ったものが株価になる。具体的には「**予想収益÷金利＝株価**」という式で表される。金利が5％なら0・05での割り算、つまり20倍の掛け算と同じで、計算式は「予想収益÷0・05＝予想収益×20」となる。金利が低下すると分母が小さくなるから、株価も上昇するというメカニズムだ。

近年の株価上昇を受けて、テレビのコメンテーターやエコノミストは、金利の低さだけで説明しようとしてきたが、日本では超低金利時代が長く続いてきたから、それだけで株価の上昇は説明できない。**アベノミクスや円安で企業収益が上がるだろうと予測した投資家がコツコツと株式を買ったから、それに比例して株価が上昇したのが正解**だ。

株式に関する誤解が生まれやすいのは、日本ではそれについての教育が不足しているからだ。株式投資を真剣に学ぶなら、割引率などの基本的な算数や数学の知識が必要になる。

さらに、投資先の企業の財務状況を理解できなければ話にならない。一般の人は、企業が発行する株式を、株式市場を通じてしか購入できないので、自社株を買う場合を除き、上場企業の株式に限られる。上場企業の財務諸表は、各社のホームページや金融庁が運営している「EDINET」ですべて公開されている。

EDINET
日本の電子開示システム。企業の財務情報や重要情報をネットで閲覧できる。

株式投資をする際は、企業の実態を判断するため、これら財務諸表を理解できなければならない。日本の大学では本格的な会計教育がされていないことが多いので、一流大学を出ていても最低限の会計知識がない人が多い。会社の財務諸表を見て、際立った数字で会社の実態を理解できる人がどれくらいいるだろうか。

会計とは「お金の流れや財産を記録するための手段」で、財務諸表には主に「**貸借対照表（BS）**」と「**損益計算書（PL）**」の2つがある。これらの表を理解し、お金の流れを把握することで企業の状況がわかるのだ。

これらの財務諸表については、本書の前半の金融知識のところで少し触れたが、次項では「運用」という視点から、あらためて見てみよう。

貸借対照表（ＢＳ）と損益計算書（ＰＬ）の読み方

株式投資をしたいなら、財務諸表を読めるようにならないといけない。これだけは押さえておくべき、というポイントをいくつか説明しよう。

貸借対照表＝ＢＳ（バランスシート）は右側に負債が、左側に資産が記載される（次ページ図７−１）。負債とは簡単にいえば「いずれ返さなくてはいけないお金」、資産は「返す必要がないお金」で、**最初に右側の「純資産」を見るべき**だということは、第１章で述べた政府のＢＳを見るのと同じことである。

資産、負債、純資産から成り立つＢＳの見方についてはすでに説明したが、**資産から負債を引いた純資産が多いほど、その企業はより安全に投資できる優良企業といえる**。純資産を発行済み株式数で割ると、１株あたりの純資産額がわかる。

図8－1　貸借対照表（BS）（再掲）

（千円）

資産の部		負債の部	
流動資産		流動負債	
現預金	150,000	支払手形	60,000
受取手形	150,000	買掛金	40,000
売掛金	100,000	短期借入金	10,000
有価証券	30,000	流動負債合計	110,000
貸付金	20,000	固定負債	
流動資産合計	450,000	長期借入金	200,000
固定資産		社債	100,000
建物及び構築物	50,000	固定負債合計	300,000
土地	200,000	負債合計	410,000
機械	100,000	純資産の部	
投資その他の資産		株主資本	
投資有価証券	10,000	資本金	250,000
固定資産合計	360,000	利益剰余金	150,000
		純資合計	400,000
資産合計	810,000	負債純資合計	810,000

調達したお金で得た資産（資産の部）　他人資本（負債の部）　自己資本（純資産の部）　調達したお金（負債の部＋純資産の部）

額の大きい数字に注目。
その企業が何に対して資産をつぎ込んでいるのか、企業の「本当の顔」がわかる。

出典：事例として筆者作成

株式投資では、1株あたりの純資産額が少ない企業の株を買い、その後の増加を期待する手法が一般的だ。そのため、純資産額が多いことが現在、株式投資に最適な銘柄かどうかは判断の分かれるところだが、純資産額の今後の増減を予想するためにも、注目すべき数字なのは間違いない。

BSからその企業の「本当の顔」がわかる

なお、**BSを読む際には、額が大きく際立った数字に注目するのがコツ**である。額が大きい項目を見ると、その企業がどんな資産に多くの資金をつぎ込み、多くの運用益を得ようとしているかという経営姿勢、「本当の顔」が浮かび上がる。

負債には「**流動負債**」と「**固定負債**」があり、1年以内に返済・支払いをすべきかどうかで分かれている。企業は資金をそのまま持っていても収益を生まないので、「流動資産」にあたる株式など有価証券を購入したり、「固定資産」にあたる製品製作機械などの設備、土地や建物など不動産に投資したりする。

「単なるお金」が「収益を生むお金」になる。こうしてお金の「調達＝入り」と「運用＝出」をくり返すことで、資産を増やし会社を発展させるのである。**ＢＳはそのお金の入りと出のある時点での成果が記され、その企業が調達した資金でどんな資産を得ているのかがわかる。**

そして、企業は、ＢＳに記載される資金で資産を得る以外にも、たくさんのお金の出入りがある。商売をしているので、まず「売上」があり、さらに「仕入れ」「水道光熱費」、従業員への「給与」など、費用として消えてしまうお金もある。

１年間でどれだけの収益があり、そこからどれだけの費用が差し引かれ、結果、どれだけ利益が上がったのかを示すのが損益計算書＝ＰＬだ。

ＢＳとＰＬの違いを、私はよく「ストック」と「フロー」で説明する。ストックは「特定の時点」、つまり決算時の時点での負債、純資産、資産の状態を示している。フローは「ある期間」のお金の出入りをまとめたものだ。

それぞれがどのようなものなのか、実際にＰＬを見ながら説明しよう（図８－２）。

図8－2　損益計算書（PL）

（千円）

科目	金額
売上高	650,000
売上原価	450,000
売上総利益	200,000
販売費及び一般管理費	160,000
営業利益	40,000
営業外収益	
受取利息	100
受取配当金	2,000
営業外費用	
支払利息	1,000
経常利益	41,100
特別利益	
固定資産売却益	1,200
特別損失	
減損損失	200
税金等調整前当期純利益	42,100
法人税等合計	5,000
当期純利益	37,100

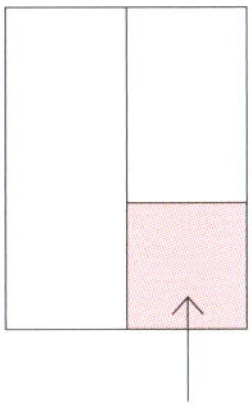

当期純利益 → BSの利益剰余金に含まれる

PLは一定期間（通常は期首から期末までの1年間）におけるお金の流れ（フロー）を示し、BSはその結果としての資産や負債の状況（ストック）を示す。
PLの利益が積み重なり、BSを純資産に反映させるわけだ。

出典：事例として筆者作成

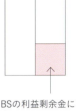

ＰＬで企業が１年間で得た利益がわかる

ＰＬでまず注目すべきは「**売上高**」だ。これは1年間で得た収益で、そこから仕入れを指す「売上原価」を引いたものが「**売上総利益**」だ。この「売上総利益」から「販売費及び一般管理費」を引いたものが「**営業利益**」だ。具体的には水道光熱費や従業員への給料、機材のリース代、オフィスの消耗品費、接待交際費などが含まれる。

「営業利益」とは収益から仕入れ費用と営業にかかる必要経費を引いた額であり、すなわちその企業が事業によって得た利益ということだ。次の「営業外収益」は主に利息・配当の収益、「営業外費用」は主に利息の支払いを指す。これらの差し引き金額を先ほどの「営業利益」に合計した額が「**経常利益**」となる。

「特別利益」は、例えば保有していた不動産を売って得た利益などであり、保有する不動産の価値が下がり、そこから得られる収益が失われた場合は「特別損失」に計上される。これらの差し引き金額を「経常利益」に合計すると「税金等調整前当期純利益」になり、そこから法人税などの税金を引いた額が「**当期純利益**」だ。

1年間の売上高からさまざまな費用やその他の収益、支払い、さらに税金を足したり引いたりした結果、企業が1年間で得た利益が出る。これは1年間の取引の結果であり、決算時という「特定の時点」の金額だから、最終的にはBSの「純資産」の一部にも乗せられる。

注目すべきは「負債と資産のバランス」とセグメント情報

資産だけ、あるいは借金の額だけを見ても、企業の財務状況はつかめない。資産と負債の差し引き額で判断しよう。

一般的には借金はできるだけ避けるべきと教わるが、企業経営においては必ずしもそうではない。借りたお金で不動産など資産を購入し、収益を生み出せば借金はプラスの価値を持つようになる。経営者はお金をどう工面して、それをどのような資産に変えて増やすかを考える。債務を負うことで資産を得るのである。

重要なのは「負債と資産のバランス」をどう保つかだ。このことを頭に入れてＢＳの内訳に戻ってみよう。

右側には誰かから借りたお金（借入金や社債など）、自分や他人が出資したお金（株主資本）、自分で稼いだお金（利益剰余金）の3つがある。借入金や社債などが負債に、株主資本や利益剰余金は純資産（資本）に入る。これら3つの合計額が、左側の資産の合計額とぴったり一致する。

負債も純資産も、不動産や有価証券など何らかの資産へと形を変えて左側に流れる。こうした資産に変わっていないお金は「現預金」としてちゃんと左側に計上される。だから資産から負債を引いたら純資産になるというのは当たり前なのだが、この大きさ、つまり資産から負債を引いた純資産がプラスかマイナスかが大事なのだ。

純資産が大きければ大きいほど経営はそれだけ健全に、もしマイナスなら、その企業は負債が資産を上回る**「債務超過」**となる。

資産額、負債額だけを見ても意味がない。要はバランスが大切

私はつねづね「グロス」と「ネット」を混同してはいけないと主張している。**「グロスで見る」というのはBSの負債額だけ、あるいは資産額だけを見ることだ。グロスだけを見ても、企業の財務状況は正確につかめない**。

債務超過
企業の負債が資産を上回る状態。財務的に非常に厳しい状況を指す。

図8－3　BSの比較（再掲）

（A社）

資産　5000万円	負債　1000万円
	純資産　4000万円
資産合計　5000万円	負債純資産合計　5000万円

（B社）

資産　1億円	負債　9000万円
	純資産　1000万円
資産合計　1億円	負債純資産合計　1億円

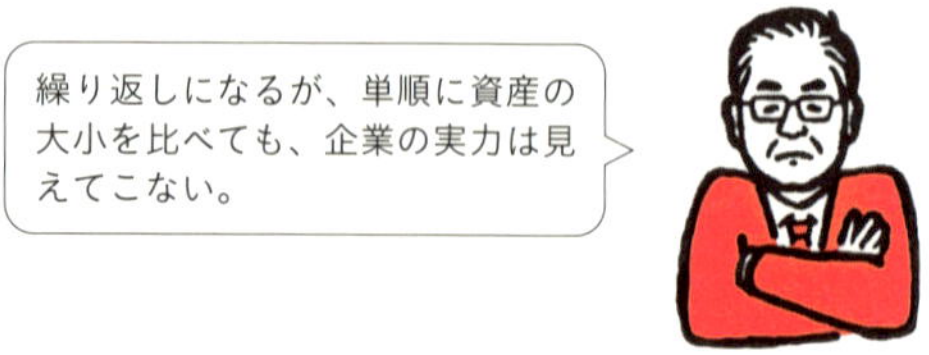
繰り返しになるが、単純に資産の大小を比べても、企業の実力は見えてこない。

出典：事例として筆者作成

例えば資産額５０００万円のA社と、資産額1億円のB社があるとする（図7－3）。グロスの資産額だけを見れば、A社の倍の資産をもつB社のほうが優良企業に見える。ところが、A社には１０００万円の負債、B社には９０００万円の負債があるとなればどうか。

つまり、**企業の財務状況を正確につかむには、「資産と負債の差し引き額」を見なくてはいけない**のだ。これが負債や資産を「ネットで見る」ということであり、BSでいえば「純資産」を見るということなのだ。A社の純資産は４０００万円、B社の純資産は１０００万円だから、財務状況においてはA社のほうが優良企業として扱われることになる。

株式投資をする場合、基本的にこれくらいのことは調べておかなくてはならない。さらにもう1歩レベルを上げるなら、**決算書のPLにくっついている「セグメント情報」も見るといい**。これは有価証券報告書に記載される項目で、PLの売上高や利益がどの事業から生まれたかが詳細に示されている。

セグメント情報
企業が複数の事業分野に分かれている場合、その分野ごとの収益や業績を開示する情報。

どんな事業によってどれだけの売上と利益を得たのかが、この1枚の表でわかる。例えば放送会社の場合、放送や制作、映像や音楽などの放送業関連の事業のほかに、都市開発など異なる事業が含まれていることがある。本業よりも都市開発事業の収益が大きいケースもある。こういう情報がわかるのだ。

セグメント情報には、事業ごとに売上高や利益が増減した理由も記載されている。それを見れば、表向きの本業と収益の多くを得ている事業が異なる理由がわかる。となれば、**その企業に投資するかどうかは表向きの本業の景気よりも、収益の多くを占めている事業の景気を見て判断する**ことになる。

FXはギャンブルだ

為替の短期予測は不可能で、どちらに転ぶかわからないので、勘でしか動けない。短期的な売買では負ける確率が高い。

金融機関は基本的に、不安を煽って人を呼び寄せる。「円預金は目減りするからドル預金がいい」「海外預金のほうがお得」「これから長期的に円安が続くから、今なら利息の高いドル預金がおすすめ」というわけだ。

そこで**FX（外国為替証拠金取引）**をやりたがる人が増える。わかりやすくいえば、外国の通貨を買ったり売ったりしたときの差額によって利益を得る取引だ。為替の動向を多少理解しているからといって、簡単に利益を得られるわけではない。

例えば、アメリカがインフレで日本がデフレの場合、インフレ率の高い国のほうが通貨安となり、インフレ率の低い国が通貨高になるから、今は外貨のほうが得だといってＦＸをすすめる。

経済理論としては間違っていないが、しかしそれがどのくらいのスパンを見越した話で、何割くらいの確率で当たるものなのかは知っておいたほうがいい。

3か月以内の為替動向の方向性は、経済学的には予測できない

ＦＸはその性質上、非常に短期的な予測を立てる必要がある。**基本的に3か月単位くらいで予測する必要があるが、これは正直なところ、予測すること自体が不可能だ**。為替レートは前述のように2つの国の通貨の交換比率で、両国のマネタリーベース比から予測することは可能だが、経済理論による未来予測は、だいたい2、3年のスパンについて7割程度しか当たらない。**3か月以内の為替動向は経済学的には「ランダムウォーク」といわれ、過去の出来事から将来の動向や方向性は予測できないランダムな動きをする**。

FXは3か月、もしくは半年くらいで結果を出すものであり、これで収益を上げたいなら勘でやるしか手がない。**FXはギャンブルと変わらないと考えたほうがいい**理由である。金融業者もこうした事実がよくわかっているから、短期より長期投資のほうが投資コストがかかるような仕組みにしてある。

各国の金融政策の変化や、その度合いから予測を立てる定量的なやり方では2年くらいのスパンでしか予測が立てられないから、**短期的に儲けようとするFXには必勝法がない**。

簡単に予測できないから、FXは難しいのであり、これで一財産作ろうと企む人は、結果的に業者に手数料をたくさん払って取引して、自分は儲からず、業者ばかりを儲けさせることになる。投資目的の暗号通貨（仮想通貨）も同様だ。

デジタル通貨の未来はどうなる？

投資手段としての暗号通貨（仮想通貨）はほとんど詐欺だが、決済手段としては有望で、今後は主流になっていく。

ビットコインなど仮想通貨が話題になり、デジタル通貨が一般的になるといわれる。そもそも「仮想通貨」といっても単なる電子データで、**資金決済法では「通貨」ではなく「財産的価値」、つまりそれを信じる人がいる限りは価値がある**、という程度のものだ。

デジタル通貨も電子データだから、クレジットカードやデビットカード、電子マネーなども仕組み上はデジタル通貨といえる。私は東京で暮らしているが、こうしたデジタル化された決済のおかげで、もう現金を使うことはほとんどなくなった。

ビットコイン
インターネット上で使えるデジタル通貨。中央銀行を介さずに取引が可能。

もともと日本は他国と比べて、例外的に現金決済の比率が高かった（各国が4割以下なのに日本は6割以上）が、今後は日本でも現金を持ち歩かないキャッシュレス化が進むだろう。

ただ近い将来、主要国の中央銀行によるデジタル通貨が発行される可能性が高く、そうなれば民間のデジタル通貨は衰退が予想される。デジタル通貨は単なるプログラムなので、中央銀行が本物の通貨を裏づけにして発行するのはたやすい。

仮想通貨が法定通貨になるとどうなる？

以前、エルサルバドルが仮想通貨のビットコインを**法定通貨**にしたとニュースになったことがある。法定通貨とは何かというと、実は「国によって認められ、その領域内でその通貨の受け入れを拒否できない」というしくみだけなのだ。

政府が発行した自国通貨というと、好きなように発行可能なイメージを持つ方が多いかもしれない。しかし**エルサルバドルのような小国で法定通貨を無制限に発行してしまうと、通貨の価値がすぐに落ち、インフレが止まらなくなってしまう**ので、自国通貨を発行するより、米ドルのような他国の通貨を法定通貨にすることが多い。

他国通貨ならば発行量はそちらで決まっているので、自国で発行するより価値は安定する。ある程度大きな国でないと、自国通貨は自由に発行できないのだ。

その点、ビットコインは発行上限がプログラムで決まっており、発行量はもう増えない。自国で発行量を決められないから、景気が悪くてもたくさん刷ったりできないし、広く流通する通貨のようには使えない。エルサルバドル国民にとっては、**ドル以外の決済手段が一つ増えた程度にすぎない**。

ただし、法定通貨のデジタル化は世界の流れであり、いずれ紙幣や硬貨はすたれていくだろう。2024年7月、日本銀行は新紙幣を発行したが、私は今回の改刷（紙幣の偽造防止技術やデザインを新しくすること）が最後の本格的紙幣になるだろうと考えている。

今回の新紙幣に伴う現金取扱機器の改修特需は約7700億円と見込まれている。自販機も現金管理コストなどを考えるとキャッシュレスのほうが合理的であり、最近の機種では電子マネー対応だけのものも少なくない。今回の改刷に対応するコストを負担と感じる事業者が多ければそれだけ、ＡＴＭの縮小や自販機などのキャッシュレス化がさらに進むだろう。

日本で現金決済の比率が高かった理由は、通貨の偽造の心配が少なく、安心して使用できたからだ。世界ではとくに高額紙幣の信用が低く、それがキャッシュレスを進める原動力になっている。各国はキャッシュレスを進め、高額紙幣の発行数を減らしている。偽造されたお金が出回っていることは通貨の信用を損ない、健全な取引に支障が出て、国民経済からみるとマイナスだからだ。

日本政府にも今後、デジタル通貨を発行して、特に高額紙幣を徐々にフェードアウトさせていく意図があるかもしれない。**中央銀行の立場からすれば、貨幣を紙で発行してもデジタルで発行してもどちらでもかまわない。どちらでいくら発行したかさえはっきりさせておけば、金融市場に混乱が及ぶこともない。**

国家が保証するデジタル通貨が発行されれば、信用力に劣る民間の仮想通貨だけでなく、民間のクレジットカードやデビットカード、電子マネーなどもかなりの利用減となるはずだ。「クレジットカードが消える日」がくるかもしれない。

日本がデジタル人民元経済圏に入ってしまう？

もう一つ重要なのは、すでに中国では、中央銀行が**デジタル人民元**を発行し、2019年末から国内の多くの地域で実証実験を進めているほか、2023年12月には初めて、デジタル人民元を国際金取引の決済に利用していることだ。

もし、デジタル人民元の決済が日本などの海外でも可能になり、クレジットカードのように使えるようになれば、日本銀行はまだデジタル決済を導入していないため、日本国内でもデジタル人民元を利用する人が増えていくかもしれない。

これは**デジタル人民元経済圏**が日本に広がることを意味するから、かなり危ない話だ。紙幣は一度発行してしまえば、その後、誰が持っているかわからなくなるが、デジタル通貨なら誰が持っているかわかる。そうなれば**日本にいる人の懐の中身を中国政府が見ることも可能になってしまう**。

デジタル人民元
中国が発行するデジタル通貨。現金に代わる電子マネーとして発展中。

デジタル通貨の流れは不可避でも、決済のインフラを中国に握られるのはまずい。**政府がデジタル庁を作るなら、日銀のデジタル化をまっ先にやれ**と私はかねて主張してきた。今、国庫金の処理で一部だけデジタル化されているが、国庫金はすべてデジタル化でかまわないし、実は日本でもデジタル円の実証実験が数年前から始まっている。

一刻も早くやるべきだと私は関係者に伝えているのだが、アメリカのデジタルドルと開発の歩調を当局同士で合わせているらしく、まだ表には出ていない。

国債が最強の金融商品 物価連動国債がいいのだが……

老後に備えるなら貯蓄が一番だが、どうしても投資をやりたいという人には、私は国債をおすすめする。

それでも、どうしても投資をやりたいという人に、私は「**国債**」をすすめている。売買にかかる手数料がほぼないし、金融機関から手数料をとられることもない。金融機関が積極的に売り出さないほど、利回りの安定した金融商品で、しかも途中で換金できて元本割れのリスクも基本的にないというメリットがある。

個人が買える国債には、「**個人向け国債**」と「**新型窓口販売方式国債（新窓販国債）**」の二種類がある。個人向け国債には、「固定金利型3年満期」「固定金利型5年満期」「変動金利型10年満期」がある。

固定金利型では満期までの間は利率が変わらないため、発行段階でもらえる利息を把握できる。変動金利型は需要と供給の実勢に応じて半年ごとに適用金利が変動し、受け取る利息が増減する。

新窓販国債には、「2年固定利付国債」「5年固定利付国債」「10年固定利付国債」があり、財務省が市場実勢に基づいて金利を決定する特徴がある。

個人向け国債は「1年経過ルール」があり、発行から1年を経過するまでは換金できないが、新窓販国債にはこのルールがなく、購入後はいつでも売却できる。

どれがいいか迷ったときは、**個人向け国債の変動金利型10年満期がおすすめ**だ。10年満期とうたっているが、実際には満期の前に売却・換金ができるため、10年という区切りにあまり意味はない。重要なのは「変動金利」という部分で、半年ごとに金利が変わるように設計されていて、景気が良くなれば金利が上昇し、悪くなれば下落する。

したがって購入後の金利上昇に備えることができる。固定金利型の国債だと購入後の金利が満期まで変わらないため、金利が上昇しても受け取る利息は変わらないが、変動金利型だと金利が上昇すれば受け取る利息も増える。
もちろん、金利が下落するリスクもつきまとうが、現在の状況ならば金利が上昇する可能性のほうが大きいので、老後の資産運用としては利率が長期金利に連動する変動金利型10年満期が有利というわけだ。

個人保有が解禁されたのに金融機関が売ってくれない「本当におすすめの商品」

国債は銀行で買えるが、銀行は国債販売の告知を積極的にしないため、一般の人にはあまり知られていない。個人向け国債は毎月募集がかかり、翌月発行されるものを購入できる。しかし銀行はすぐに「いっぱいになりました」と締めきってしまう。これは販売量が少ないのではなく、銀行側の事情によるものだ。

低金利下で国債は利回りの高い金融商品であり、銀行預金につく利子より高いので、銀行預金は見劣りしてしまう。国債の利回りが預金金利より高い国は日本だけで、たいていは国債の金利が一番低く、銀行預金の金利がそれより少しだけ高いのが一般的だ。

銀行は利回りの高くなった国債を積極的に自分でどんどん買う一方で、国債より金利の低い一般の人々からの預金を受け入れることで、その利ザヤで儲けているわけだ。こういうやり方がまかり通っていることを、日本人はもっと知ったほうがいい。

そして、本当は今後のことを考えて、私は物価上昇率（消費者物価指数のコアCPI）に応じて利子と元本が増える**物価連動国債**をおすすめしたいのだが、2015年に制度上、個人保有が解禁されたにもかかわらず、現状では金融機関が個人向けには販売してくれない。

これはどういうものかというと、例えば額面100万円の同国債を発行価格100万円で購入し、コアCPIが1年後に2％上昇したら、元金額も100万円から102万円へと同じ率だけ増える。表面利率（年利子率）は償還まで10年間同じだが、想定元金額が増えるため、受け取る利子も多くなる。10年後にCPIが発行時に比べ20％上昇していたら、想定元金額は120万円となり、それが償還金額として返ってくる。インフレに強い金融商品だ。

逆に物価が下落した場合には想定元金額は減少し、手にする利子も減るが、物価がどれだけ下がっても、償還金額は額面を下回らず、額面は保証されるしくみになっている。

金融機関は入札でこの物価連動国債を購入しているが、解禁されたはずの個人向けにはまだ売ってくれないのが現状である。金融機関は実にずるい商売をしているのに、マスコミがきちんと報じないので国民は騙されたままだ。

年金は破綻しない 老後資金の煽りに乗せられないために

断言するが、年金は破綻するといって投資をすすめてくる手合いは詐欺なので、信じてはいけない。自分のお金は自分で守るためにマネーリテラシーを高めよう。

公的年金は年金を納める現役世代から、年金を受け取る高齢世代への仕送りのような制度のため、現状のまま少子高齢化が進めば、年金支給のための保険料が不足すると心配する人は多い。

だが**現状では、公的年金制度が破綻するというのははっきり言ってデマ**である。その理由は、保険料の水準が現役世代の収入に応じて設計されていて、将来の経済状況を考慮して年金支給額が適切に調整されているからだ。

年金とは、いわば長生きできたらもらえる保険であり、死亡保険の真逆と考えるとわかりやすい。つまり**成人した日本国民全員が保険料を支払い、長生きした人だけがそこからお金を受け取れる保険**ということだ。

亡くなった人は年金を受け取れず、その分が存命の者に配分される。長生きするほど受け取る額は増えるが、平均的な年齢以上に長生きする人というのは同世代の半分しかいない。長生きできない人はただ保険料を払うばかりで、もらわずじまいになる。

もちろん、保険料を支払わなかった場合には原則として受け取れない。「支払わなければいけないもの」であり、払わないという選択肢はないのである。

すべての国民が加入する国民年金なら20歳から60歳までの40年間、会社員や公務員が加入する厚生年金なら勤め始めてから最長で70歳までの約50年間、保険料を支払うことになる。

一般的な会社員が支払う年金保険料は給料の約2割だから、50年間支払うと50年×20％＝1000％と計算できる。一方で受け取れるのは給料のだいたい50％程度の額になるから、仮に70歳から90歳までの20年間受け取るとすると、20年×50％＝1000％となり、受給できる額が年金保険料で支払った額とほぼ同じ、トントンになるしくみになっている。

受給年齢を引き上げていけば絶対に破綻しないしくみ

このくらい単純な設計だから、破綻する蓋然性は低い。これがもし100歳まで生きたら、30年×50％＝1500％となり、支払った額より受け取る年金額のほうがずっと多くなる。個人にとっては長生きすれば得をし、早死にすれば損をする制度だが、制度側からみれば、皆が長生きすればその分、支払う年金額も増える。少なくとも同世代の半分くらいが死んでいなければ、生きている人の年金は払えないので、受給年齢を引き上げるしかないのだ。引き上げれば制度は絶対に破綻しないのである。

現役世代の保険料負担をできるだけ少なくして、老後の年金はあくまでミニマム（日本の年金の所得代替率は50％程度）にとどめ、低く抑えることで年金制度が安定する。日本の場合は、今のところこの調整ができているといえる。

よく「年金保険料を払うくらいなら民間の保険や年金のほうが安心」というセールストークが使われているが、騙されてはいけない。そもそも年金保険料の支払いは、法的な性格としては税金と同じで、払わないという選択肢がないのは先にも触れた。民間の保険会社は顧客から支払われた保険料や手数料で運営され、従業員に給料を払っている。民間企業の保険に入るということは、支払った保険料の半分近くが、保険会社の人件費や経費に消えると考えてよい。

それなら、その保険料を自分の銀行口座で積み立てたほうが、リスクもなく、よほど自分のためになると思わないだろうか？　私は保険会社の社員を私のお金で食わせる気はさらさらないから、生命保険など最低限必要な保険以外には1つも入っていない。

老後に備えたいなら、国民年金に上乗せして加入できる「**国民年金基金**」に加入するのもおすすめだ。国が運営しているから民間の商品よりも安心だし、手数料もかか

国民年金基金
国民年金の上乗せとして加入できる年金制度。老後資金を補強する役割がある。

らない。また **iDeCo（個人型確定拠出年金）** なら掛け金が全額所得控除の対象になったり、運用益が非課税になり、公的年金や退職所得が控除されるなど、税制上の優遇を受けられる。

政府・日銀・財務省の愚策のオンパレードに対抗するには

本書で述べてきたように、政府と日銀は、雇用やGDPなどマクロ経済よりも金融機関を優遇した政策を次々と実行しているのが現状だ。金融機関は老後資金の不安につけこんで、庶民の財布から奪うことばかりに躍起となっている。

コロナ禍で街から人が消え、消費が激減したとき、消費税を減税すべきと私は主張した。ドイツやイギリスなどは経済対策の一環で消費喚起のために消費税減税をやることがあるからだが、日本は絶対にこれをしない。ひたすら増税ばかりになってしまった。

なぜできないかというと、**財務官僚が政治家を騙して、消費税と社会保障を紐づけてしまったからだ**。社会保障は社会保険料を徴収して運営されるべきだが、財務省は

iDeCo
個人型確定拠出年金。掛け金が自分で決められ、節税メリットもある年金制度。

社会保障を人質にとって減税を阻止できるようになってしまった。この間違いを認めたら政権が倒れかねない大事になるので、政治家には改革できないだろう。

また、**日本の相続税は主要国と比べて高く、所得税との二重課税の問題がある**。今後マイナンバーとデジタル決済・電子取引の普及で所得捕捉がしっかりできるようになるので、相続税はゼロにすべきだが、現金取引でやましいことをしている政治家は改革にむしろ抵抗するので、これも改革に期待できない。

日本財政は危機的だと主張する財務省の狙い通り、財政規律重視の増税路線で、経済は厳しくなり、国民負担は増えるばかりだ。さらに今後、**日銀の利上げで短期金利が上がることが予測されるので、短期金利と連動する住宅ローンの変動金利が上がる。これまで有利だった変動金利の住宅ローンを組んでいる人は、利息の支払いが2~3倍になることが想定される**。利上げによって企業が融資を受ける条件も厳しくなるだろう。

政府とマスコミが宣伝する誤った知識を刷り込まれ、新NISAに釣られて金融商品に投資し、金融機関を儲けさせるばかりか、相続税でがっぽり取られるような誤った選択をしないよう、自分の目で金融の世界の真実を見極めてほしい。

やりたい放題の政府と日銀・財務省の間違った政策のオンパレードで、国民生活はめちゃくちゃにされてしまう。これからも金融機関を儲けさせるだけのバイアスのかかった情報が、マスコミを通じて降りかかってくるだろうが、鵜呑みにしておかしな金融商品に手を出すことのないようにしてほしい。

巨大なマスコミの洗脳に対して、正しい知識をもって立ち向かい、自分のお金を自分で守ることがこれまで以上に重要になっている。私も正しい情報の発信を、あらゆるところで続けていくつもりだ。

おわりに

本書を執筆中（２０２４年10月～12月）に、日本とアメリカで大きな政治の変化があった。日本では首相就任８日後という戦後最短で解散した石破内閣が10月27日の総選挙で惨敗、少数与党に転落した。アメリカでは11月５日の大統領選挙でトランプ氏が大勝した。世界はトランプ２・０に直面しこの４年間は様子見の雰囲気だから、国際情勢は意外と安定するかもしれない。だがウクライナは悲惨で、冷戦期のいわゆる「フィンランド化」（旧ソ連の意思に絶対反抗しない前提で制限的な中立を認められた）のような目にあう可能性がある。

そしてもう一国、悲惨なのが日本だ。石破首相の周りにはトランプ氏と個人的な関係を構築し「トランプ２・０」に対応できそうな政治家がいない。外交でも経済でも何もできない石破政権だが、問題はその先だ。選挙後に自公の与党は、国民民主党が求める基礎控除と給与所得控除の見直し（所得税が発生する「１０３万円の壁」の引き上げ）を巡って協議を繰り返したが、この控除をめぐるマスコミ報道もひどいものだった。「壁」を連呼し、他にも社会保険料支払いが発生する１０６万円・１３０万円など多くの壁があるのを利用して、財務省の狙い通りに議論を混乱させた。そもそも諸外国では控除額が引き上げられ、アメリカは基礎控除61万円、給与所得控除は最大２１９万円（諸条件あり）の計２８０万円、イギリスは基礎控除だけで２１４万円（給与所得控除なし）、ドイツは基礎控除１４３万円、給与所得控除20万円の計１６３万円、フランスは基礎控除１６０万円、給与所得控除８万円の計１６８万円と、日本の控除額が低すぎることをマスコミはいっさい報じず、その代わりに１０３万円の控除額の引き上げで自治体税収が減るとの批判を繰り広げた。物価高対策などの補助金では財源の国民負担を問う声は起こらないのに、減税策だけは批判される偏った報道は、増税への布石に他ならない。

控除額は30年間も引き上げられず、手取りが減る実質的な増税に苦しめられてきた国民にとり、減税による所得増こそ望ましいのに、それを報じないマスコミの腐敗と凋落ぶりは明らかだ。この先に待つのは、財務省が絵を描く、自公と立憲民主党の大連立による増税内閣ではないか。マスコミに洗脳されず、何が真実なのかを見極めるためにも、マネーリテラシーを高める必要がある。

本書で述べてきた知識は、世の中がどう変化しても使えるものだ。見通しが効かない世界で自分の財産や将来の生活を守るためにも、本書をぜひ役立ててほしい。

高橋洋一